中学英语思维课堂阅读教学实践

The Practice of
Thinking Classroom Teaching
of English Reading
in Middle Schools

主　编　易荣楣　陈书元
副主编　代俊华
编　者　易荣楣　陈书元　代俊华
孙小利　李奕奕

重庆大学出版社

图书在版编目(CIP)数据

中学英语思维课堂阅读教学实践 / 易荣楣,陈书元主编. -- 重庆 : 重庆大学出版社,2021.2
ISBN 978-7-5689-2551-8

Ⅰ.①中… Ⅱ.①易… ②陈… Ⅲ.①英语—阅读教学—教学研究—中学 Ⅳ.①G633.412

中国版本图书馆 CIP 数据核字(2021)第 012642 号

中学英语思维课堂阅读教学实践
易荣楣 陈书元 主编
责任编辑:罗 亚 版式设计:罗 亚
责任校对:黄菊香 责任印制:赵 晟
*
重庆大学出版社出版发行
出版人:饶帮华
社址:重庆市沙坪坝区大学城西路 21 号
邮编:401331
电话:(023) 88617190 88617185(中小学)
传真:(023) 88617186 88617166
网址:http://www.cqup.com.cn
邮箱:fxk@cqup.com.cn(营销中心)
全国新华书店经销
POD:重庆新生代彩印技术有限公司
*
开本:890mm×1240mm 1/32 印张:9.875 字数:316 千
2021 年 5 月第 1 版 2021 年 5 月第 1 次印刷
ISBN 978-7-5689-2551-8 定价:68.00 元

前　言

“中学英语‘思维课堂’阅读教学”是以学生为中心、以思维品质的发展为驱动、以语篇分析为路径、以促进学生阅读能力提升为核心目标的新型阅读教学模式，旨在克服单纯重视知识导致“满堂灌”“费时低效”的弊端。在“思维课堂”上，教师运用“六要素”整合的英语学习活动观进行阅读教学，提高学生思维的逻辑性、批判性和创造性，从而实现学生对英语语言知识更深入的理解和掌握。

“中学英语‘思维课堂’阅读教学”是经过22年，通过8个国家级、重庆市级课题长期研究、实践提炼出来的。这是一个漫长而艰巨的过程，这个过程分为四个阶段：“萌芽阶段”“发展阶段”“成熟阶段”“深化阶段”。

20世纪90年代，“单基”盛行。教师在教学落实上，以基本知识为主，“双基”（基本知识和基本技能）变成了“单基”。英语课就是传授英语知识的课。教师以“灌输”知识为主，教学以教师为主，教师教得累，学生学得苦，费时低效的情况严重。我们发现其弊端，决定参与西南师范大学（现西南大学）张庆林教授主持的教育部“九五”规划课题“知识学习与思维发展”的研究。这是“中学英语‘思维课堂’阅读教学”的萌芽阶段。

我们认为，教育的中心是学生。因此，我们首先从“中学英语学生中心教学模式构建”的角度研究“知识学习与思维发展”这一课题。这一阶段我们构建了“以学生为中心的阅读教学模式”，即“生本阅读教学模式”。“生本阅读教学模式”分为“粗略输入→精细输入→训练式输出→交际式输出”四个环节。这四个环节环环相扣，依次递进。学生的认知水平和思维水平逐级升高，同步发展。

美国语言学家哈里斯曾指出：“语言并不存在于零散的词句中，而存在于联系着的语篇中。”（Harris，1952；转引自汪金宝，2012）因此，在21世纪初，我们以“语篇阅读”为重点开展教学研究，研究文本的衔接、连贯、句际关系、语篇宏观结构和微观结构，同时主研市级课题“新课程背景下高中英语教师队伍建设策略研究”，从教师发展的角度寻求课改的出路。这是“中学英语‘思维课堂’阅读教学”的发展阶段。这一阶段的研究和实践，确定了“中学英语‘思维课堂’阅读教学”的科学路径。

2014年是中国教育史上具有划时代意义的一年。这一年教育部提出了“核心素养”这一重要理念。这一理念让我们坚信，阅读教学的核心就是发展学生的思维品质，而思维品质的核心是批判性思维。构建可操作的批判性阅读教学模式是提高学生核心素养的必然路径。因此，2014年，我们以市级课题“高中英语批判性阅读教学研究”为切入点，研究如何提升学生的思维品质。这一研究方向与2016年《高中英语课程标准》（征求意见稿）提出的核心素养高度契合。这给了我们课题组极大的信心和鼓励。2016年，我们对1998年以来的研究成果进行总结、提炼，出版《陈老师教阅读系列丛书》；我们的论文《利用英语阅读文本，培养中学生批判性思维能力》在《中小学英语教学与研究》上发表，随后由《中国人民大学报刊复印资料·中学外语教与学》全文转载。该论文提出的学生思维品质培养方式得到了中国人民大学书报资料中心资深编辑沈琰琰等人的撰文肯定。这标志着“中学英语‘思维课堂’阅读教学”进入成熟阶段。这一阶段的研究和实践，让我们找到了中学英语阅读教学的驱动器——学生思维品质的发展。

2018 年，我们成功申报了以“中学英语‘思维课堂’阅读教学”为特色的“重庆市高中英语名师乡村工作室”，并于 2019 年成功申报市级重点课题“基于深度学习的农村中学英语阅读教学研究”，开启了以推进城乡均衡教育为目的、由城市发展到农村的新阶段。

本书收录了自 1998 年以来有关“中学英语‘思维课堂’阅读教学”的部分成果。第一章全面介绍“中学英语‘思维课堂’阅读教学”模式的教学原则、教学理念、教学环节和实施过程中应注意的问题。第二、三、四、五章分别介绍生本阅读、语篇阅读、批判阅读和深度阅读的界定、理论和实践。第六章是关于教材的研究成果。第七章是关于高考阅读的研究成果。第八章是关于教师发展的内容。本书大量材料经过专业报纸杂志刊用，这次虽非全部直接引用，仍对报纸杂志编辑所做出的工作表示敬意。

本书主编为易荣楣、陈书元，副主编为代俊华。孙小利、李奕奕参与了部分编写。课例由代瑜、邓梅、黄卫、黎珊、刘晓英、李亚琴、盛红、岳培锫、于莹、周润、张扬提供。

本书系重庆市高中英语陈书元名师乡村工作室（渝教师发〔2018〕10 号）、重庆市“十三五”规划 2019 年重点课题“基于深度学习的农村中学英语阅读教学研究”（2019-15-078）、合川区首批“三江英才”教育系统拔尖人才（陈书元）（合川委人才〔2018〕3 号）基金项目、合川区行知课程创新基地：中学英语课程创新基地（合川中学）（合川教〔2018〕632 号）的阶段性成果之一。感谢重庆大学出版社相关领导、编辑在本书出版过程中付出的辛勤劳动！感谢重庆市合川中学的领导和老师们对本书出版的支持和帮助！

由于编者水平有限，时间仓促，书中若有疏漏和不妥之处，敬请专家和读者批评指正。

编　者

2020 年 12 月

目　录

第一章　中学英语“思维课堂”阅读教学模式

基础教育新课程理念立足于“落实立德树人根本任务，发展英语学科核心素养”“实践英语学习活动观，着力提高学习学用能力”（教育部，2018）。《普通高中英语课程标准（2017 年版）》（下称《2017 年版课标》）强调“对学生语言能力、文化意识、思维品质和学习能力的综合培养”（教育部，2018）。中学英语“思维课堂”阅读教学是实践新课程理念的有效途径之一。

第一节　中学英语“思维课堂”阅读教学模式的教学原则

阅读是一种多种因素、多向交流与反应的复杂的解码过程（束定芳 等，1996），是从书面语言中获得一定信息的心理过程，是一种高级的思维活动。因此，阅读教学应该遵循以下原则。

一、阅读内容的趣味性和有用性原则

从阅读材料的角度看，应该注意趣味性和有用性。趣味性和有用性是相互依赖或相互转化的。在阅读过程中，人们也许先是因为内容有用而读，之后发现内容有趣，于是爱不释手。还可能因内容有趣而读，随后发现有用，于是进一步深读。因此，在教学过程中，教师一定要注意选择趣味性强、对学生有用的材料，有效培养学生的阅读

兴趣。

在实际教学中,如果条件允许,教师可以尝试着指导学生参与选编阅读素材。这样,不但能够充分体现学生的知识水平,而且有利于激发和培养学生的阅读兴趣。

二、阅读者的情商(EQ)培养优先原则

从阅读者的角度看,首先要培养阅读者即学生的情商(EQ)。情商即情绪商数(Emotional Quotient)。正式提出这一术语的是美国耶鲁大学的彼得·沙洛维奇和新罕布尔大学的约翰·梅耶教授(转引自高淑贤,2000)。他们认为,情商主要包括情绪的自觉评估和表达能力、思维过程中情绪促进的能力、理解分析情绪及获得情绪知识的能力以及对情绪进行有效调控的能力(海云明,1997;转引自高淑贤,2000)。戈尔曼认为,一个人的成功,20%归功于智商,80%归功于情商(转引自高淑贤,2000)。笔者在教学中发现:高情商者在阅读方面会表现出强烈的兴趣,自觉阅读。他们不会沉溺于短暂的利益之中,而是经得住眼前的种种诱惑,潜心于阅读;在阅读中面对难词、难句时,他们能静下心来,采取不同的策略去克服;在阅读中他们会客观地评价自己,正确归因;在学习中他们能较好地处理自己与老师的关系,正确对待批评,不会因为批评而放弃学习。

因此,在培养学生英语阅读能力的时候,要优先培养学生的情商,这样才能有效培养学生的阅读兴趣,提高学生的阅读能力。

三、阅读教学者创新性的教学原则

(一)教学模式的创新

素质教育提倡以学生为中心的教学模式。在这种教学模式下,单位时间内学生得到训练的机会远远超过在以教师为中心的教学模式下受训练的机会,学生的主体性、创造性会得到极大的发挥。因此,教师在实施创新教学活动中,应面向全体,以学生为主体进行

教学。

（二）教学手段的创新

教师要突破传统教学手段，充分利用多媒体和网络教学。网络环境下的英语阅读教学改变了传统的以教师为中心的、缺少实际情景的封闭式教学模式。丰富的网络资源可以为学生提供大量的阅读信息，满足不同层次学生的需求。当然，教师首先应该努力提高自身的现代教育技术素质，只有这样才能使网络环境下的英语教学真正收到实效。

（三）教学内容的创新

新课程理念下的阅读教学，教师不仅要传授语言知识，还要注意介绍英汉文化差异，传授阅读技能和阅读策略，培养学生积极的情感态度。语言知识会影响阅读效果，文化差异、情感态度、阅读技能和阅读策略同样可能影响阅读效果。因此，教师在规划教学内容时，这五方面的内容都应该予以重视。

第二节　中学英语“思维课堂”阅读教学模式的教学理念

中学英语“思维课堂”阅读教学模式由“人”“文”“思”三者交互构成，含“导入激趣，乐学知新”“设秘置疑，挑读探秘”“导读提示，跳读擒旨”“导引点拨，推理判断”“指点迷津，识别标志”“开发能力，推断词义”“总结反馈，及时补救”“审辨创新，即学即用”八个阅读教学环节组成（图 1.1）。“人”指教学活动中的师生，这里更强调学生；“文”指教学活动中运用的语篇；“思”指思维。学生是阅读教学活动的中心，语篇是阅读教学活动的载体，思维是阅读能力发展的驱动器。该模式倡导生本阅读、语篇阅读、批判阅读、深度阅读的结合。

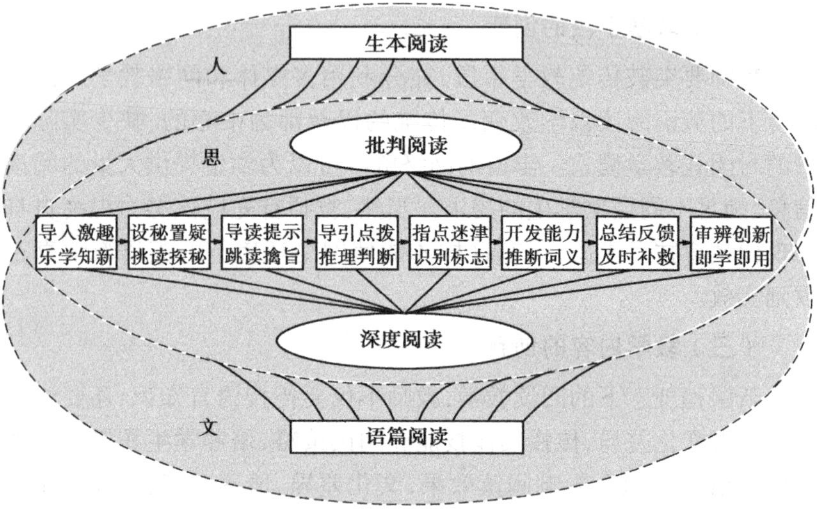

图 1.1　中学英语“思维课堂”阅读教学模式

一、生本阅读

生本阅读指教师运用以学生为主体、以学习为中心的学习活动观开展的阅读教学活动,强调学生的主体地位和学习的中心地位。生本阅读教学过程中,教师是组织者、指导者、促进者和评判者。教师“教”的出发点和归宿是教会学生学习,学生“学”的出发点和归宿是学会如何学习,是突出学习能力、学习效能的教学活动,而不是单纯为了传授知识而教,为了获取知识而学。

二、语篇阅读

语篇阅读即基于语篇知识的高中英语阅读教学,其目的是培养学生获取、分析、处理和应用文本信息的能力。语篇阅读教学活动包括宏观阅读和微观阅读。语篇阅读强调教师在阅读教学中要引导学生通过语篇的组织结构和衔接手段来获取、分析、处理和应用文本信息。

三、批判阅读

批判阅读指教师运用培养批判性思维能力的教学方法，循序渐进地培养学生批判性思维的清晰性、准确性、相关性、逻辑性、深刻性、重要性、公允性的英语阅读教学活动，强调培养学生的批判性思维能力。

四、深度阅读

深度阅读指在教师引领下，学生对具有一定挑战性的文本，全身心投入阅读的过程。在这个过程中，学生积极获取信息、分析信息、解释信息、评判信息、推断新信息，形成正确的人生观、价值观，成为具有逻辑性、批判性、创造性的优秀阅读者。深度阅读强调教师在阅读教学中要设计有助于学生对文本进行深度理解的问题。

第三节　中学英语“思维课堂”阅读教学模式的教学环节

在上述原则和理念的基础上，笔者结合多年的教学实践总结出中学英语“思维课堂”阅读教学模式的八个教学环节。

一、导入激趣，乐学知新

英语阅读课的读前导入，一定要做到新颖、简洁、形象、多样。导入的目的是激发学生的阅读兴趣，让学生乐学知新。具体可以采取以下四种方法。

（一）利用实物、实景、真人、真事导入

利用实物、实景、真人、真事导入最能引起学生的注意和兴趣，使学生倍感亲切、自然、可信，有“身临其境”之感。特别是利用某个学生的情况来导入，让学生体验“剧中人”的角色，效果倍增。用老师的情景来导入可以缩小师生距离，使学生产生亲切感、认同感，效果颇佳。例如，“Alone in Antarctica”一文讲述的是海伦60岁生日之际

独闯南极的冒险经历。笔者在处理这篇课文时的导入语是:"Last night I had a dream that I visited a special place called 'Antarctica' which is always covered with snow."这样用梦境导入课文,把课文的主要内容引出来,具有切入口小、切入主题快的效果。

(二)利用多媒体导入

利用教学录像、录音等多媒体手段呈现导入,效果也很好。优美的画面、动听的音效、动态的展示能充分调动学生的视觉、听觉等多种感官参与教学活动,激发学生的学习兴趣,培养学生的发散思维能力,使教学效果事半功倍。

(三)利用简笔画、图片、图表导入

简笔画简洁、方便、省时,形象有趣,富于幽默感。图片、图表真实感强,能集中学生的注意力。在中学英语阅读教学导入环节中使用这些手段和方式,可以快速地激发学生的阅读欲望,使教学顺利地进入下一个环节。

(四)利用表演导入

表演有教师表演、师生合演、学生表演等几种方式。表演可以使教学导入更为活泼生动,简易道具的运用能使语境更加明确,并有适度的交际体现。在表演的过程中充分考虑动作、表情、手势语、体态语、空间距离等因素,有利于使表演更为成功,可有效地推进阅读教学。

二、设秘置疑,挑读探秘

学生都有好奇探秘的心理倾向。教师要在学生产生强烈阅读欲望之时,把握好时机,设置奥秘。最好是将学生想了解的东西设置成悬念,引导学生采用寻读(Scanning)的方法,去探寻秘密、揭穿悬念。如"The British Isles"一课,有学生说:"English is spoken all around the world. I want to know whether other languages are spoken in the Isles."还有学生说:"I know England was powerful. I want to know whether it was ruled by other nations."教师就可以提出相应的问题,让学生有选

择性地阅读,探寻其奥秘。

三、导读提示,跳读擒旨

在进行阅读教学的时候,教师要有意识地培养学生的阅读能力,训练阅读策略。跳读(Skimming)是很重要的阅读方法之一。跳读又称略读,是为了查找某个具体信息或提炼中心思想而进行的迅速浏览。这要求学生有技巧地进行筛选式阅读,跳过某些细节,抓住文章梗概,从而提高阅读速度。教师要引导学生采用跳读的方法,抓住段落大意和文章中心思想,从整体上感知文章。

四、导引点拨,推理判断

阅读的推理判断能力,是读者能够通过作品的字面意思去领悟作者言外之意的能力。教师要引导学生通过短文的结构、情节线索、关键词句、事物之间的内在联系等去推理判断出事情的前因后果、人物的性格品质、做事的目的、动机和方法以及作者的态度倾向和意图等。例如:

As Mum threw the last shovelful of dirt over the box, I couldn't stop the tears. It was over now. I'd never see Rex again. We'd never run across the pasture together again; we'd never chase squirrels in the woods together again; and Rex would never come bounding down the road to greet me at the end of the day. Never again!

通过文章中的细节描述"run across, chase squirrels, come bounding... to greet me",可以推断"Rex"是一只曾伴随主人度过很多美好时光的狗。从短文的字里行间(如"I couldn't stop the tears")和几个"never"的使用,很容易推断出主人因失去心爱的伙伴而伤心。

五、指点迷津,识别标志

有效培养学生根据上下文线索推理、预测故事情节的发展的能力。训练学生,读到"for example"就应该知道作者要举例,读到"in other words"就应该知道作者要换种说法来解释某一概念,读到"at first",可能接下来就会读到"then",就应该知道作者是在列举某些条款。在引导学生阅读英语文章的时候,教师要点出这些标志语,识别文章的结构,帮助学生根据标志语预测文章的发展,实现快速有效阅读。

六、开发能力,推断词义

培养学生利用上下文线索和句子结构理解及猜测词义的能力。比如,我们可以利用举例猜测词义。当学生读到:"Today young couples who are just starting their households often spend lots of their money on appliances, for instance, washing-machines, refrigerators and color televisions."如果不知道"appliances"的意思,从文中的例子"washing-machines"(洗衣机)、"refrigerators"(冰箱)、"color televisions"(彩色电视机),我们可以猜出该词的意思为"家用电器"。我们还可以利用同义词或反义词、定语等猜测词义。当学生读到:"They will be on the night shift—from midnight to 6 a.m. —next week."由破折号之间的解释内容,我们可以了解到"night shift"的意思为"夜班"。

七、总结反馈,及时补救

教师在进行每一环节的教学时,都应按照教学要求,采取适当的方式收集学生的反馈信息,及时了解学生的学习情况。如果某个环节学生还没很好掌握,就得改变方法重新训练。总之,要使各层次的学生在不同程度上得到锻炼,在原有基础上取得进步,真正体现"面向全体学生""尊重个体差异"的理念(教育部,2003)。

八、审辩创新,即学即用

"用"体现在两个方面:一是学会运用学习的知识,包括单词、短语和句型;二是能运用课堂所获得的技能,包括概括主题的技能、获取细节事实的技能、推理判断的技能等。实践形式可以是口头或书面表达,具体方式可以是即席报告、辩论、记者采访、信息共享等。这个环节要充分体现创新性和交际性。下面以即席报告和记者采访为例作简要说明。

（一）即席报告

即席报告活动中，教师只提供即席报告的主题，而不限制学生具体说什么。这样控制性最小，信息差最大，创造性最高。如学完“American English and British English”之后，可以请学生谈谈“Differences between Sichuan Dialect and Mandarin”。学生会用到刚学过的词语和句型，同时也会用到举例的表达方式。

（二）记者采访

记者采访主要通过角色扮演的途径来完成。比如在学习“American English and British English”时，教师可以组织两人小组活动：一名学生扮演记者，另一名学生扮演英式英语和美式英语研究专家，通过问答的方式把课文复述出来。

以上阅读教学模式的前七个环节主要是输入，最后一个环节是输出。教师处理阅读内容时必须经过“CIC”流程（Comprehension—Imitation—Creation），即“理解→模仿→创新”。“理解”不只是让学生知道学什么，还要引起学生的学习欲望和兴趣。“模仿”是让学生初步“体验”，达到掌握学习内容的目的。“创新”是一堂课的最高境界，是让学生能熟练运用所学内容，也是培养学生能力的必要步骤。

第四节 中学英语“思维课堂”阅读教学模式实施过程中应注意的问题

一、导入激趣应短而精、趣而新

导入是为了激发学生阅读的兴趣，时间最好控制在三至五分钟，不能太长，要迅速进入下一环节。部分教师在操作这一环节时，未能控制好时间，使得导入耗时过多，本末倒置。

在导入时，要注意手段新颖，方式多样化，不要因为一次导入成功就每次都用同样的方法。通过对大量的教学实践和优秀课堂教学的观察,成功的教学导入往往不止一种方式。在英语阅读教学中,我们可以根据实际需要,综合采用多种短而精、趣而新的教学导入方式和手段。

二、设置问题应由浅入深、由整体到细节

在训练学生阅读的时候,教师往往要设置一些问题来考查学生是否读懂了文章。但在教学实践中笔者发现,有的教师设置的问题缺乏层次感和逻辑性,有些问题甚至是不需要回答的,起不到启迪学生思维、培养学生能力的作用。

教师在设置问题时,应该注意由浅入深、由整体到细节,逐步推进。例如,笔者在处理"Life on the Go"这篇课文时,设置的第一个问题是:"What does the title *Life on the Go* mean?"引导学生理解文章标题,从整体理解入手,犹如"擒贼先擒王"。通过阅读,学生回答:"Life with cellphones."学生的回答是正确的,根据文章的内容确实应该这么理解。但笔者告诉学生,词典上"on the go"的意思是"working all the time(忙碌的)",学生感到不可思议。然后笔者引导学生重新拟定标题,紧接着抛出第二个问题:"What is the best title for the passage, *A Busy Life*, *A Student's Life* or *Life Using Cellphones*?"通过对每一段进行段意归纳,学生认为"Life Using Cellphones"最佳。接着,笔者再对细节进行提问,包括信息归纳、词语理解、句子理解、推理判断等。

三、阅读能力的培养与基础知识的传授并重

英语阅读能力主要有归纳主旨大意的能力、确定作者态度的能力、推理判断的能力、推测词义的能力和查找特定信息的能力。传统的英语阅读教学中,教师往往忽略这些能力的培养,一味地采用题海战术,学生苦不堪言。在新课程理念下,教师应重视这些能力的培养,让学生受益终身。比如,笔者在进行"Life on the Go"这篇文章的阅读教学时,通过引导学生找出每一段的"general statement"和

"special statement"来归纳每一段的段落大意。如第一段："Wang Mei puts her hand into her pocket, takes out her red cellphone and presses the talk key. 'Hi, Mum! I'm on the bus. I should be home in about ten minutes.' Wang Mei is one of many Chinese teenagers who live on the go and use cellphones."前四句话是"special statements"，最后一句话是"general statement"。段落大意就在"general statement"之中，即"There are many young Chinese cellphone users."

注重能力培养，不能忽略基础知识，知识和能力互为存在前提。要培养学生通过分析句子结构来理解难句和长句的能力，就必须让学生具备扎实的语言基础知识。《2017 年版课标》强调讲授语法和词汇时要注意方法，即要在语境中讲授语法和词汇。脱离语法分析的阅读是肤浅的，理解的偏差也是不可避免的（董亚平，2004）。例如："The answer seems to be that we have a need to stay in touch with friends and family no matter where we are or what we are doing."这个句子中有三个从句（从句中有从句，还有并列句）、两个不定式、两个动词短语，同时也是区别"family""house"和"home"的典型句子。如果不分析该句子的结构，学生理解起来就很困难。

四、注重培养学生的阅读策略

阅读教学中应该重视阅读策略的培养，《2017 年版课标》也强调学习策略的培养。布洛克（Block，1992；转引自裴丽霞，2012）将阅读策略分为全局策略和局部策略。全局策略包括全文浏览、背景知识、选择注意、上下文、问题查找、深层理解、关键词、预测推断、文章结构、总结。局部策略包括质疑单词、质疑句子、回读和心译。有学者对阅读成功者和不成功者进行过研究，结果表明，在全局策略上存在极其明显的差异（潘海燕，2003）。阅读教学中，教师应加强全局策略的培养，在教学的每个环节中都要注重全局策略的培养。比如：在第一环节"导入激趣，乐学知新"，重点培养预测推断策略；在第二环节"设秘置疑，挑读探秘"，重点培养选择注意、问题查找策略；在第三环节"导读提示，跳读擒旨"，重点培养全文浏览和文章结构策略；在第四环节“导引点拨，推理判断”，重点培养深层理解策略；在第五环节“指点迷津，识别标志”，重点培养关键词策略等。

五、树立“大教材”观，创造性地使用并拓展教材

通过对比分析我们发现，相比于原教材现行教材的信息量有所增多，但仍不能满足学生的需要，不能完全达到新课标的要求。因此，教师要树立“大教材”观，从培养学生能力、策略和学习英语文化的角度出发，多渠道、多角度地选择适当的阅读材料。比如，培养学生根据上下文猜测词义的能力，仅靠教材不能达到满意效果，因为教材后附有单词表，有的学生在阅读课文之前就已经熟悉了单词，怎么猜呢？所以，要培养学生的猜词能力，教师要精心选择补充阅读材料，让学生先读补充阅读材料，再根据上下文去猜测词义。

新课程理念要求教师在使用教材的时候要有创造性，不能做教材的“奴隶”，而要做教材的“主人”。在使用教材的时候，教师可以根据学生的实际情况删减、增添、重组或修改教材内容，要把教材用活，有效地组织教学资源，这样才能真正完成教学任务，实现教学目的。

总之，在英语阅读教学过程中，教师要注意阅读材料的实用性和趣味性，让学生乐读；注意激发学生的积极情绪，让学生愿读；注意创造性地使用教材，选择鲜活的补充阅读材料；注重培养阅读的技能、技巧，让学生养成良好的阅读习惯，为学生的可持续发展奠定基础。

第二章 生本阅读

第一节 生本阅读的定义及意义

一、生本阅读的定义

生本阅读指教师运用以学生为主体、以学生为中心的学习活动观开展的阅读教学活动，强调学生的主体地位和学习的中心地位。生本阅读教学过程中，教师是组织者、指导者、促进者和评判者。教师“教”的出发点和归宿是教会学生学习，学生“学”的出发点和归宿是学会如何学习，是突出学习能力、学习效能的教学活动，而不是单纯为了传授知识而教，为了获取知识而学。

二、生本阅读的意义

（一）以学生为中心的教学模式是21世纪对英语教学的客观要求

跨入21世纪以后，教育工作者都在积极思考、研究如何实施素质教育。随着国际资本规模的扩大，全球经济一体化和金融国际化进程的加快必将极大地影响世界各国的经济格局，加剧各国在经济领域的竞争，而这一竞争从本质上说还是人才的竞争。要想在激烈的世界经济竞争中占上风，必须要有世界一流的高素质人才。

21世纪是高度信息化的时代。知识和信息的快速传播，加快了世界各国的交流。可以说，21世纪是在交流中竞争、在竞争中交流。

因此,作为交际工具的英语尤其重要,英语人才也将成为这场竞争的核心。有人说21世纪的人才必备的三种技能是:英语、计算机操作与驾驶。这话不无道理。不掌握英语这门工具,就有可能赶不上时代的步伐。

现在的中学生就是未来的建设者、接班人。我们应该从他们的角度出发,让他们具备强大的生存能力,开展教学活动就必须以他们(学生)为中心。

(二)实施素质教育后的中学生在英语方面应具备的能力

其基本能力是:应有一定的口语表达能力,能就《教学大纲》要求的30个日常交际项目进行简单的对话,语音语调基本正确;能够借助词典阅读初级读物,能够写简单的记叙文和常用的应用文。具体地讲,要具备扎实的英语基础知识、良好的学习习惯和一定的自学能力,能初步运用英语进行交际。但现在的中学毕业生能达到上述能力的只占少数。以"死记硬背"方法记单词的学习习惯为例,笔者做了一个调查,在所调查的年级中,初一占95%,初二占80%,初三占65.5%,高一占30%,高二占15%。按照素质教育能力培养应放在首位的观点,初一应该教会至少85%的学生科学地记单词。而事实上大部分学生高二才达到这个要求,用了近五年的时间,这真是"费时低效"。记单词的方法不当,积累的词汇量必然有限,有限的词汇量怎么能够进行交际呢?

(三)学生中心教学模式是解决"费时低效"问题的好方法

笔者常听到一些教师抱怨:"这道题,我不知给学生讲了多少遍了,怎么还做不对呢?"从这句话可以看出,当前英语教学中存在的"费时低效"的问题,是以教师为中心的教学模式所致。传统的观念认为英语是教会的,过分强调教师的"讲",造成"一言堂""满堂灌"。素质教育则认为英语是学会的,课堂教学应以学生为中心,以多种有效的活动指导学生进行实际训练,学英语的过程是实践的过程。当然，素质教育也不是削弱教师的作用，而是强调教师“导”的作用。

实施教育改革以来，教师基本上摒弃了“一言堂”的教学模式，转而采用师问生答的教学模式。这种教学模式比“一言堂”教学模式好，但仍存在不足，仍然是以教师为中心在组织教学（图 2.1）。本文所提倡的学生中心教学模式（图 2.2），显然较之为优；在单位时间内，学生得到训练的机会大大增加了。1999 年全国第二届中学英语优质课竞赛中，教师提问次数最多的为 87 次，平均每个学生被问 2.9 次（北师大外语系课题组，1999）。但如果采用学生中心模式进行教学，每个学生得到练习的机会少则十几次，多则几十次。再则，教师提问有一定的随意性，有的学生次数多些，有的少些，有的甚至得不到机会。据这次赛课的分析报告指出，“参赛教师提问对象随意性较大，经常提问距自己较近的学生，或对某个学生的提问次数远远多于对其他学生的提问次数，坐在后排的学生最易被忽视。”学生中心教学模式提供了更多的练习机会，能较好地解决传统教学模式“费时低效”的问题。

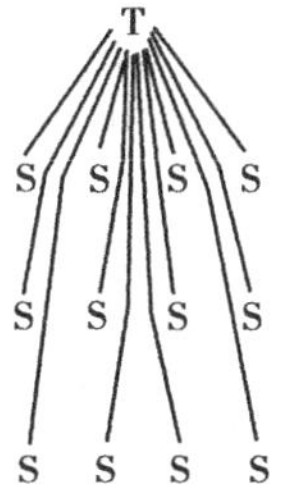

T: teacher
S: student

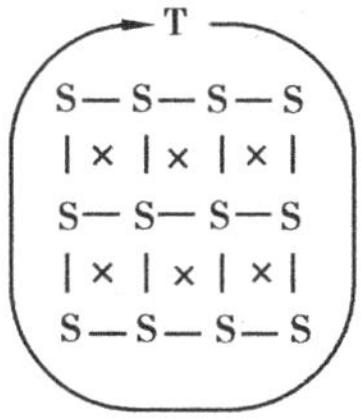

图 2.1　以教师为中心的教学模式

图 2.2　以学生为中心的教学模式

第二节　生本阅读教学的理论

一、学生中心课堂教学模式理论依据

（一）人本主义教育观

人本主义教育观强调培养自我实现的“完整的人”（罗杰斯，1983；转引自谷陟云，2009）。罗杰斯认为，教育目标应该是促进“完整的人”的学习与变化，其价值追求是“完整人格”，培养独立而完整的人格，使之能充分发挥作用（转引自谷陟云，2009）。语言教学不仅是教授语言，而且要帮助学生发展人的个性，开发其潜能。

（二）学生主体教育理论

学生主体教育理论认为，人的主体性素质是现代社会人的核心素质，在教育中应该注重培养和发展人的主体性（郑培亮 等，2005）。学生要认识到自己在学习活动中处于主体地位，教师要树立为学生服务的观念，摒弃“满堂灌”和“教师垄断包办”的旧习，大胆启发学生主动、自觉完成学习任务，把教师的主导作用与学生的主体作用在以学生为中心的课堂教学中协调地统一起来，使学生高效地学习英语。

二、学生中心课堂教学程序

实施素质教育的主渠道在课堂。课堂的所有教学活动可以分成两大部分：输入和输出（Harmer，1991）。通过读、听给予学生信息的部分为输入，鼓励学生用说、写方式产出的部分为输出。按照认知规律，课堂上的输入输出活动还可分为“粗略输入→精细输入→训练式输出→交际式输出”（Harmer，1991）。这样一环扣一环，四个环节依次递进。学生的认知水平逐渐升高，教师的控制性逐渐减少，语言的输入和输出渐趋平衡。哈默在 *The Practice of English Language Teaching* 一书中用表 2.1 比较了训练式输出与交际式输出。

表 2.1 训练式输出与交际式输出比较表

训练式输出(非交际)	交际式输出(交际)
没有交际愿望 没有交际目的 重语言形式而不是内容 一条语言点 有老师的干预 有材料的控制	有交际愿望 有交际目的 重内容而不是语言形式 一系列语言点 无老师的干预 无材料的控制

传统教学环节中,往往只有"精细输入"和"训练式输出"两个环节,略去了"粗略输入"和"交际式输出",因而忽视了交际能力的培养,只注重"灌"。这也就是为什么教师讲了许多遍而学生仍无法掌握的原因。学生中心教学模式强调"四环",环环不可偏废,既重基础训练,又重交际能力的培养。这"四环"相扣的渐进方式,反映在课堂上就是呈现(Presentation)、操练(Practice)、产出(Production)的"3P"程序。

三、学生中心课堂活动的组织形式

我市的初中班大多是人数众多的大班。在这种大班上英语课,要做到面向全体、大面积提高学生的英语素质,关键在于组织好课堂的各个环节。常见的组织方式有:个体活动、双人活动、四人活动、分排活动、分组活动、全班活动。双人活动,就是两人为一组进行课堂的实践活动。这种活动可以广泛运用于示范对话、操练对话、角色对话、讨论等活动,还可以根据不同的"剧情"增加人数,变为"三人活动""五人活动"等形式。四人活动也很方便,只要前排的学生一转身,与后排的学生面对面就可以了。这种形式可以运用于对话、采访、讨论等多种活动。分排活动包括了从第一排到最后一排的学生,分组活动和全班活动也包括全体学生,所以可避免忽视那些坐在角落里的学生。分排活动和分组活动常用于开展小组比赛,有利于发挥学生的集体智慧、激活学生的思维及兴趣。这些活动形式各有所长,教师在不同的教学环节中,可以采用不同的活动形式。或提出任务后先搞一次个体活动或双人活动,以示范如何开展这个活动,或在学生"执行任务"之后,请几个学生代表展示以抽查执行情况,起反馈信息的作用。无论如何应避免单一、枯燥的"独角戏""大合唱",做到多种形式交替、节奏明快、张弛有度。

四、教师的角色与任务

(一)充当演员,做好呈现

生动活泼、轻松愉快的课堂气氛,平等、和谐的师生关系,是提高课堂教学效率的重要保证。因此,教师应放下"先生"的架子,把讲台当舞台,用流利地道的口语,结合手势、表情等进行即兴表演,特别是在呈现时,精彩的表演会收到意想不到的良好效果。

(二)充当导演,创设情景

学生中心课堂教学模式,大多数时候是双人活动、分组活动。这时教师做导演,学生当演员,教师应创设情景,让学生充分活动,演好每一场"戏"。

(三)充当观众,监督指导

在学生"演"的过程中,教师要满怀情感和希望,以欣赏、鼓励的表情观看学生的表演。学生进行分组交际活动时,教师可巡视,仔细倾听,认真记录普遍存在的问题。与此同时,教师也可进行辅导,当好帮助者。

(四)充当裁判,注重反馈

交际活动结束后,教师指出存在的问题,并通过一些针对性的练习来进行补救。总的来说,教师主要做三件事:提出任务、监督指导和反馈纠正。

第三节　生本阅读教学的实践

以 JEFC BOOK Ⅱ Lesson 21 为例。

一、呈现

（一）呈现生词

1. 教具

4 幅图片。这 4 幅图片背景相同，都是金（King）一家在吃饭。不同的是第 1 幅没有钟，其余 3 幅都有钟，第 2 幅时间是 6：30，第 3 幅时间是 12：00，第 4 幅是 19：30。

2. 教师工作与学生活动

教师将图片一幅一幅地呈现给学生，让学生看图、双人讨论、看图说话，然后抽一对学生检验情况。如第 1 幅图：

S1：What can you see in the picture?

S2：I can see three people.

S1：What are they doing?

S2：They're eating.

T：Are they having breakfast, lunch or supper?

Ss：We don't know.

T：No, we don't know, because there's no clock in the picture. We can say they're having a meal. What time do you usually have your breakfast/lunch/supper? Now, class, ask your company.

用第 2 到 4 幅图呈现的时间来表达。

（二）呈现课文内容

1. 教具

录音机或 DVD。

2. 教师工作及学生活动

视听对话，学生回答问题，教师精讲语言点。

二、操练

（一）机械操练

1. 内容

日常用语部分，本课二、三部分。

2. 形式

双人活动。

（二）意义操练

1. 内容

时间表达法，日常用语。

2. 形式

四人小组活动。

3. 要求

四人中有一人（A）被其他三人（B、C、D）分别邀请去吃晚饭，A想知道他们通常吃晚饭的时间，然后根据自己的时间安排决定去哪家吃晚饭。B、C、D分别与A对话。如：

B：Are you free next Tuesday evening，A?

A：Perhaps. Why?

B：Would you like to come to supper?

A：Oh，thank you! I'd love to. What time do you usually have supper?

B：We usually have supper at 7:20.

A：Sorry，I'm not free then. I can't come.（或者：OK，see you then.）

三、产出，即交际

（一）情景一

假如你是一名警官，汤姆昨日遇害，你正在向汤姆的邻居（你的同桌扮演）询问汤姆一天的生活起居时间安排。

（二）情景二

假如你打算邀请你的同桌逛公园。

在交际这一步，如果教师鼓励输出、巧引善诱，会收到启迪学生思维、激励学生创新的效果。有没有这一步，笔者认为是衡量是否为优质课的重要标准。

四、效果

近几年来，以学生为中心的教学模式的教学实践，在我市受到普遍重视，教师基本摒弃了教师"一言堂"的教学模式。学生中心教学法也深受学生欢迎，因为他们得到了"解放"，能充分发挥自己的潜能，思维更活跃，通过学法指导自学能力也得到明显提高，学习英语的兴趣大增（表 2.2），成绩提高较快。

表 2.2　试验前后学生英语学习兴趣比较表

班级	人数	很喜欢		较喜欢		无所谓		不喜欢	
		前	后	前	后	前	后	前	后
初三（2）班	84	47.62%	65.48%	23.81%	29.76%	26.19%	4.76%	2.38%	0

第四节　基于任务型教学的生本阅读

一、选择任务型教学模式是当前英语教育的必然趋势

（一）任务型教学模式是解决费时低效的有效方法

随着我国国际地位的不断提高，我国英语教育的规模也在不断扩大，但英语教育的质量仍远远跟不上时代的发展。以前的英语教学通常是重知识轻能力，教师上课搞"一言堂"，学生基本上没有什么活动。这样的课教师上得累，学生学得苦，教学效果收效甚微。在这样的形势下，教育部组织英语教育专家反复研究，反复试验。结果，

他们推崇任务型教学模式。该模式强调课程从学生的学习兴趣、生活经验和认知能力水平出发，倡导体验、实践、参与、合作与交流的学习方式和教学途径，以提高学生综合运用英语的能力，使语言学习的过程成为学生形成积极的情感态度、主动思维和大胆实践、提高跨文化意识和形成自主学习能力的过程。

（二）任务型教学模式是国际公认的目前最有效的英语教学模式之一

第一位将任务型教学体现在教学大纲和教学实践中的是普拉布。1979 年，普拉布在印度南部的班加罗尔开始了把当时看来很激进的理论假设——任务型教学方法付诸实践的大胆教学试验。他认为："Students may learn more effectively when their minds are focused on the task, rather than on the language they are using."（Prabhu, 1982）。因此，普拉布被认定为任务型学习活动的创始人。目前，许多国家（比如美国、加拿大、新加坡等）的教学大纲或课程标准都采用了任务型语言学习模式。

其实，早在几十年前就有人把学英语比作学骑自行车。不进行实践活动能学会骑车吗？由此看来，任务型教学法是中外学者花了许多时间才找到的教英语的有效方法。

二、任务型教学模式的含义

广义上的"任务"即人们在日常生活、工作、玩耍中所做的各种各样的事情。这里所说的"任务"是一种需要学习者通过思维的过程、依据所给予的信息完成一件事情的活动，这个过程是教师可以调控的（An activity which required learners to arrive at an outcome from given information through some process of thought, and which allowed teachers to control and regulate that process.）（Prabhu,1987；转引自龚亚夫 等,2006）。龚亚夫、罗少茜（2006）认为，任务是人们在日常生活、工作、娱乐活动中所从事的各种各样有目的的活动。任务型语言教学的核心思想是要模拟人们在社会、学校生活中运用语言所从事的各类活动，把语言教学与学习者在今后日常生活中的语言应用结合起来。任务型语言教学把人们在社会生活中所做的事情细分为若干非常具体的“任务”，并把培养学生具备完成这些任务的能力作为教学目标（龚亚夫 等，2006）。

三、任务型教学模式的基本原则

（一）学生中心的原则

在传统教学中，往往是教师“唱独角戏”。素质教育提倡以学生为中心的教学模式。学生的发展是英语课程的出发点和归宿。英语新课程是按以学生为主体的思想进行设计的。所以，教师在教学中应以学生为中心进行教学。学生是任务的完成者，他们在教师的引导下，充分结合自己的已有知识，通过对话、交流等学习活动，在完成任务的过程中掌握新知识，并能将所学的语言融会贯通；扩展到现实生活中，也可以让学生自己创设任务情景，发挥学生的主体精神和主体能力，激发学生的创造性，从而促进学生的个性全面健康地发展。采用学生中心教学模式，在单位时间内，学生得到训练的机会远远超过传统教学模式。英语是实践性很强的课程，训练的机会越多，效果就会越好。

（二）真实语境的原则

埃利斯认为，当学习者完成任务时，他们主要是语言的使用者，如同人们在真实交际的过程时所进行的活动一样，完成任务的过程与真实世界中使用语言的过程一样（Ellis，2003；转引自龚亚夫 等，2006）。中国人做事情讲究“天时地利人和”。在任务型教学中，“天时地利”指在恰当的时候创设符合学生实际生活的情景，即语境真实性原则。“人和”指下文要谈的民主和谐的原则。因此，设计贴近学生实际生活的交际情景非常重要，能让学生置身于贴近自己实际生活的语境中，产生亲切感，积极主动地参与活动。这种教学设计既能提高学生的学习兴趣，又能增加学生的学习积极性，使学生将英语语言知识和自己的实际生活联系起来，达到学以致用的目的。

（三）民主和谐的原则

民主和谐的课堂氛围对学生的学习动机和自我形象都会产生积极的影响。教学过程不仅仅是教师的教和学生的学，也是师生之间、学生之间感情和思想的交流。因此，教师应公正、平等、和蔼、信任地对待每一位学生，并给予适当的鼓励和表扬，使每一位学生都能获得成功的体验，形成良好的心理倾向。这样民主和谐的课堂氛围不仅有助于提高学生的学习兴趣，更有利于培养学生的创新意识。

（四）合作学习的原则

合作学习是一种非常有效的学习方法。在英语课堂上，应让学生动口、动手、动脑，合作完成情景活动的任务，发挥每一位学生的优势，互相帮助，形成交互的思维网络，达到开拓学生创造性思维的良好效果。教师可通过各种各样的合作形式，激发学生交往的潜能，形成师生相互影响、和谐互动的教学局面，充分发挥优化组合的整体功能，同时培养学生团结合作的精神。

四、任务型教学模式的三个环节

（一）热身任务

在这一环节中，教师与学生共同探索主题，搜索有用词汇，以帮助学生理解任务、做好执行任务的准备。以人教 2007 年版 1A 第 2 单元的阅读课文“English around the World”为例。这课的热身任务（Pre-task）可以这样设计：

T：How many languages do you speak?

S1：Two.

T：What are they?

S1：Chinese and English.

T：When do you use English?

S2：When I have an English class, when I listen to pop songs, and when I surf the Internet.

T：How about you?

S3：When I write to my American pen pal, I use English. And when I receive his letters I must read the English letters.

T：OK. Well done! As we all know, English is very popular. English is widely used. But do you know how widely is it used? If you want to know more, please read the passage and then fill in the form.

	How many	Where
As a native language		
As a second language		
As a foreign language		
As a working language		

通过“Pre-task”，学生明确了主题，把握了讨论方向，并勾起了对已有知识的回忆，激起了阅读的兴趣。

（二）主要任务

主要任务也称为任务圈（Task cycle）。在这一环节中，教师可以设计单人活动、双人活动、小组活动等各种难度适中、又有挑战性的任务，训练学生语言的流利性、准确性。在学生进行双人活动或小组活动时，教师可在旁边指导学生，鼓励学生大胆交流，不用急于给学生纠错改错。小组活动之后，教师可让学生代表向全班汇报本组任务的完成情况，他们是如何做出的判断、如何揭示的问题等。在学生汇报遇到语言障碍时，教师要给予一定的指导。学生的汇报可以是向全班汇报，也可以组与组之间相互交换汇报，教师只起主持人的作用，等学生汇报完毕再加以点评。例如：“English around the World”这一课的“Task cycle”就可以这样设计：教师把全班分成A、B、C、D四个大组，每一大组再分成若干个两人小组来完成这项任务。下面就是某一小组合作完成任务的实录：

S1：Where can we find the answer? I haven't found it.

S2：Er, here. You see, "An equal number of people learn English as a second language."

S1：Oh, yes. That means "The number of people who learn English as a second language is more than 375 million, too."

S2：Where are these people?

S1：Oh, they are in India, Pakistan, Nigeria and the Philippines.

之后，教师请其中一个大组派一名代表将讨论结果展示在实物展台上，与学生一起来评判对错。像这样的"Task cycle"可以使学生获得听、说、读、写的综合训练。

（三）任务后

这一环节要重点关注语言讲解。

首先，教师让学生分析课文特点并加以讨论，标出生词、难句。

其次，教师指导学生操练文中出现的生词、难句。

"English around the World"这篇课文的语言讲解可以这样进行：先小组合作，勘察课文难点、疑点，然后师生共同解决疑难问题。例如：

S1：I don't know why the writer uses "spoken" in the sentence "English is a language spoken all around the world".

S2：I don't, either, but I remember once we learned "Tom Hanks plays a man named Chuck Noland". Perhaps it is the same reason why "named" is used. But I'm not sure. Let's ask the teacher.

S1：Excuse me, sir. Can you tell me why the writer uses "spoken" here? Can we use "spoke" or "speaking"?

T：That's a good question. Can any student help him?

S3：No, we can't use "spoke" or "speaking" here, because...

T：If you have any difficulty explaining in English, you may use Chinese.

S3：Thank you, sir. 因为这里是过去分词作定语。

T：Right. Here "spoken all around the world" is used to modify the noun “language”.

接着,教师讲解过去分词作定语的用法。在此之后让学生反复操练,直到掌握为止。

五、任务的类型

(一)列举型

在学完这一单元之后,教师可以组织学生收集英式英语和美式英语的词汇差异。教师可提问:“Which word do the Americans use for ‘taxi’?”然后给出答案:“Cab.”接着学生两人一组继续相互问答,时间限制在一分钟之内,然后说出单词或展示在黑板上。

(二)整理型

学生把一些词语展示在黑板上之后,教师可以接着引导学生整理归纳。

T: How can you classify these words? (means of transportation, school, etc.) In pairs, think of other categories, put the words into the categories and add more words if you can.

(三)比较型

教师让学生与同桌比较已想到的词语,再添加自己想到的其他词语。

(四)问题解决型

在以上三步进行之后,教师可组织学生进行三人活动:假设一个美国人和一个英国人在词汇理解上产生误会,一名中国学生去帮忙解决他们的问题。

(五)经验分享型

假设你曾与某人谈话时因为词汇理解而产生误会,给同桌讲一讲这一经历。

(六)项目型

这是一个高级的复杂的任务。例如:在学完第二单元时,教师可设计制作英语使用者分布图的任务。可采取小组活动形式，每一小组负责一张分布图，用不同颜色表示不同的作用，再以文字说明。最后，各小组展示自己设计的分布图，评选出最佳分布图。

以上六种任务类型均反映了学生的认知过程，显然，它们都遵循了从易到难、从简单到复杂的原则，前三种任务类型的难度低于后三种，而在难度相当的三种任务中，复杂程度又是递增的。在课堂教学中，教师可以依据这些任务类型，围绕课文的主题并根据学生的实际情况进行任务的教学设计工作。

任务型教学模式的实质是：英语课堂教学应具有“变化性互动”的各种活动，即“任务”。学生在完成任务的过程中进行对话性互动，进而产生语言习得。从认知心理学角度来解释，学生英语学习和习得的过程一方面是学生通过完成任务不断地将所学知识内化的过程，另一方面是学生在完成任务的过程中不断地将学过的知识表现出来的外显过程，而学生的主体性正是通过内化与外显的无数次交替而逐步形成、发展和完善的。因而这种教学模式极能体现学生的主体性，是有效改变以往以教师讲授为主、学生极少有机会使用目标语进行交际的教学状况的最佳途径之一。

教学实践证明，任务型英语课堂教学过程中，教师通过自己的主导来发挥学生的主体作用，通过丰富多彩的任务情景调动学生学习的积极性，使学生主动地投入学习。民主、宽松、和谐的教学氛围和学习环境有利于激发学生的创新意识、培养学生的创新能力，从而提高学生的语言实践能力，达到提高英语教学质量的目的。

第五节 基于学习活动观的生本阅读

一、英语学习活动观的概念

英语课程内容是发展学生英语学科核心素养的基础，包含六个要素：主题语境、语篇类型、语言知识、文化知识、语言技能和学习策略。课程内容的六个要素是一个相互关联的有机整体。具体而言，所有的语言学习活动都应该在一定的主题语境下进行，即学生围绕某一具体的主题语境，基于不同类型的语篇，在解决问题的过程中，运用语言技能获取、梳理、整合语言知识和文化知识，深化对语言的理解，重视对语篇的赏析，比较和探究文化内涵，汲取文化精华；同时，尝试运用所学语言创造性地表达个人意图、观点和态度，并通过运用各种学习策略，提高理解和表达的效果，由此构成六要素整合、指向学科核心素养发展的英语学习活动观。英语学习活动观是指学生在主题意义引领下，通过学习理解、应用实践、迁移创新等一系列体现综合性、关联性和实践性等特点的英语学习活动，使学生基于已有的知识，依托不同类型的语篇，在分析问题和解决问题的过程中，促进自身语言知识学习、语言技能发展、文化内涵理解、多元思维发展、价值取向判断和学习策略运用。这一过程既是语言知识与语言技能整合发展的过程，也是文化意识不断增强、思维品质不断提升、学习能力不断提高的过程（教育部，2018）。

二、英语课堂教学活动的现状

英语课堂教学包括词汇、阅读、听力、写作、语法、功能、文化等部分，常以词汇与听力、词汇与阅读、语法与功能等相互组合。课型方面，按照学习阶段，可分为新授课、复习课等；按照单一语言技能划分，通常分为听力课、口语课、阅读课、写作课等；按照综合技能划分，则包括听说课、读写课等；按照语言知识划分，可分为语法课、词汇课等。每个课型的课程模式相对固定。

1. 阅读课缺少思维性活动

在阅读课上，教师偏重对文本内容表层信息的理解，忽视对文本的深度解读与体验，未能深入挖掘文本的背景、作者的写作意图及主人公的思想情感等；偏重听、说、读、看和写等单向的课堂教学模式，缺少思考、辩论等可以激发学生思维品质的学习活动。这样的活动即使再多也仅仅是走过场，流于形式，缺乏内涵，无法满足学生对于高阶思维的需求。阅读教学应基于阅读文本、学生的阅读体验和学生的认知规律，活动设计应具有针对性、关联性、拓展性及多样性，做到基于阅读文本的信息输出和反馈，这样才能帮助学生实现语言的内化和迁移，发展思维能力。

2. 听说课缺少过程性活动

在听说课上，教师多以听力的习题练习和简单的跟读练习代替真正的听力的训练与口语的输出。进行听力材料学习和听力练习的过程中，无论是何种体裁的听力文本，教师多是直接播放录音，学生完成各项听力练习，如信息连线题、填空题、判断对错题、选择题等，如果学生未能听懂，教师则会采用重复收听的方式，并未对听力文本的语篇特征进行渗透，也就未能对学生听力的难点加以判断与引导。这样的听力教学属于“听录音，做习题”的“考查”学生听力结果的教学，属于“检测型”的教学，对学生如何把握听力信息的指导相对较少，对学生听力学习策略的引导较少，未能引导学生学会“听”的过程。这样的听力教学也会导致学生未能从听力材料中获取足够的语言与语言资源支撑，影响口语表达，听、说之间的关系未能很好地得以体现。听说教学应充分调动学生参与课堂教学的积极性，每一项学习活动都在师生互动、生生互动中开展，课堂环环相扣、层层推进，最终帮助学生实现从语言的输入到语言的输出。

3. 词汇课缺少巩固性活动

在词汇课上，教师往往采用直接、集中、孤立地教授单词的方法，而忽略了词汇教学策略。在设计词汇训练活动时，教师多采用机械、枯燥的诵读和抄写公式，缺少精心为学生设计的词汇巩固性活动。

而如果没有学生后续的自觉复习和教师的词汇巩固性活动，词汇的讲解式教学只能是“单词搬家”，从词典或者教师的讲义中搬到学生的笔记本里，并不能内化成学生掌握的内容。词汇教学应围绕某一话题展开。教师合理利用教学资源，利用或创设接近实际生活的语言学习情景，设计有效的任务活动，帮助学生巩固所学内容，才能使学生将陈述性知识转化为程序性知识。

4. 语法课缺少应用性活动

在语法课上，教师过于强调语法作为规则的作用和注重学生对语法形式的掌握，忽视语法本身的表意功能及语言使用的具体环境和目的，导致学生只能被动地参与学习、机械地记忆规则、盲目地开展操练，缺乏必要的体验与感悟。语法教学应设计科学、合理、有趣的课堂活动，鼓励学生积极、主动地在活动中加深对语法规则的认识，概括和归纳语言使用现象，主动发现规则以及表达的意义，逐步获得语言的综合运用能力。

综上所述，“在实施过程中，普通高中英语教育仍然存在着以应试为主要目的的语言知识和技能学习现象，教学设计呈一定的碎片化倾向，语言实践活动不够”（梅德明，2018）。“教师的传统教学观念尚未得到根本转变，指向特定知识的教学导致学生所学到的知识多为碎片化形态，难以形成整合性能力，因而也就无法使学生运用所学知识参与到分析问题和解决问题中。”（梅德明，2018）教师设计的活动缺乏课程标准中提到的综合性、关联性和实践性，固守于某一课型的单一目标，缺乏对英语课程内容六要素的整合。

三、英语学习活动观落地实践的建议

英语学习活动观的落地需要从学校层面、教学层面、培训层面、教研层面、评价层面综合考虑，不断推进与完善。

1. 基于学习活动观的理念跟进

学校领导应给教师时间慢慢改变教学观念，增强帮助教师形成英语学习活动观的意识。首先，学校领导应让教师明确英语学习活动观的目的和意义，转变观念，真正从“单一的学习活动观”转变为

“六要素整合的学习活动观”。其次,学校领导应为教师提供英语理论和实践方面的书籍,特别是一些优秀的教学专业期刊,如《教学与管理》《中小学外语教学》《中小学英语教学与研究》等,捕捉英语学习活动观的最新研究成果,并运用于教学实践中。总之,学习活动观的实践需要分步骤逐步实施,不可操之过急。学校层面一定要给教师时间慢慢改变教学观念并不断调整教学行为。

2. 基于学习活动观的课堂教学

教师应积极参与新课程改革,在课堂教学中实践英语学习活动观。在实践英语学习活动观的初始阶段,可基于教师现有的教学知识和教学经验,采取逐步实施的原则。教师可以在教材的基础上,以六要素中的某个要素为主线,通过简单改变教学活动的设计,充分将课程内容的六要素进行融合,将学习活动观的理念在实际教学中加以落实,贯穿整个课程。

(1)在阅读教学中实践学习活动观

阅读教学中,教师可以以六要素中的“主题语境”为主线,通过设计综合性的教学活动,引导学生改变对阅读文本的态度,对阅读文本进行深度挖掘与延伸,使学生意识到阅读是完成其他任务的基础,意识到所阅读的材料与日常生活的关系。

以外研版高中教材中的“Natural Disaster”一课为例,在英语学习活动观的基础上,教师可以以活动的最终成果为出发点,设计相应的步骤。这个模块的主题是自然灾害,在模块结束时,学生如果能够制定自身应对自然灾害的方案,树立正确的应对灾害的态度,该模块的阅读文本就发挥了最大的功效。因此,可以为该模块设计几个输出的子任务,包括准备所需的救生包清单、劝慰灾难中遇到困难的人、在心理上积极应对灾难等。这个活动体现了课程的六要素:主题为“人与自然”中的“自然灾害与防范,安全常识与自我保护”;语篇为叙述故事的记叙文和介绍灾难的说明文,书中的阅读材料既包括文本材料,也包括灾难场景的图片或视频等多模态语篇;与自然灾害相关的词汇知识、如何劝慰在灾难中遇到困难的人的语用知识;文化意识为不同国家安全常识与自我保护的生存技能的教育方式;学生的理解性技能与表达性技能;“通过图书馆、计算机网络等资源获得更广泛的英语信息,扩充学习资源”的元认知策略、“有学习英语的兴趣,主动参加各种学习和运用语言的实践活动;有合作学习的意识,愿意与他人分享各种学习资源”的情感策略等(教育部,2018)。

(2)在听说教学中实践学习活动观

听说教学中,教师可以以六要素中的“语篇类型”和“学习策略”为主线,加大对听力体裁和语篇的指导,加强对学生听力策略的培养,帮助学生了解不同听力材料的体裁和语篇结构、涉及的主要内容、此种语篇中可能会高频率出现的句式结构与词汇等,提高学生在听说活动中的语篇意识,科学性地引导学生完成听力过程和口语输出。对体裁及语篇的渗透以及对听力策略的培养不应采用陈述性的讲授,而应通过设计综合活动来加以实施。如在进行题目为“Great Inventions of China”的听力材料教学前,教师可以为学生设计“My Dreaming Invention”的口语表达活动,明确教学目标为引导学生说出自己梦想中的发明。为了帮助学生实现这个目标,教师可以将教学流程进行如下设计:首先让学生从题目中分析本篇听力材料中可能会包含哪些信息,学生可能会说出“发明的东西”“这个发明的特征”“这个发明带来的益处”等,从而对学生的语篇知识进行引导,使用预测策略从题目预测文章内容。在材料播放的过程中,让学生核查文章包含的信息,并与自己的预测进行对比,逐步引导学生通过题目理解语篇,并培养学生的核查策略。在听的过程中,引导学生学习文中的关键表达方式,为后面的口语输出做好语言资源的准备,然后布置小组活动,让学生在小组中一起探讨“My Dreaming Invention”,同时选出小组最佳的“Dreaming Invention”并进行展示。该活动特点为:以“发明”为主题,属于“人与社会”中的一部分,同时融入对学生创新意识的培养,属于“人与自我”的主题之一;语篇为说明文,学生了解了语篇特征;运用相应的词汇与语法;抓住语篇中的关键概念和关键细节的理解性技能;对所学内容进行预测的学习策略;了解自己国家古代文明的文化意识。整个活动主题清晰、语篇明确、策略运用得当，培养了理解性和表达性技能，增强了文化意识。

(3)在词汇教学中实践学习活动观

词汇教学中，教师可以以六要素中的“文化知识”为主线，设计词汇学习的巩固活动。在英语教学中，需要培养学生的家国情怀，培养学生对祖国传统文化的热爱。因此，可以在词汇教学活动中选取不同的与文化相关的话题，让学生进行词汇的激活与巩固学习，既培养学生的词汇运用意识，也融文化知识于其中。如可以以“家乡”为主题，让学生想出与自己家乡相关的英文词汇，利用这些词汇为自己的家乡设计广告语，或者用这些词汇为自己的家乡写介绍性的文章、制作海报等，再进行交流与展示。该活动特点为：“人与自然”及“人与社会”的主题；广告、说明文、海报的语篇；与事物介绍相关的词汇知识；培养学生热爱家乡、从而热爱祖国的文化意识；交流过程中的表达性技能的训练与情感策略的培养。

(4)在语法教学中实践学习活动观

语法教学中，教师可以以六要素中的“语言知识”和“语言技能”为主线，注重语法的语用功能，设计语法的学习活动，让学生在活动的过程中体会语法的表意功能，增强语用意识。如在学习现在完成时的时候，让学生回忆自己的经历，体会现在完成时的用法。让学生进行简单概述和具体描写的活动对比，分清现在完成时与一般过去时的用法。该活动特点为：“人与自我”中回忆自己的生活的主题；记叙文类的语篇；现在完成时的语法知识；表达性技能；对自己经历进行评判的学习策略中的反思意识等。

用英语学习活动观的定义来分析上述不同课型中的活动，我们会发现这些活动具备了综合性、关联性和实践性的特点。第一，活动具有综合性，包含了六个要素，既有语言知识的学习，也有语言技能的训练；既有对主题语境的创设，也有对语篇类型的关注；既有文化知识的渗透，也有学习策略的培养。第二，活动具有关联性，从阅读材料中获取完成任务所需要的语言资源。第三，活动具有实践性，学生需要将所听、所读的内容进行加工与处理，其听、说、看、读、写的能力都得到实践应用。活动中既包含学生的理解性活动，如对听力阅读语篇、多模态语篇的理解，也包含实践应用，学生需要将所学内容进行整合。同时，在活动中学生也需要具备创新性。上述活动是融语言、文化、思维为一体的活动。

在教师更新观念的阶段，我们需要用上述这样的课例来帮助教师意识到实践英语学习活动观并非十分困难，而是在现有教材、现有学习内容的基础上，经过简单的加工和思路转化就可以实现。

3. 基于学习活动观的教师培训

教育培训部门应改变以往的讲座式培训，避免对学习活动观的理念及意义的不断重复，转而搭建实践和互动较多的英语工作坊。工作坊的设计可以像学生的课堂活动一样，遵循学习活动观。在工作坊中，可以依据教材为教师设计学习活动，让教师亲身体验活动的可行性，了解活动进行中可能会遇到的问题、活动中需要特别注意的地方、活动可以覆盖的要素等。也可以在工作坊中给教师提供材料，让教师通过自主学习、探究学习、合作学习来设计具有综合性、关联性和实践性的学习活动。在这个过程中，教师可以真正理解学习活动观的理念与操作，对学习活动观实施过程中可能会遇到的问题进行分析，为今后的教学做好准备。

无论是核心素养的培养还是学习活动观的实施，“最重要的是要有好的课例。老师们要学习理论，同时我们也要拿出课例来，演示给老师观看。给老师们展示出传统的课我们怎么上，现在我们要按新课标来上课，要怎样把语言教学和其他三种素养有机融合。对于教师培训而言，可能讲一万遍道理，不如用几个课例来演示，以说明现在的课应该怎样上”（文秋芳，2018）。因此，培训中应为教师“提出较为具体的教学建议和教学关键过程，使教师在教学实践中有章可循”（辛涛 等，2015）。

4. 基于学习活动观的专家引领

教育研究部门应经常亲临学校，为教师提供英语学习活动观的专业引领。首先,要充分发挥英语教研员在英语学习活动观落地实施过程中的引领示范作用,形成以英语教研员为核心的区域名师团队,推动区域英语学习活动观的落地。其次,大学英语教授、专家应走出象牙塔,走进中小学英语课堂、走近中小学英语教师,与英语教师一起研讨英语学习活动观,改变理论与实践相脱节的现状,发挥学术支撑的作用。比如,可尝试建立由大学英语教授、英语教研员、英语教师组成的英语学习共同体,这种模式能够为英语教师提供有效的专业引领,增强教师的学习活动观意识,不失为一种积极有益的探索与尝试。

5. 基于学习活动观的评价改革

教育评价部门应实施基于英语学习活动观的评价改革。英语教育既是一种语言教育,涉及语言知识、语言技能和学习策略,具有工具性的一面,同时也是一种文科教育,涉及情感态度和文化意识,具有人文性的一面;前一种可以进行量化评价,后一种只能采用质性评价。高考英语实行社会化一年多考的改革,由学生自主选择考试时间和次数,这打破了"一考定终身"的局面,树立了多元的质性评价依据,做好了英语评价改革的顶层设计,有助于教师英语学习活动观的生成。

四、总结

在课堂上真正实践英语学习活动观需要逐步推进。在学校层面,学校领导需要给教师时间认同英语学习活动观的理念,使教师意识到英语学习活动观在课堂上的可操作性。在教学层面,教师在已有的课型的基础上,以某一要素为主线,对现有的教学进行基于英语学习活动观的简单改造,逐步尝试设计基于英语学习活动观的活动。在培训层面,要为教师设计基于英语学习活动观的工作坊性质的培训,让教师在活动中亲自体验英语学习活动观。在教研层面,教师实践英语学习活动观的过程中还需要高校专家、英语教研员的专业支持。在评价层面,应实施基于英语学习活动观的评价改革。这样,才能促进英语学习活动观的真正落实,促进英语学科核心素养的培养。

第三章 语篇阅读

第一节 语篇阅读的定义及意义

一、阅读教学存在的问题

众所周知，阅读教学是英语教学的重头戏。在英语学习中，阅读在培养学生的语言能力、学习能力、思维品质、文化意识等方面发挥着极其重要的作用。阅读是学生提高英语素养的主要途径，阅读能力也是学生必须掌握的核心技能之一。虽然教师们在思想上很重视阅读教学，但实际上，相当一部分教师在英语阅读教学中存在问题。笔者对某重点中学的英语教师做过调查，发现教师们在阅读教学中主要存在以下两个问题：

（一）语篇知识了解模糊

被调查的多数教师阅读教学思想陈旧，缺乏阅读教学理论指导。教师中了解一般性阅读理论的教师只占 18.9%，了解语篇知识的教师只有 10.8%，而且这 10.8%中多数教师对语篇知识的了解很模糊，对语篇知识的理解程度尤其堪忧。

（二）轻视阅读技能训练

调查发现，教师仍然过分注重词汇知识和语法知识的教学。59. 5%的教师认为没有必要对学生进行阅读技能训练，认为只要具备足够的词汇量，掌握了必要的语法知识，阅读就没有问题了。

语篇阅读旨在克服这些问题。

二、语篇阅读的定义

语篇阅读即基于语篇知识的高中英语阅读教学，其目的是培养学生获取、分析、处理和应用文本信息的能力。语篇阅读教学活动包括宏观阅读和微观阅读。语篇阅读强调教师在实施阅读教学中要引导学生通过语篇的组织结构和衔接手段来获取、分析、处理和应用文本信息。

三、语篇阅读教学的意义

（一）语篇的本质要求教师运用语篇知识进行阅读教学

美国语言学家哈里斯曾指出，“语言并不存在于零散的词句中，而存在于联系着的语篇中”（Harris，1952；转引自汪金宝，2012）。正确的阅读教学是教授学生从整体层面理解语篇，在语境中学习词汇和语法，而不是只言片语的讲解词汇或语法，忽略语篇的理解，忽略培养理解语篇的技能。这是由语篇的本质决定的。只有遵循语篇的本质进行语篇教学，才能收到良好的效果。

（二）语篇知识是《2017 年版课标》的主要内容之一

《2017 年版课标》明确提出了语篇知识，并将语篇知识看作语言知识的一部分，这意味着今后的高中英语教学不再只教授语音知识、语法知识、词汇知识，更要教授语篇知识。

因此，我们有必要进行基于语篇知识的英语阅读教学。

第二节　语篇阅读教学的理论

《2017 年版课标》指出，语篇知识是关于语篇是如何构成的、语篇是如何表达意义以及人们在交流过程中如何使用语篇的知识。语篇中各要素之间存在复杂的关系，如句与句、段与段、标题与正文、文字与图表之间的关系。这些关系涉及语篇的微观和宏观组织结构。句子内部的语法结构、词汇搭配、句子之间的衔接和连贯关系、句子的信息展开方式等，属于语篇的微观组织结构。语篇中段落与段落的关系以及语篇各部分与语篇主题之间的关系，则属于语篇的宏观组织结构。语篇宏观组织结构包括语篇类型、语篇格式等。

“语篇分析是以语篇为基本单位，描述、分析其语言结构、文化特征、交际方式及语境等微观结构和宏观结构的过程”。（王敏，2009）基于语篇知识的阅读教学模式主要涉及语篇、语篇的连贯性、语境、语篇结构模式以及语义结构图等理论。

一、语篇

“语篇通常是指由一系列连续的话语或句子构成的语言整体。”（黄国文，1988）从形式上看，语篇可以是独白、对话，可以是众人交谈；可以是文字标志，也可以是诗歌、小说等。黄国文（1988）认为，语篇无论以何种形式出现，都必须合乎语法，并且语义连贯，包括与外界在语义上和语用上的连贯，也包括语篇内部在语言上的连贯。

二、语篇的连贯性

语篇的第一特性是连贯。连贯是无形的，连接是有形的。胡壮麟（1994）在《语篇的衔接与连贯》中列举了指称性、结构衔接、逻辑连接、词汇衔接四项衔接的主要手段。指称性包括人称指称、社会指称、地点指称、时间指称和语篇指称。结构衔接包括替代、省略和同构。逻辑连接包括添加、转折、因果和时空。词汇衔接包括重复、泛指、相似性、分类关系和组合搭配。

在教学实践中，我们根据高中学生的认知水平，将这几种手段简化为：词汇衔接、结构衔接和逻辑衔接。词汇衔接包括复现和搭配，其中复现包括重复、泛指、相似性和分类关系。同时，我们尽量用通俗易懂的词语代替专业术语。我们用“指代”代替“指称性”，用“原词复现”代替“重复”，用“同义词/近义词复现”“反义词复现”代替“相似性”，用“上下义词”代替“泛指”“分类关系”。

三、语境

语篇离不开语境。语境是指语篇的内部环境，即上下文；也可以指语篇产生时周围的情况、事件的性质、参与者的关系、时间、地点、方式等，即情景语境；也可以指说话人所在的言语社团的历史文化和风俗人情，属于该言语社团的人一般都能理解其在语篇中的意义，可称之为文化语境（胡壮麟，1994）。

四、语篇结构模式

语篇有一定的结构模式。黄国文（1988）认为，语篇是按照一定的思维模式组织起来的，语篇的内容决定了语篇的结构，“常见的语篇结构有：议论结构、描写结构、说明结构和叙事结构等”。刘辰诞（1999）认为，文章有五种模式：“问题—解决模式”“主张—反主张模式”“叙述模式”“提问—回答模式”和“概况—具体模式”。“问题—解决模式”由“情景—问题—反应—评价/结果”构成。“主张—反主张模式”中，作者先提出一种普遍认可或某些人认可的主张或观点，然后进行澄清，说明自己的主张或观点，或提出反主张或真实情况。这种模式也被称为“假设—真实模式”。“叙述模式”以拉波夫（Labov, 1972）总结的最为著名。拉波夫叙述模式包括：“点题（Abstraction）—指向（Orientation）—进展（Complicating action）—评议（Evaluation）—结果/结局（Result or resolution）和回应（Coda）”（转引自黄国文，1988）。“提问—回答模式”与“问题—解决模式”有相似之处，但该模式一般会在篇章开头设置一个明显的、用提问方式表达的问题，篇章的发展主要是寻找对这一问题的令人满意的答案（刘辰诞，1999）。“概括—具体模式”又称为“一般—特殊模式”。这种模式一般也称为“总—分—总”结构。

五、语义结构图

语义结构图概念由约翰逊（Johnson，1986；转引自李得武，2011）等提出，用于研究语篇内部的意义衔接。教师在进行语篇宏观结构模式分析时，将文本信息转换成语义结构图，帮助学生理解语篇层次关系。语义结构图以核心概念为中心，逐级拓展并形成显化的语义衔接结构。

第三节 语篇阅读教学的实践

基于语篇知识的高中英语阅读教学模式，是指以语篇知识为指导的高中英语阅读教学模式，其目的是培养学生获取、分析、处理和应用文本信息的能力。这种教学模式包括宏观阅读和微观阅读。在宏观阅读过程中，教师引导学生关注宏观结构，构建语篇语义结构图，培养学生提取主旨大意、推断写作目的、自拟文章标题等能力。在微观阅读过程中，教师指导学生通过语法衔接、词汇衔接和逻辑衔接等手段对课文局部进行理解，培养学生细节理解、推理判断和词义推断等阅读理解能力。这种教学模式不仅要求学生对文本进行表层理解，而且要求学生关注作者的观点、情感和态度、写作的意图，把握文章的脉络和结构特点，了解文本的遣词造句和谋篇布局的技巧，使学生在高中英语学习过程中逐步提高英语学科素养。

下面以人教 2007 年版《英语必修 1》第 5 单元课文为例，加以说明。

一、宏观阅读课文

（一）结构模式分析

教师首先介绍常见的思维结构模式和语篇的结构模式以及各种模式的特征，然后布置阅读任务："Read the passage and judge what the text pattern of the passage is."

文章开头交代了五个 W 和一个 H（When, Where, Who, When, Why, How）。这是典型的叙事思维结构。因此，学生不难看出本篇的思维结构模式是叙事结构。

教师可以通过以下问题启发学生完成语篇模式图：

Question 1: How many main characters are there in the text? What's the relationship between them?

第一个问题不难，学生可以回答：There are two main characters:

Elias and Mandela. Elias is a poor black worker, and Mandela was a black lawyer then, who offered guidance to Elias.

Question 2: How many parts can we divide the passage into? What is the main idea of each part?

全文共5段,可以分成三部分:第1段为第一部分,第2段为第二部分,其余为第三部分。

第一部分(第1段)的中心思想是:概述伊莱亚斯的艰难处境、曼德拉为黑人提供的帮助以及伊莱亚斯得到帮助之后的感激之情。本段含有三层意思。第一层:伊莱亚斯的艰难处境。第二层:曼德拉为黑人提供帮助。第三层:伊莱亚斯得到帮助之后的感激之情。

第二部分(第2段)的中心思想是:伊莱亚斯需要帮助的原因。本段从两个方面详细讲述需要帮助的原因,一是伊莱亚斯的教育问题,二是伊莱亚斯的工作问题。换句话说,实际上这部分在详细叙述第1段提到的第一层意思,即伊莱亚斯的艰难处境。

课文段与段之间的衔接主要是通过过渡句实现的。过渡句是连接各个文段的黏合剂,它的功能就是把一段与另一段自然地连接在一起。过渡句一般位于上段末或下段首,大多较简洁,通常含有一些标志性词语,例如:“因为”“然而”“在另一方面”或“例如”等。过渡句通常通过上义词、同义词或原词等的复现使上下两段自然过渡。比如,第2段的第1句“I needed his help because I had very little education”除了有明显的标志性词语“because”之外,还通过词汇复现手段实现了上下段的衔接。“I needed his help”是对上段“..., for whom I went for advice”的概括。“little education”是对下文“I studied only two years”以及“I couldn't read or write well”的概括,为上下义复现。

第三部分(第3~5段)的中心思想是:曼德拉如何帮助伊莱亚斯以及伊莱亚斯得到帮助之后的感激之情。

第3段第1句“The day when Nelson Mandela helped me was one of my happiest.”为过渡句。这句话中的“Mandela helped me”指曼德

拉帮助作者解决上段陈述的问题，同时也是对下文的概括。“Mandela”与本段中的“He”为指代复现。作者在第 3 段用了一个“told(告诉)”和两个“said(说)”细化“helped(帮助)”的具体内容，“帮助”为上义词，“告诉”和“说”为下义词。曼德拉“告诉”作者如何取得文件顺利留在约翰内斯堡。同时，曼德拉给作者“说”，“过去30 年来所出现的大量法律剥夺了我们的权利，阻挡了我们的进步，直到今天，我们还处在几乎什么权利都没有的阶段。”本部分在讲述曼德拉对作者进行帮助的同时，也描述了作者本人对得到其帮助之后的反应。作者在第 3 段用了两句话、三个形容词(happiest，hopeful，kind)描述他得到曼德拉帮助之后的情感态度。

第 4 段介绍作者在思想上与曼德拉达成一致。本段第 1 句话“It was true.”为过渡句，起承上启下的作用。“It”为指代复现，代指上文曼德拉说的话。同时下文的“couldn't vote”“couldn't get the jobs they wanted”“the places... to live were the poorest”“No one could grow food”等具体阐释上文所提到的“no rights”。因此，曼德拉说“要么接受现实，要么跟政府作斗争”。

第 5 段介绍作者在行动上与曼德拉达成一致。本段第 1 句话有过渡句标志性词组“As a matter of fact”，同时，还用了“violence”原词复现的手段。第 4 段的“violence”与本段的“blew up some government buildings”为近义词复现。

根据以上分析，我们可以看出本文的语篇模式是“一般—特殊模式”。第 1 段为总述，其余为详述。

（二）完成语义结构图

对课文进行结构分析的同时，我们运用语义结构图将其形象地勾勒出来(图 3.1)，并要求学生用填空的方式完成语义结构图。这篇课文由 5 段组成，段与段之间运用过渡句自然过渡，犹如有一条无形的链条，使全文环环相扣，浑然一体。语义结构图形象地表现出了事情的起因、发展、结果，通过伊莱亚斯的讲述真实地凸显了曼德拉的伟大品格。

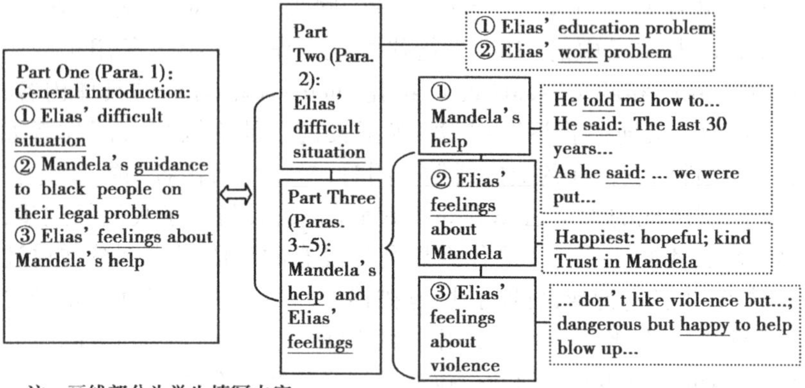

注：画线部分为学生填写内容。

图 3.1 《伊莱亚斯的故事》课文语义结构图

（三）宏观阅读能力训练

宏观阅读能力练习题(1～3 题)为写作方法、写作目的或标题类阅读理解题，旨在训练学生获取信息、处理信息和分析问题、解决问题的能力。

1. What's the author's purpose of writing the text?

   A. To look back on his suffering.

   B. To describe the changes after meeting Mandela.

   C. To express Mandela's devotion to helping black people.

   D. To tell us the author's own story.

2. The text is developed by ________.

   A. telling the author's own experiences

   B. comparing different lives black and white people lived

   C. listing various deeds Mandela did

   D. representing changes after meeting Mandela

3. What's the function of the first sentence "I needed his help because I had very little education." in the second paragraph?

   A. To summarize the whole text.

   B. To connect the first paragraph with the second paragraph.

C. To draw the conclusion of the first paragraph.

D. To draw the readers' attention to the second paragraph.

经过语篇结构的宏观分析环节的铺垫，学生做这类选择题的难度减小了很多。

通过以上分析，我们可以看出，文章借伊莱亚斯的口吻，讲述发生在他身边的曼德拉的故事。这样的写作手法别具一格，发人深省，真切感人。第 1 题考查写作目的，其答案为 C。第 2 题考查写作方法，答案为 A。第 3 题的设计意图是帮助学生理解段落之间的衔接，答案为 B。

二、微观理解课文

微观理解的设计意图是在阅读教学过程中，指导学生通过语法衔接、词汇衔接和逻辑衔接等手段对课文局部进行理解。微观阅读能力练习题(4~7 题)旨在训练学生猜测词义句义、推理判断和归纳段落大意的能力。处理这一环节时，教师可以先出示问题，教会学生根据提问定位特定信息，再通过分析衔接手段进行微观理解。

微观理解是指理解文章的局部，或词义，或句义，或对某个段落进行归纳。进行微观理解就是分析语篇的照应、替代、省略、同义、反义、上下义等关系。

4. What does the author stress in the first paragraph?

Key: Mandela's help to the author.

5. What does the expression "answer violence with violence" refer to?

Key: Blowing up some government buildings.

6. What does the first quote from Mandela imply?

Key: Mandela was sympathetic for black people and angry with the government.

7. In Elias' eyes, Mandela was ________.

Key: kind, generous with time, knowledgeable, helpful, wise, friendly, warm-hearted, easy-going…

第 4 题的设计意图是指导学生获取段落大意。第 1 段共 7 句话,含三层意思。首先是介绍作者的身份和故事发生时的状况,也正是需要帮助的时候。然后描述曼德拉帮助黑人解决法律纠纷,最后提到得到曼德拉的帮助之后的感激之情。本段的核心词汇是“help”。因此,本段重点强调的是曼德拉给予作者的帮助。

第5题的设计意图是理解词义。“As a matter of fact, I don’t like violence... but in 1963 I helped him blow up some government buildings.”中“but”为转折词语,前后意思应该相反。由此推断“violence”在这里指的是“blowing up some government buildings”。

第6题的设计意图是理解句义。曼德拉的第1段话:“The last thirty years have seen the greatest numbers of laws stopping our rights and progress, until today we have reached a stage where we have almost no rights at all.”中的“laws”指代“the government”,这种现象在英语中叫提喻,也就是由局部代表整体。“we”指代“黑人”,“The last thirty years”“the greatest numbers of”以及“until today”这些数据及时间的罗列充满了对黑人的同情和对当时政府的愤慨,因为政府在这三十年间制定的种种法律剥夺了黑人的权利,直至他们几乎没有任何权利可言。曼德拉的这种情感也可以从他第2段话中的“要么接受低人一等的事实,要么跟政府作斗争”中领会出来。

第7题,课文中只提到了“kind”和“generous with time”。教师可以根据曼德拉主动为穷苦黑人提供法律指导这一事实引导学生说出“knowledgeable”“helpful”“wise”“friendly”“warm-hearted”“easy-going”等词。

总之,基于语篇知识的高中英语阅读教学倡导教师在阅读教学中不只停留在词汇与语法等语言知识层面,而要运用语篇知识,引导学生把握语篇的连贯性和衔接手段,从宏观到微观、由整体到局部,由浅入深地理解语篇材料。在基于语篇知识的阅读教学中,教师要通过语篇结构模式分析、勾勒语义结构图,训练学生把握作者的写作方法和写作目的、概括文章大意、归纳文章标题等阅读理解能力,同时还要指导学生通过语法衔接、词汇衔接和逻辑衔接等语篇衔接手段对课文局部进行理解，训练学生理解细节、猜测词义句义、推理判断的能力。在基于语篇知识的阅读教学中，教师既要引导学生吸收文本信息，还要加强学生的思维训练。如何运用语篇知识进行阅读教学，改变重语言知识、轻语篇知识的现状，切实提高学生英语学科核心素养，是当前英语教育研究者和教学者共同面对的重大课题。

第四节　基于句际关系分析的语篇阅读

传统的高中英语阅读教学把一篇完整的语篇分解成支离破碎的单词或句子，并反复讲解。这种过分注重词汇和语法的讲解，使学生错误地认为只要认识了单词就能读懂文章。实际上阅读教学不只是识词教学，更重要的是教会学生怎样与作者进行心灵的沟通。要实现这种沟通，就必须把阅读材料当作有机的整体看待。词与词之间、句与句之间是有联系的，不能把它们孤立起来。在阅读教学中，教师要引导学生进行句际关系分析，找到词与词之间、句与句之间的联系，引导学生在特定的语境中，在一定的文化背景下，借用语言系统这个意义来源，在语篇层次上提取意义。

句际关系分析是语篇分析的重要内容，但在高中英语阅读教学中还没有受到应有的重视。下文就句际关系分析在高中英语阅读教学中的应用进行探索。

一、句际关系的定义

“句际关系指的是在连贯的语篇中句子与句子之间在结构上和意思上的联系。”（黄国文，1988）黄国文把句际关系分为九种，即“并列关系、对应关系、顺序关系、分解关系、分指关系、重复关系、解释关系、因果关系、转折关系”。在实际阅读教学中，我们把这九种关系整合为顺接关系、对应关系、转折关系、比较关系、解释关系和因果关系这六种关系。

（一）顺接关系

顺接关系指两个或两个以上的句子具有同等、并列的关系，或两个或两个句子表示动作、状态先后发展的顺序关系。这种关系的衔接词有"and, furthermore, what is more, moreover, in addition, first, second, third, then, after, before, next"等。

例如，北师大版《英语必修 1》第 4 单元有这样一段话："On Christmas Eve, the whole family helped to decorate the house, put up the Christmas tree, the decorations and the balloons. Then, in the afternoon, when Auntie Kathleen and my two cousins arrived, everything was ready. Before we went to bed, we left some wine and biscuits for Father Christmas and then put our stockings at the end of our beds. We tried to stay awake as long as possible to see Father Christmas but the next thing we knew it was morning. Christmas morning!"

这段文字是按时间先后顺序发展的，其衔接词是表示时间的词语："On Christmas Eve, Then, in the afternoon, when, Before, the next thing, Christmas morning"。

（二）对应关系

对应关系指两个或两个以上句子的部分词语在概念上相互对应，这种对应关系主要依靠词的复现建立。复现包括原词复现（Repetition）、同义词复现（Synonym）、反义词复现（Antonym）、指代复现（Personal reference/Demonstrative reference）、上下义词复现（Hyponym）。

下文完全相同地再现上文中某个词或词组，使上下文连贯、流畅，这种现象叫原词复现。比如，人教 2006 年版《英语高一下》Unit 17 第 31 页有这样一段话："I had travelled only two hours one day when the winds increased so much that I had to put my tent up before the winds became too strong. Within a few minutes the winds increased to a howling storm that threatened to blow me and my tent away, but none of that happened." 在这两个句子中，"the winds" 出现了三次，

"increased"出现了两次,"tent"出现了两次,这样的重复将这两个句子有机结合起来,自然流畅,浑然一体。同时,这两个句子中的"the winds increased"与"the winds became too strong"是同义词复现。最后一个"that"指代"blow me and my tent away"这件事,属于指代复现。

如果原词为名词,再现时通常与定冠词"the"连用,表示特指前面所提到的人或物。比如,人教2007年版《英语必修1》有这样一段话:"Farmers noticed that the well walls had deep cracks in them. A smelly gas came out of the cracks."

在"To make as much use of the land as possible, two or more crops are planted each year where possible. Rice, cotton and vegetable seeds are sometimes grown in special seedbeds before they are planted in the fields."(人教2006年版《英语高一下》)这两个句子中,"crops"与"Rice, cotton and vegetable"为上下义词。

在"Chemical fertilisation, for example, helps to produce better crops, but is harmful to the environment. New techniques should increase agricultural production but also be friendly to the environment."(人教2006年版《英语高一下》)这两个句子中,"harmful to"与"friendly to"具有反义关系,属于反义词复现。

(三)转折关系

句与句之间存在着语意相反的关系,即转折关系,衔接词通常有"but, however, nevertheless, (al)though, in fact"等。例如:"The most universal facial expression is, of course, the smile—its function is to show happiness and put people at ease. It does not always mean that we are truly happy, however."(人教2007年版《英语必修4》)

(四) 比较关系

表示比较异同的句子关系,即比较关系。说明前后内容相同时,可能出现"similarly, like"等衔接词;说明前后内容不同时,衔接词通常用"as a contrast, on the contrary, on the one hand... on the other hand"等。例如:"Although he is one of China's most famous scientists,

Yuan Longping considers himself a farmer, for he works the land to do his research. Indeed, his sunburnt face and arms and his slim, strong body are just like those of millions of Chinese farmers, for whom he has struggled for the past decades."(人教 2007 年版《英语必修 4》)

(五)解释关系

解释关系指后面的句子对前面的句子做解释、引申、例证,使意义更加具体、明了。常见的衔接词有"for example, for instance, take... as an example"等。例如:"How did the little tramp make a sad situation entertaining? Here is an example from one of his most famous films, *The Gold Rush*."(人教 2007 年版《英语必修 4》)

(六) 因果关系

原因和结果是揭示客观世界中普遍联系着的事物具有先后相继、彼此制约的一对范畴。原因是指引起一定现象的现象,结果是指由于原因的作用而引起的现象。因果关系是前后两个句子互为因果,要么前因后果,要么前果后因。表示因果关系的衔接词有"for, thus, as a result, because, because of, owing to, thanks to, due to, for this reason, so, therefore, as, since, consequently, result from, cause, lead to, contribute to"等。例如:"We can often be wrong about each other, so it is an amazing thing that we understand each other as well as we do!"(人教 2007 年版《英语必修 4》)

二、如何引导学生进行句际关系分析

根据阅读教学的一般规律,我们在实验中运用以下四步进行句际关系分析教学:总体分析句际关系,帮助学生构建文章框架;构建层次关系,将文字转换为语义结构图;设计多种问题,帮助学生理解同层句际关系的衔接手段;运用句际关系,进行口头或书面表达。

(一)总体分析句际关系,帮助学生构建文章框架

教学时教师可以设计类似于"What is the main idea of the passage?"这样的问题来帮助学生从总体上把握信息。

任何符合逻辑的一段文字，都是连贯的。“连贯（Coherence）体现在篇章的深层结构上，是篇章的无形网络，是语篇最重要的特征之一。”（陈奇敏 等，2005）这种无形的网络就是指语篇框架，也可称为“小句关系”。温特（Winter，1977）和霍伊（Hoey，1983）提出小句关系有三种模式：“问题—解决式（Problem—solution）”“假设—真实式（Hypothetical—real）”“一般—个别式（General—particular）”（转引自程晓堂，2005）。从句际关系角度来看，在这三种模式中，前者与后者都存在解释关系。在“问题—解决式”的小句关系中，第一个小句提出问题，后面的小句提出解决问题的方法；在“假设—真实式”的小句关系中，前一个小句是假设部分，陈述别人已经说过的观点或情况，后面的小句是真实部分，说明作者自己的观点，即支持或否定假设部分提出的观点或情况；在“一般—个别式”的关系中，前面的小句陈述一般的或概括性的内容，后面的小句提供具体的例证或细节内容（转引自程晓堂，2005）。教师要引导学生根据句义找出语篇的主题句，分清楚层次关系，弄清楚这无形的网络，弄清楚所读语篇属于哪种框架模式。

【案例 1】

人教 2007 年版《英语必修 4》第 2 单元：

① What are some of the problems caused by chemical fertilizers? ② First, they damage the land by killing the helpful bacteria and pests as well as the harmful ones. ③ Chemicals also stay in the ground and underground water for a long time. ④ This affects crops and, therefore, animals and humans, since chemicals get inside the crops and cannot just be washed off. ⑤ These chemicals in the food supply build up in people's bodies over time. ⑥ Many of these chemicals can lead to cancer or other illnesses. ⑦ In addition, fruit, vegetables and other food grown with chemical fertilizers usually grow too fast to be full of much nutrition. ⑧ They may look beautiful, but inside there is usually more water than vitamins and minerals.（注：文中的序号为笔者添加。）

这是典型的"问题—解决式"框架模式。本段共有 8 句话。第 1 句以问题的形式出现,其余 7 句回答这一问题。第 1 句为主题句,其余 7 句为支持句。因此,第 1 句与其余 7 句的关系为解释关系。所以这段的主题为:"The problems caused by chemical fertilizers"。

(二)构建层次关系,将文字转换为语义结构图

在处理案例 1 这段文字时,教师可以设计"How many kinds of problems do chemical fertilizers bring about? What are they?"之类的问题,帮助学生勾勒支持句之间的层次关系,并将文本信息转换成语义结构图。语义结构图概念由约翰逊(Johnson,1986)等提出,用于研究语篇内部的意义衔接。语义结构图以核心概念为中心,逐级拓展并形成显化的语义衔接结构(转引自李得武,2011)。

教师可以引导学生根据句际关系的衔接词分析后七句话的层次关系。这段话中有三个表示顺接关系的衔接词:"first""also"和"In addition",说明这段有三个层次,而且这三个层次是并列的关系。

为了形象、直观,教师可以引导学生将这段文字转换为语义结构图,如图 3.2 所示。

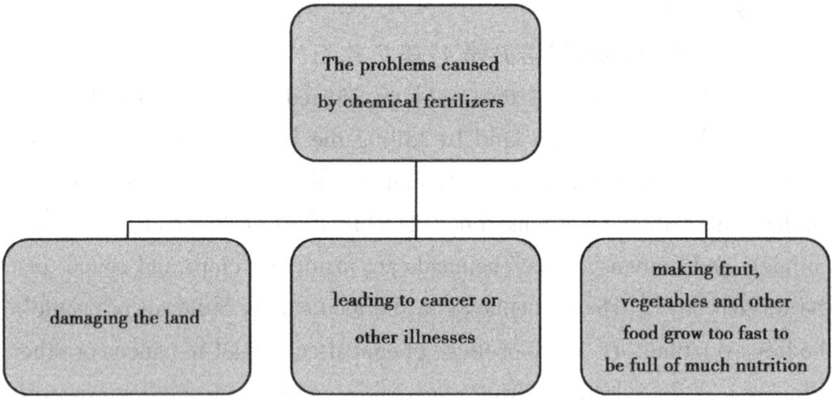

图 3.2 《化肥引起的问题》课文语义结构图

（三）设计多种问题，帮助学生理解同层句际关系的衔接手段

黄国文(1988)把语篇的衔接分为语法手段(如照应、替代、省略等)、词汇手段(如复现关系、同现关系)、逻辑联系语和语用上与语义下的意涵等。

案例1的段落中，第二层含③、④、⑤、⑥四句话。第3句与第4句具有因果关系，前为因后为果。其因果关系通过"affect"这个词语体现。同时，这两句话还通过指代复现的衔接方式实现衔接。"This"指代前面这句话的内容。后一句话中"therefore"的前后部分具有因果关系。"therefore"后省略了"affects"。"therefore"前后的两部分通过省略的衔接方式实现衔接。第4句与第5句通过原词复现和同义词复现实现衔接。前句中的"These chemicals"与后句的"these chemicals"为原词复现。第4句中的"get inside the crops"与第5句中的"in the food supply"为同义词复现。第6句与前三句为因果关系，这句话为果，前三句为因。其衔接手段是原词(these chemicals)复现。

第三层中含⑦、⑧两句话。这两句话具有解释关系，其衔接手段为指代复现和上下义词复现。后句中的"they"指代前句的"fruit, vegetables and other food grown with chemical fertilizers"。前句的"nutrition"与后句的"vitamins and minerals"形成上下义关系。

在教学中教师不能抽象地进行理论分析，应该设计词义理解、句义理解或完形填空等活动，使学生更好地理解句际关系的各种衔接手段。

1. 词义理解

在处理案例1这段文字时，我们设计了这样一个选择练习题：

What does the word "This" in the fourth sentence refer to?

A. The ground water.

B. The underground water.

C. A long time.

D. The fact that chemicals stay in the ground and underground water for a long time.

"Chemicals also stay in the ground and underground water for a long time."与"This affects crops and, therefore, animals and humans, since chemicals get inside the crops and cannot just be washed off."具有因果关系,前为因后为果。这两句话是通过指代复现衔接的。"This"代指前面这句话的内容。所以答案为D。

重大2003年版《英语》在每个单元的"Reading"板块右边设置了"Margin Notes",用简单的插图、选择题、问题、提示语等方式启发学生思考,帮助学生理解,从而逐步获得猜词的能力。教师在使用时,可充分利用"Margin Notes",理清文中句际关系,帮助学生获得猜词能力。

例如:针对"Once when I was there, he told me a story about a young man who was the son of an itinerant horse trainer who would go from stable to stable, farm to farm and ranch to ranch, training horses."(重大2003年版《英语必修3》)的教学,教材的词汇表有意不给出"itinerant",要求学生猜测这个词的词义。原文中的"who would go from stable to stable, farm to farm and ranch to ranch, training horses"为定语从句,起解释和说明"itinerant horse trainer"的作用。定语从句与先行词具有解释关系。所以,识别出解释关系,就很容易推测出"itinerant"是"流动的"意思。

2. 句义理解

【案例2】

在教下文(人教2007年版《英语必修1》)时,教师可以给学生设计一道句义理解题,培养学生的句际关系分析能力。

I wonder if it's because I haven't been able to be outdoors for so long that I've grown so crazy about everything to do with nature. <u>I can well remember that there was a time when a deep blue sky, the song of the birds, moonlight and flowers could never have kept me spellbound.</u>

What does the underlined sentence imply?

A. The author was not old enough to be interested in these things mentioned.

B. In the past nature was not beautiful enough to attract the author.

C. One doesn't consider things precious until he or she loses them.

D. The author is eager to go out to experience nature now.

画线句子与其前面的句子具有对应关系,同时还具有比较关系。从字面上看,画线句子的意思是"我记得非常清楚,以前,湛蓝的天空、鸟儿的歌唱、月光和鲜花,从未令我心迷神往过。"该练习给出的四个答案似乎都有道理。但结合上下文答案就是唯一的了。上文提及:"... it's because I haven't been able to be outdoors for so long that I've grown so crazy about everything to do with nature."在这个语境中,"nature"是"a deep blue sky, the song of the birds, moonlight and flowers"的上义词,"a deep blue sky, the song of the birds, moonlight and flowers"是"nature"的下义词。这两句话通过上下义词的对应,形成一个不可分割的整体。这表明画线的句子是对"I've grown so crazy about everything to do with nature."的具体诠释,说明如今作者向往大自然,渴望亲近大自然,回到大自然的怀抱。所以,应该选 D。

另外,教师还可以引导学生从比较关系的角度去理解。前句言现在,画线句言过去。前句为肯定,后句为否定。钱钟书《宋诗选注》中为王禹偁《村行》所作的注释中有这么一句话:按照逻辑说来,"反"包含着先有"正",否定命题总预先假设着肯定命题。所谓言"无"者,激言于"有"(转引自李安全,2008)。"There was a time when a deep blue sky, the song of the birds, moonlight and flowers could never have kept me spellbound."这句话说过去蓝天、鸟鸣、月光和鲜花不能迷住我,其隐含意思就是现在能深深地把我迷住了。这样恰好与上文"I've grown so crazy about everything to do with nature"的意思一致。如果改用直说,大自然那种强烈的吸引力则大减。

3. 完形填空

完形填空题被专家称为障碍性阅读,也是中学生感到最为棘手的题型之一。这与其说是考查学生对语法、词汇、习语、句型、搭配等基础知识的综合运用能力，不如说是考查学生对短文的句际关系分析能力。

为了让学生更好地理解语篇中句子的句际关系，教师可以把课文设计成完形填空的形式来分析句际关系。

【案例 3】

在教下文（人教 2007 年版《英语必修 2》）时，教师可以将“Animal Extinction”的第 2 段改成完形填空的形式来训练学生的句际关系分析能力。

Many animals have disappeared during the long history of the earth. The most __1__ of these animals are dinosaurs. They lived on the earth tens of millions of years ago, long before humans came into being and their future seemed __2__ at that time. There were many different kinds of dinosaurs and a number of them used to live in China. The eggs of twenty-five species have been __3__ in Xixia County, Nanyang, Henan Province. Not long ago a rare new species of bird-like dinosaur was discovered in Chaoyang County, Liaoning Province. When scientists __4__ the bones, they were surprised to find that these dinosaurs could not only run like the others but also climb trees. They learned this from the way the bones were joined together.

Dinosaurs died out suddenly about 65 million years ago...

1. A. intelligent　B. famous　C. frightening　D. powerful
2. A. secure　B. dangerous　C. happy　D. interesting
3. A. protected　B. prevented　C. found　D. joined
4. A. dug　B. cut　C. respected　D. inspected

第 1 句话与第 2 句话具有解释关系。第 2 句是引出恐龙，作为例子来解释前句所陈述的现象。举例应该都是最熟悉、最了解的东西。因此，第 1 空选 B。

第 2 空所在的部分“their future seemed __2__ at that time”与其

后一句话有解释关系。后面这句话说明那时候恐龙种类繁多,言下之意就是没有出现减少或消失的征兆。同时,此句与下一段第 1 句形成比较关系。“at that time”的情况与“about 65 million years ago”的情况进行比较。“died out suddenly”与“seemed secure”是相对的。因此选 A。

第 3 空所在的句子与下句具有对应关系。“The eggs of twenty-five species have been ___3___ in Xixia County, Nanyang, Henan Province.”与“Not long ago a rare new species of bird-like dinosaur was discovered in Chaoyang County, Liaoning Province.”句型结构相同,该空与“discovered”对应,所以此空应该填“found”。

第 4 空中,“When scientists ___4___ the bones”与“they were surprised to find that...”具有因果关系。因为认真“检查”,导致“惊奇地发现”,所以选“inspected”。

(四)运用句际关系,进行口头或书面表达

在“总体分析句际关系”“构建层次关系”“理解同层句际关系的衔接手段”之后,教师要精心设计,运用所学句际关系的知识,形成口头或书面表达的能力。

比如,在处理案例 1 时,教师可以设计这样一个活动:“Imagine a farmer is about to buy some chemical fertilizers when you meet him. Please use at least three reasons to persuade him not to use chemical fertilizers any more.”

学生无疑会运用所学的“first, also, in addition”等衔接词语以及“chemical fertilizers”的害处来说服农民不要再使用化学肥料。这个活动有利于激发学生参与语言实践活动的兴趣,并在运用的过程中理解“连贯”的句际关系,理解所学语言的交际功能,促进语言知识的内化,从而发展语言能力。

三、反思

首先,我们运用句际关系分析进行英语阅读教学时,不能停留在

理论层面上，要突出实践性。这主要表现在以下四点。

（一）强调以学生为主体

学生必须参与分析、推理、归纳、总结等各个认知过程，这有助于更好地理解句际关系的基本知识，有助于培养学生的阅读兴趣和良好的思维习惯。

（二）强调教学的趣味性

教师在阅读教学过程中应当选用趣味性强、融知识性和趣味性于一体的材料。同时，教学过程本身也要突出趣味性，要以多种教学方式使学生理解句际关系，最后达到灵活运用句际关系去处理复杂的阅读问题的目的。

（三）灵活运用句际关系分析的理念

我们在运用句际关系分析的时候，不能生搬硬套本文提供的教学模式，而应该灵活运用句际关系分析的理念，结合学生的实际情况进行阅读教学。

（四）在需要应用句际关系分析时，才进行分析

在阅读教学中并不是每个环节都必须运用句际关系分析，在句子关系复杂、影响阅读理解的情况下进行句际关系分析效果会更好。

第五节　基于语篇理念的词汇教学实践

一、高中英语词汇教学的现状分析

高中英语词汇学习一直困扰学生。让学生困扰的原因很多，但主要还是词汇教学方法出了问题。当前高中英语词汇教学主要存在以下问题：

（一）忽略语篇，孤立讲授词汇

很多教师在词汇教学时，忽视了语篇的作用，导致学生不能正确地理解词义，更不能正确使用词汇。

（二）忽略学生的探究学习，教师讲得太多

教师讲授词汇时动辄进行词汇辨析。英语同义词、近义词丰富，有时同义词间很难辨其区别。如果教师动辄就讲区别，不但增加了学生负担，而且还有可能将学生的英语学习引入歧途。教师讲授词汇时，忽视词义理据，把原本存在内在联系的几个词义分离开来，逐条讲解，无形中也给学生的记忆增加了困难。

针对以上问题，我们实施了基于语篇的词汇教学探索。

二、基于语篇的词汇教学的原则

基于语篇的词汇教学也称作“TEA 式”词汇教学。“TEA 式”是指“Text—Exploration—Application”，即“语篇—探究—应用”。“TEA 式”词汇教学模式要求教师在进行词汇教学时遵循“语篇原则”“探究性原则”和“学以致用原则”。

（一）语篇原则（Text）

《2017 年版课标》指出，“语篇是表达意义的语言单位，包括口头语篇和书面语篇，是人们运用语言的常见形式。”单个的单词，如果不经常使用，记住后也很容易忘记。但如果把单词放在具体的句子和语篇中，不仅很容易记住，而且不易遗忘。此外，脱离了语篇，单个词语的意义就无法确定。一位资深教师说得好：“Any particular word is nothing without context.”这里的“context”就是语境。因此，我们在教词汇时一定要在语篇中进行。

（二）探究性原则（Exploration）

《2017 年版课标》倡导指向核心素养发展的探究性学习。因此，教师在开展词汇教学时，应通过创设情景、利用语篇以及设计综合性强的词汇教学活动，让学生在具体的语言环境中去体验和探究词汇的语义和用法。

（三）学以致用原则（Application）

任何学来的东西都是为了运用，但传统的词汇学习有“学用脱

节”的现象。很多学生把单词记在脑子里,没过几天就忘记了,其主要原因就是没有运用。经常用到的词汇是很难忘记的。所以,教师要给学生创造使用词汇的机会,使学生养成“即学即用”的习惯。

三、基于语篇的词汇教学的实践

根据以上原则,在词汇教学时,我们采取了“语篇中探究词汇”“语篇中运用词汇”和“语篇中测试词汇”的词汇教学模式。

(一)语篇中探究词汇

语篇中探究词汇包括两个方面:一是语篇中猜测词义;二是语篇中探究用法。

1. 语篇中猜测词义

根据语篇原则和探究原则,呈现生词时,教师可以运用多媒体、图片、动画或文字创设一定的语境,让学生在语境中探究词义,先用英语再用汉语猜测生词的词义。

以“ignore”为例:

图 3.3 ignore

教师用 PPT 展示图 3.3,同时设问:Mr. Lehar is shouting to the man who stands for the Academic Establishment, but the man covers his ears, just as if he didn't hear Mr. Lehar. That means the man ignores Mr. Lehar. What does *ignore* mean? Can you guess now?

在学生猜测词义后,教师用英语解释给出答案。英语解释可以减少学生对词义的误解。传统的单词词义呈现方式只用汉语解释，有可能会误导学生，让学生误认为某个英语单词就等同于某个汉语词语，以至于在使用英语遣词造句时词不达意、错误百出。比如，学生在学了“survey”之后有可能这样造句：“The police were surveying the murder.”显然该学生没有弄清楚“survey”的真正含义，因为课本上对“survey”和“investigate”给出的释义都是“调查”，学生无法辨别该用“survey”(to ask a lot of people questions in order to find out the attitudes or opinions)还是“investigate”(to try to find out the truth about something such as a crime, accident, or scientific problem)。如果用英语来解释，就不会出现此类问题了。

2. 语篇中探究用法

人教版教材一个单元一般有25~35个生词，但课标要求掌握的词汇一般在20个左右。我们可以从这20个词中选出5~8个核心词汇，运用隐喻理据、词块搭配、探究词义、点拨用法几个步骤探究其用法。

(1)隐喻理据

英语中很多一词多义现象都是由隐喻产生的。比如，“mouse”的本义是“老鼠”，根据隐喻理据的原理，可以引申为“鼠标”和“胆小的人”。“carry”是常见的词语，其基本意思是“to support the weight of sth./sb. and take them or it from place to place”，词典译为：“拿；提；搬；扛；背；运送”。其实，在不同的语境中，我们根据隐喻理据还可以翻译成其他许多不同的汉语动词。比如，“carry the department(支撑着这个部门的工作)”“carry blood to the heart(把血液输送到心脏)”“carry a nasty disease(传播严重疾病)”“carry the ring of authority(带着权威的口吻)”“carry a health warning(标注着有害健康的警告)”“carry the photograph of Mr. Anderson(刊登了安德森先生的照片)”。其实，仔细琢磨，这些不同的意思其核心意思都是“to support the weight of sth./sb. and take them or it from place to place”，只不过通过隐喻的方式衍生出了其他意义。或者说，由于句子的主语或宾语发生变化，将其翻译成汉语时需要搭配不同的动词。

（2）词块搭配

理解一个词要看它与其他词语之间的相互联系，即词块搭配。词块教学法有以下优势：

首先，词块都有相对完整的意义，而单个词的词义不明确，很容易引起歧义。掌握词块比掌握单词更有意义。比如，“as of Feb. 6（截至2月6日）”。如果把“as”和“of”单独看，你怎么也想不到“as of”意思是“截至”的意思。教师在处理这个词块时，最好将“as of Feb. 6”一起看作一个词块，而不是将“as of”作为词块，这样的好处是方便学生记、用。

其次，掌握词块可以避免汉式英语错误。例如：汉语中的“红糖”，英语中不是“red sugar”而是“brown sugar”，“红茶”的英语不是“red tea”而是“black tea”，“得病”的英语不是“get illness” 而是“fall ill”。

最后，掌握词块有助于开发智力。英语的思维方式与汉语的思维方式很多时候是不一样的。英语词块为我们多开辟了一种表达思路，这自然启迪了我们的智慧。例如，汉语的“活到老学到老”，英语为“live and learn”。

（3）探究词义

探究词义的具体操作方法：给出该核心词汇的典型例句，让学生研读句子，说出该词的词义和词性，然后教师进行点拨。下面以“calm”为例加以说明。

Please read the following sentences and guess the meaning and the part of speech of each underlined word.

The sea looked calm but suddenly a storm attacked the ship. The ship began to sink. None of the capital's efforts to calm the passengers succeeded. An hour later, they were starting to feel calmer.

只要给出完整的语境，学生很快就会发现，第1句和第4句话中的“calm”为形容词，第3句话中的“calm”为动词。

(4)点拨用法

在学生探究、归纳或演绎之后,教师再进行点拨。

意义点拨:Calm water does not move very much. If the weather is calm, there is very little wind. If a person is calm, he or she is not affected by strong emotions such as excitement, anger, shock or fear.

词性点拨:"calm"作形容词为"平静的",作动词为"使平静",就像我们学过的"clean, empty, upset"等词一样,形容词可以转化为动词,这种构词法叫作转化法。作形容词掌握"be/feel calm"词块。作动词掌握"calm sb.(down)"词块。

(二)语篇中运用词汇

在理解词义和点拨用法之后,教师可以激励学生活学活用。翻译句子、迷你完形、短文填空是倍受教师青睐的三种形式。

1. 翻译句子

翻译句子可以是全句翻译,也可以是以填空的方式完成句子。例如:

天气平静无风,只有阳光在海滨摇曳。

The weather ________ ________; only sunlight played on the seashore.(was calm)

请大家保持镇静,我马上就会把你们从电梯里弄出来。

________ ________, everyone, and I'll let you out of the elevator in a while.(Keep calm)

我努力使她保持镇定,但是无济于事,她整晚都在不停地尖叫。

I tried to ________ ________ ________, but it was not possible; she kept screaming all throughout the night.(calm her down)

2. 迷你完形

命题时要给足语境,帮助学生从语境中判断词义和用法,而不是单纯考查语法结构。选项从搭配和语法上讲都应该是对的,只能从语境、语义和语用方面去判断正确答案。比如,学了"save"可以搭配"money, time, people, animals, energy, face"等词后,可以设计这样一道题：

—I went for dinner with my brother and his new girlfriend.

—Did you have a good time?

—Yes, but I had to save ________ for him!

—Really? Why?

—Well, when the bill came, he didn't have enough money, so he was very embarrassed.

A. money　　B. time　　C. energy　　D. face

这道题的四个选项都能与"save"搭配，但从语境来看，只有 D 才对。

3. 短文填空

现在的课本生词分散到书本的各个角落，而不是呈现在一篇文章中，不便于学生在语篇中记忆词汇。为了弥补这一不足，教师可以自编一篇短文，尽量把生词表中的词汇，尤其是课标词汇和重点词汇，都融入其中。在呈现生词之后，教师用完形填空或短文填空的方式让学生在语篇中运用这些词汇。下面是根据人教 2007 年版《英语必修 1》第 1 单元词汇自编的短文做成的短文填空。（重点词汇用斜体加粗表示，非重点词汇用斜体表示。）

用所给词汇补全短文。

face to face, ***were concerned about***, ***disagreed***, ***settled***, *grateful*, *got loose*, ***joined in***, ***packed up***, ***felt upset***, ***going through***, ***ignored***, ***calm down***, *overcoat*, *curtain*, ***was tired of***, ***set down***, ***a whole series of***, ***added up***, ***outdoors***, ***recovered***

An Unforgettable Experience

Mike was a *German* young *vet*, but he _____ in *Amsterdam*, *Netherlands*. **At dusk** one day, he was *walking his dog*. It _____ and he ran after it when he met a *Jewish* girl, *Kitty*, who was making a *survey*. Both were so spellbinding that they stopped and stood _____ and *swapped* rings—they ***fell in love*** at first sight. The next day, Mike decided to visit her parents. He bought some presents and some other *items* and ____ them ____. Before starting, Kitty ____, prophesied(预言) something bad would happen and tried to stop Mike. But Mike ____ her. So she ***had got to*** put on her ____ and followed him with a *dusty suitcase*.

On the *highway*, suddenly, dark clouds gathered and it *thundered* and the storm broke. The downpour beat the window of the bus. The ____ of the rain blinded the driver. Worse still, a *teenager*, who ____ life, ran into the road ***on purpose*** and caused the bus to run off the road. Strangely, it was said there had been ____ accidents on the stretch of road recently. All the passengers were injured. You can never imagine what Mike and Kitty were ____. They ***suffered*** a lot. Many natives ____ the rescue. Soon they were rushed to hospital. All their friends and relatives ____ them. Having heard the accident, Kitty's mother, *Margot*, could not ____, and rushed to the hospital at once. The doctor said maybe her daughter's leg ***had got to*** be cut off. But she ____. The doctor and his *partners* had saved the leg. Her mother was very ____ and gave them some *tips*.

In order to know how long she had been in hospital, Kitty ____ all the numbers she ____ in her notebook. *Loneliness of exactly* 30 days! Mike ***got along well with*** his injury and ____ *entirely*, but Kitty didn't. Perhaps she would ***no longer*** walk without a stick. She *disliked* the stick. Mike helped her walk ____ every day. I'm sure the *power* of their love will help her stand one day.(351 words)

(三)语篇中测试词汇

在进行以上步骤之后,教师可以当堂测试学生对词汇的掌握情况。测试学生词汇掌握情况分两个层次,第一层次是认知。教师可以用呈现词汇时展示的课件,让学生根据图片说出单词或者根据单词说出词义。第二层次是运用。教师可以设计迷你完形、单项选择、完成句子、回答问题或理解句义等题目，着重考查学生运用词汇和理解词义的能力。比如，运用单项选择的形式考查“carry”的词义理解。

The White House said production of $1 presidential coins, which ________ the images of dead presidents, would be stopped.

A. model　　B. reflect　　C. carry　　D. protect

如果教师没有教学生运用隐喻和用词块搭配策略启迪学生发散思维，这个题的答对率可能极低。学生很容易错选 B，而不会选 C。

总之，词汇教学是语言教学中的重要部分。在进行词汇教学时，教师要充分尊重学生的情感，培养学生的兴趣，使学生对词汇学习充满热情；要充分运用新课程理念和策略，将难以掌握的词汇在“TEA（语篇—探究—应用）式”教学模式中教给学生，使学生学得轻松、学得愉快，同时又大有收获。

第四章　批判阅读

第一节　批判阅读的定义及意义

一、批判阅读的定义

批判阅读即批判性阅读或审辨式阅读，指教师运用培养批判性思维能力的教学方法，循序渐进地培养学生批判性思维的清晰性、准确性、相关性、逻辑性、深刻性、重要性、公允性的英语阅读教学活动，强调培养学生的批判性思维能力。

培养学生英语学科核心素养的关键是培养学生良好的思维品质，而良好的思维品质必须具备逻辑性、批判性和创造性。英语批判阅读教学是培养学生批判性思维的突破口。本章从批判性思维的定义、培养学生思维品质的缘由以及阅读教学中思维品质培养的途径等方面做了探讨。

二、批判性思维的定义

批判性思维的概念反映了古希腊的观点。“批判性”一词源于希腊语中的“kriticos”（恰当的判断）和“kriterion”（标准）。从词源上讲，“批判性”这一概念的含义是“建立在某种标准上的恰当判断”。英语中“critical”的意思是“有判断力的，判断公正的（involving making fair, careful judgment about the good and bad qualities of sth./sb.）”（Hornby，2009）。批判性思维是在良好判断基础上，使用恰当的评估标准对事物的真实价值进行判断和思考。批判性思维有三个维度：分析、评估、创造性（保罗 等，2013）。换句话说，当我们批判性地进行思考的时候,我们不能从表面价值进行评定,我们必须清晰地、准确地、有深度、有广度和有逻辑地对思维进行分析和评价(保罗等,2013)。

三、批判性思维阅读教学的意义

(一)批判性思维是中学英语核心素养的主要内容之一

2014 年 3 月,教育部发布了《关于全面深化课程改革落实立德树人根本任务的意见》,提出了“核心素养”这一重要概念。《2017 年版课标》将高中英语学科核心素养归纳为语言能力、文化意识、思维品质和学习能力。笔者认为,思维品质是“核心”中的“核心”,没有良好的思维品质,语言能力、文化意识和学习能力都无从谈起。而良好的思维品质具有良好的逻辑性、批判性和创造性。

(二)我国中学生批判性思维现状的客观要求

在很多教育强国,培养学生批判性思维能力已成为从幼儿园教育到大学教育中重要的学生综合能力培养目标之一。1993 年普林斯顿大学“本科教育战略计划委员会”对本科毕业生提出了十二项要求(转引自田津 等,2014),其中九项都与批判性思维相关。比如,“具有批判性和系统性推理的能力”“具有清楚地思维、谈吐、写作的能力”“具有独立的思考能力”“具有形成概念和解决问题的能力”等。但是,在我国批判性思维教育刚刚起步,中学生批判性思维现状令人担忧。笔者就批判性阅读的了解程度对某中学的高中学生做了调查,结果表明,45.6%的学生认为自己不了解批判性阅读,5. 8%的学生之前从来没有听过批判性阅读这一说法。虽然有 42.1%的学生认为自己略知一二,6.5%的学生自己认为对批判性阅读非常了解,但在回答“你所谓的批判性阅读是什么概念”时,22.8%的学生选择“不知道”,19.6%的学生认为批判性阅读就是批判作者的某些观点,17. 8%的学生认为批判性阅读就是否定作者的某些观点,39. 8%的学生认为批判性阅读就是怀疑作者的某些观点。从这些数据看来,学生对批判性阅读的概念是很不了解的。批判性阅读绝对不是片面强调对作者观点的否定或批判，而是用自己的经验和事实去重新审视作者的观点是否有逻辑，是否有道理，从而去发现真理。俗话说，缺什么就补什么。我国中学生严重缺乏批判性思维，因此，在中学英语学科教育中进行批判性思维教育迫在眉睫。

第二节　批判阅读教学的理论

一、学生主体教育理论

学生主体教育理论认为，人的主体性素质是现代社会人的核心素质，在教育中应该注重培养和发展人的主体性（郑培亮 等，2005）。学生要认识到自己在学习活动中处于主体地位，教师要树立为学生服务的观念，摒弃“满堂灌”和“教师垄断包办”的旧习，大胆启发学生主动、自觉完成学习任务，把教师的主导作用与学生的主体作用在以学生为中心的课堂教学中协调地统一起来，使学生高效地学习英语。

学生主体教育理论是我们在批判性阅读教学中主要依据的理论。根据学生主体教育理论，在批判性阅读教学中，教师主要扮演好四个角色：吹鼓手、导演、演员、听众。

受传统教育方式的影响，学生的批判性思维严重匮乏。因此，在实施批判性阅读教学的过程中，教师要当好吹鼓手，营造独立思考、自由探索、勇于创新的良好环境，鼓励学生大胆进行批判性思维。教师在各个教学环节中都要围绕培养批判性思维的目的、创设情景去“导演”不同的批判性阅读活动，引导学生不断质疑、诘问。同时，还要依据阅读材料，结合教学实际，做好“演员”和“听众”，随时引导学生开展独立思考，并鼓励学生大胆提出自己的见解与主张。

二、语篇分析理论

语篇由一个以上的语段或句子组成（黄国文，1988），其中各成分之间，在形式上是衔接的，在语义上是连贯的。语篇与非语篇的最大区别是前者具有语篇特征,后者没有。语篇特征体现在很多方面,比如衔接就是语篇特征的一个重要内容(黄国文,1988)。语篇犹如一棵大树,主题犹如主干,段落层次犹如大树的分枝,语句犹如细小的枝叶,作者的观点和主旨犹如树根,所有要素有机组合成一棵大树,它们互相区别又一脉相存,共同与主干相连(徐玲,2015)。语篇分析是一般性术语,它是分析任何有意义的符号的一系列方法。语篇分析的内容包括:衔接手段、连贯、影响意连的因素。在批判性阅读教学中,教师接触到的文本是语篇的表现形式之一,因此,在训练批判性思维的同时,应当运用语篇分析的基本理论。

三、对话教学理论

靳玉乐(2006)认为,对话教学就是在平等民主、尊重信任的氛围中,通过教师、学生、文本三者之间的相互对话,在师生经验共享中创造知识和教学意义,从而促进师生共同发展的教学形态。对话教学是一种尊重主体性、体现创造性、追求人性化的教学(靳玉乐,2006)。在批判性阅读教学中,教师要充分运用对话教学形式,围绕批判性思维的三个维度开展师生对话、生生对话、生本对话,达到阅读教学的目的。

第三节 批判阅读教学的实践

批判性思维有三个维度:分析、评估、创造性(保罗 等,2013),教师在阅读教学中应始终围绕这三个维度开展活动,具体可以从以下几个角度进行。

一、利用课文标题,培养学生的批判性思维

高中英语新教材中的课文都有标题。一般来说,好的标题通常有以下几个特点:或能概括文章主要内容,点明写作对象,或揭示文章结构,或作为故事线索,激发读者阅读兴趣。不管怎样,标题最根本的作用是点明中心、揭示主题。标题既不能太宽泛,也不能太狭

窄,要精准而概括。利用标题训练学生的批判性思维,具体可以采取预测、印证和换标题等步骤进行。

在教人教2007年版《英语必修5》第2单元的课文"Puzzles in Geography"时,笔者先用PPT展示课文标题"Puzzles in Geography",然后与学生对话,训练学生的批判性思维。

(一)预测(Predicting)

T: Just by looking at the title, can you predict the content of the text?

S1: Yes, the text will probably tell us some puzzles in geography.

T: Then what geography will it deal with?

S1: I'm not sure. Perhaps any geography, for example, Chinese geography, American geography, etc., because there is no identifier before the word "geography".

T: Excellent. Now let's skim the text to see if you were right.

(二)印证(Proving the prediction)

T: What content does the text deal with in fact?

S2: British history and geography, and it even deals with British politics, economy and sports.

T: And how many puzzles does the text solve?

S3: I think it only solves one puzzle: People may wonder why different words are used to describe these four countries.

(三)换标题(Replacing the title)

T: Then do you think the title given by the author is suitable for the text?

S3: No.

T: OK. Please think of another title to replace it.

S4: A Brief Introduction to the United Kingdom.

S5: A Brief Introduction to British History.

S6：Puzzles in Geography.

S7：Puzzles in British Geography.

在实际教学中，笔者并没有直接肯定或否定学生的观点，而是要求学生给出理由证明自己的观点。

S4 说，通过浏览全文可知，这篇文章是介绍英联邦的产生、英格兰区域的划分以及伦敦在英联邦的地位，因此用“A Brief Introduction to the United Kingdom”作为标题更恰当。S5 说，根据文章第 1 段最后一句话“You can clarify this question if you study British history.”得知，下文主要是讲英语的历史，因此用“A Brief Introduction to British History”更好。S6 说，书上原文使用“Puzzles in Geography”总是有道理的，虽然他也不明白为什么要用这个标题。S7 说，即使要用“Puzzles in Geography”，也应该在“Geography”前加一个限制词“British”，否则这个标题似乎就太宽泛了，不精确，所以建议用“Puzzles in British Geography”。

最后，教师点评：同学们说得都有道理，但课文的标题是在单元标题(The United Kingdom)之下的，由于有这样的前提，所以课文标题就将“British”省略了。如果没有这样的前提，用“Puzzles in Geography”作标题显然太大。但用“A Brief Introduction to British History”作为标题好不好呢？这也需要进一步讨论。

教师采取预测、印证和换标题的方法，创设了恰当的语境，激活了学生的思维，让学生围绕批判性思维的三个维度——“分析、评估、创造”充分展开讨论。最后，教师总结，在潜移默化中运用批判性思维培养了学生拟定标题的能力，同时提出新的问题，为下一环节提供铺垫。

二、利用文章结构，培养学生的批判性思维

学生头脑里的语篇通常只有“总—分—总”这一种固定模式。在阅读教学中，教师要根据不同文体，用批判性思维解剖文章结构，以使学生更好地理解文章内容。

笔者在教人教 2007 年版《英语必修 5》第 2 单元的课文“Puzzles

in Geography”时，是这样处理的：

首先，教师布置任务：“Read the text, divide it into three parts and write the main idea of each part.”

阅读后，S8 是这样分段的：The first paragraph makes up the first part, the 2—5 paragraphs make up the second part and the last paragraph the third one. The first paragraph introduces the main idea of the whole passage, the 2—5 paragraphs give the details and the last draws a conclusion.

显然，这名学生受“总—分—总”的定势思维的影响，将课文第 1 段划为第一部分，最后一段划为第三部分，中间划为第二部分。从课堂反应来看，这样的学生还不少。

接着教师追问学生：What's the main idea of the first paragraph?

S8：Why different words are used to describe the four countries. The different words refer to England, the Great Britain, the United Kingdom of Great Britain and the UK.

T：Which paragraphs answer the question “why are different words used to describe the four countries”? The whole passage?

教师的这一提问让很多学生茅塞顿开。经过再次阅读后，S9 回答道：“I think paragraphs 1—3 make up the first part, the fourth makes up the second part and the last two paragraphs make up the third one. The first part answers the question：why different words are used to describe the four countries. The second part tells us England is made up of three zones, and the third part talks about London and its culture.”

这篇课文是一篇说明文。课文由大到小展开，首先介绍了英联邦由四个国家组成，接着介绍英格兰，最后介绍首都伦敦。同时，课文将英国的历史、地理、政治、经济、文化以及体育等情况都呈现给读者。虽然从结构来看很不规则，但我们可以将这篇课文看作是缺少“一般”的“一般—个别式”结构，即只有“个别”，没有“一般”。

但从每个部分来看，课文还是遵循了温特和霍伊提出的基本模式。第一部分属于“问题—解决式”。第 1 段首先提出问题，第 2、3 两段回答这一问题。第二部分虽然只有一段，但该段的第 1 句话统领全段，其余句子围绕这一句话展开，因此这一段属于“一般—个别式”。第三部分由第 5、6 段组成。第 5 段的第 1 句话为主题句，因此也属于“一般—个别式”。

第 2 段解答了“why different words are used to describe the four countries”，这是历史地理之谜(puzzle in historical geography)。

第 3 段解答了“why the four countries have different institutions”，这是政治地理之谜(puzzle in political geography)。

第 4 段解答了“why England has such features”，这是区域地理之谜(puzzle in area geography)。

第 5、6 段解答了“why London is the capital city of the four countries”，这是文化地理之谜(puzzle in cultural geography)。

因此，课文作者用“Puzzles in Geography”作标题是很有道理的。

三、设计推理判断题，培养学生的批判性思维

阅读理解不能限于对字面意思的理解，还要能推断出文本背后的隐含信息。阅读理解中的推理判断题包括词义句义推测、写作意图推测、作者情感态度推测等。

（一）词义句义推测

英语中有些词语具有一词多义的特点，要想确定这些词语的准确含义，语境起着非常重要的作用(吕良环，2010)。因此，教师要充分利用课文文本提供的语境，设置语境推测词义，训练学生的批判性思维。笔者在教人教 2007 年版《英语必修 5》第 3 单元的课文“I Have Seen Amazing Things”时，根据课文内容设题如下：

What does the underlined phrase mean in the sentence “Well, now there's a system where the waste is <u>disposed of</u> using the principles of ecology”?

课本词汇表给出的是 “dispose *vt.* 布置；安排”。但显然此处的

“dispose”不能解释为“布置;安排”。

首先,教师让学生判断,按课本词汇表中的意思理解此处的“dispose”是否通顺;如果不,就鼓励学生大胆否定课本词汇表所给的意思,并引导学生分析上下文。上文的“The rubbish was sent to be buried or burned.”以及下文的“A giant machine, …, swallows all the waste available. The rubbish is turned into several grades of useful material…”都是在描述“处理”垃圾的具体方式。因此,根据上下文不难看出,此处的“dispose of”应该是“清除”之意。

为了培养学生的创新精神,教师还可以鼓励学生将课文中的某些句子翻译成精美的汉语。

比如笔者在教“I Have Seen Amazing Things”一文中的“My mind began to wander.”这句话时,就鼓励学生进行翻译。学生翻译为:“我思绪万千。”“我浮想联翩。”“我开始无限遐想。”“我心游八极。”笔者认为这些译文都比教师教学用书翻译的“我的思绪开始漫游”好。

(二)写作意图推测

任何一篇文章都有其写作意图,但作者通常不会直白地陈述出来,而是通过文体、内容等信息来传递。要推断出作者的写作意图,必须经过批判性思维。因此,让学生推断作者写作意图是训练学生批判性思维的很好途径。

笔者在教人教2007年版《英语必修5》第2单元的课文“Puzzles in Geography”时,提出了这样两个问题让学生思考:

1. Who do you think the reading passage is most probably designed for?

学生通过认真阅读找出关键的信息:文章中11次提到“you”或者“your”。再根据最后一段中的“your trip”等信息,可以推断文章中的“you”是指“travelers”。最后根据第4段的“these cities are not as large as those in China”,推断出文章中的“you”很有可能是指“Chinese travelers”。

2. Why does the author mention the four sets of invaders in the text?

通过语篇分析，学生抓住第 5 段的关键词组：“The greatest treasure of all”，全段都围绕这个关键词组展开。这里的“treasure”包括“museums”“art collections”“theatres”“parks”和“buildings”。接着作者又以“buildings”为关键词展开。这些“buildings”包括罗马人修建的港口、城镇和道路，11 世纪 60 年代盎格鲁-撒克逊人修建的建筑物，以及诺尔曼人修建的城堡。这些“treasure”中还包括盎格鲁-撒克逊人留下的语言、政府体制和维京人对英语词汇的影响以及诺尔曼人留下的表示食物的新词。要提及这些历史瑰宝就不得不提及这四批侵略者。因此，学生能够得出这个问题的答案：“To stress the long history of the treasure.”

（三）作者情感态度推测

教学生推断作者情感态度时，教师一定要引导学生聚焦体现作者情感态度的关键词。这些关键词要么是形容词、副词或名词，要么是动词。作者要表达某种情感，一定会借助某些形容词、副词、名词或动词。

比如笔者在教人教 2007 年版《英语必修 5》第 3 单元的课文“I Have Seen Amazing Things”时，设计了以下问题：

Q1：What does the author want to convey using the expressions “the most modern” and “the most up-to-date” in the first paragraph?

Q2：What does the author want to tell us when he says “So ordinary but so powerful!”?

Q3：Why did the author stare at the moving model of the waste machine? Why was he absorbed by its efficiency?

Q4：What does the sentence “My motivation increased as I thought of the wonderful world of the future” imply?

Q5：What does the word “amazing” in the title mean?

最后才问：How did the author feel when he visited the space station?

这些问题帮助学生提取关键信息。根据这些关键信息进行分析，不难得出最后一个问题的答案。其中前四个问题是第五个问题的具体化。第五个问题是对标题提问。“amazing”有两个意思：一是“surprising”，二是“extremely good”。前四个问题中的“the most modern”“the most up-to-date”“powerful”“stare”“absorbed”“efficiency”“motivation”“increase”“wonderful”等词无不透露出作者对太空站的赞赏之情，因此标题中的“amazing”为“extremely good”之意。只要正确理解了标题，学生就把握住了全篇的情感态度。

利用英语课文培养学生的批判性思维是一个长期的过程。只有通过坚持不懈的努力，在平常的阅读教学中从文章的标题、文章结构、文章事实细节等各方面入手，抓住“分析、评估、创造性”这三个批判性思维的维度，有目的、有计划地对学生进行训练，学生的批判性思维能力才会得到提高，才能促进学生的深层次阅读理解能力。

第四节　思维品质的定义与培养学生思维品质的缘由

2017 年高考英语全国Ⅱ卷以立德树人、服务高校人才选拔、导向中学英语教学为命题出发点，加强了对思维品质的考查。在高考英语阅读理解中，考查学生思维品质的情况无处不在。在通过阅读获取信息的过程中，观察、感知等心智活动也在进行。在对所获取的信息进行理解加工的过程中，学生同时也在进行比较、分析、推断、归纳。比如，2017 年全国Ⅱ卷阅读理解 D 篇第 34 题就是典型的例子。

34. Scientists find from their studies that plants can ________.

A. predict natural disasters

B. protect themselves against insects

C. talk to one another intentionally

D. help their neighbors when necessary

这道题是全卷最难的题，重庆文理科的难度系数分别为：0.23，0.29。这道题之所以难，是因为要求考生必须有较好的思维品质。

然而，从这道题的得分率可以看出，学生的思维品质急待提高。

笔者在一线教学观察得知,许多教师忽略高考对学生思维品质的考查,忽视学生思维品质的培养。下文以此题为例,分析高考阅读对学生思维品质的考查,旨在呼吁英语教师高度重视思维品质培养,从根本上提高英语教学质量,落实立德树人根本任务。

一、思维品质的定义

《2017 年版课标》给思维品质的定义是"思维在逻辑性、批判性、创造性等方面所表现的能力和水平"。思维品质体现英语学科核心素养的心智特征。这个定义包括两个方面,一是思维品质的概念,二是思维品质与英语学科的关系。从概念上看,思维品质具有逻辑性、批判性和创造性。从思维品质与英语学科的关系上看,思维品质与英语密切联系,它渗透于英语语言知识与语言能力之中。

《2017 年版课标》对思维品质的目标进行了明确界定:"能辨析语言和文化中的具体现象,梳理、概括信息,建构新概念,分析、推断信息的逻辑关系,正确评判各种思想观点,创造性地表达自己的观点,具备多元思维的意识和创新思维的能力。"

《2017 年版课标》对思维品质进行了科学分级,包括一级、二级和三级。第三级是最高水平。三级水平中同时又体现了四个层次:观察与比较、分析与推断、归纳与建构、批判与创新。这四个层次由低到高,层层递进,最后达到创新的最高水平。这四个层次是思维品质的逻辑性、批判性和创造性的具体化。

二、培养学生思维品质的缘由

(一)语言与思维的关系的要求

语言与思维是不可分割的。语言是思维的"物质外壳",思维是语言的"内核";语言是思维的工具,思维是在语言材料的基础上产生和发展的;二者互为依存。语言与思维是一个互动和生成的统一体,学习英语能发展思维能力,丰富思维方式(郭宝仙 等,2017)。要让学生学好语言,教师绝不能忽略学生的思维培养。

（二）新时代的要求

新时代特别需要创新型人才。创新型人才具有开放的心灵、活跃的思维、丰富的想象力、洞察力和良好的判断力。这些特质无疑都是思维品质的具体表现。新时代的英语教师培养学生的思维品质责无旁贷。

（三）课程标准的要求

在2000年的《英语教学大纲》（下称《大纲》）和2003年的《英语课程标准》（下称《2003年版课标》）里，思维品质犹如蒙着盖头的新娘，没有明确地提出来，但不等于说没作要求。《大纲》没有直接把思维品质列入教学内容。教学内容里只有日常交际用语、语音、词汇和语法（教育部，2000）。这四项归纳起来即语言知识。但“教学目的”要求“在学习中，发展学生的智力，培养创新精神和实践能力”（教育部，2000）。这里的“智力”和“创新精神”隐含着思维品质的元素。《2003年版课标》在表述语言技能时，要求培养学生的“批判性思维能力”（教育部，2003）。《2017年版课标》一改《大纲》和《2003年版课标》对思维品质羞羞答答的风格，直接把思维品质作为学科核心素养之一提出，与语言能力、文化意识和学习能力放在同等重要的地位，并且浓墨重彩地阐述了思维品质的概念以及培养思维品质的目标。这等同于大声疾呼：老师们，要像重视语言知识、语言能力那样重视思维品质！

（四）高考的要求

高考的阅读与思维存在着千丝万缕的联系，尤其是较难的阅读理解题，学生如果不深思熟虑，往往会做错。这种拉开差距的阅读理解题不仅考查学生的语言能力，同时也考查学生的思维品质。

三、思维品质在高考英语阅读理解中的考查

下面笔者以2017年全国Ⅱ卷阅读理解D篇第34题为例，从观察与比较、分析与推断、归纳与建构、批判与创新四个维度进行分析。

（一）观察与比较

观察是获取信息的一种知觉活动，是一种有目的、有计划、比较持久的行为。比较是判断两种事物之间共同点与不同点的方法（王文斌 等，2017）。阅读中的观察能力主要是指获取语言信息和文化现象的能力。阅读中的比较能力是将至少两个语言信息和文化现象进行类比或对比、对照的思维能力。《2017 年版课标》对观察与比较的三级要求是："正确观察语言和文化的各种现象，通过比较，从错综复杂的信息中，识别关键问题，把握全局。"

第 34 题要求考生具有很好的观察能力和比较能力。这道题答对率低的原因之一就是考生观察与比较的能力较差，未能从错综复杂的信息中识别关键信息。根据题干"Scientists find from their studies that plants can"，大多数考生都能将关键信息定位在第 2 段，因为第 2 段第 1 句开头部分"Scientists have found that all kinds of plants"与题干非常相似。但很多考生未能透过第 2 段第 1 句的字面意思领会其引申含义，而只是寻找字面上与答案相近或相似的信息。结果，很多考生把目标转到了第 4 段第 1 句，在这句话中找到了与 D 选项中"help their neighbors"相似的"help the neighbors"，因此错选 D。有的考生在第 5 段找到了与 C 选项中"talk to one another"相似的"talk to each other"，因此错选 C。如果考生在决定选 D 前，将 D 选项放到题干的空格里并与第 4 段中"help the neighbors"所在的句子进行对照，就会发现这两个句子的主语不同，自然就会排除 D 选项。同样地，如果考生在决定选 C 前，将 C 选项放到题干的空格里并与第 5 段的"Does this mean that plants talk to each other? Scientists don't know."进行比较，就会发现，C 选项与原文相悖。

（二）分析与推断

"分析"在英语中为"analysis"，其英语解释为"a careful examination of something in order to understand it better"（英国培生教育出版公司，2004），意思是"为了更好地理解某事物而对它进行仔细的考察"。阅读理解中的分析主要是指语篇分析。"推断"在英语里为"infer"。推断是根据事实或前提进行推理、判断事实的因果关系的心智活动(王文斌 等,2017)。《2017 年版课标》对分析与推断的三级要求是:"根据不同的环境条件,综合分析各种信息之间的内在关联和存在的各种矛盾,梳理产生这些矛盾的原因,从中推断出它们之间形成的各种逻辑关系。"

要答对本题,需要考生综合分析前三段所提供的信息,梳理它们之间的内在逻辑关系。

第 1 段是全文的中心。该段告诉我们,当多叶植物受到攻击时,它们会发出某种气味,相当于发出警报(an alarm)。第 2、3 段围绕中心进一步说明。第 2 段说明植物在受到攻击时会发出的气味叫作什么("挥发性有机化合物",简称"VOC")、起什么作用(起"crying out"的作用)。第 3 段告诉我们,有的植物发出的气味只有一种功能(只能将昆虫熏走),有的具有两种功能(不但可以发出臭气将叮咬它的昆虫熏走,还可以发出香气将昆虫的天敌招来,将昆虫吃掉)。

考生必须抓住这些已知关键信息:警报(an alarm)、呼救(crying out)、将昆虫熏走(keep insects away)、招来昆虫的天敌将昆虫吃掉(to attract different insects who are natural enemies to the attackers),由这些已知关键信息推断出:"植物在受到攻击时,会发出一种叫作'VOC'的物质,其目的就是保护自己不受昆虫的侵害"。

遗憾的是,很多考生在答题时没有正确地进行分析和推断。

(三)归纳与建构

归纳是指从许多个别的事物中概括出一般概念、原则或者结论的思维方法。建构是指概念建构。概念建构是人类在认识过程中从感性认识上升到理性认识,把所感知的事物的共同本质特点抽象出来,加以概括,形成概念式思维惯性的活动(王文斌 等,2017)。《2017 年版课标》对归纳与建构的三级要求是:"根据所获得的综合信息,归纳、概括内在形成的规律,建构新的概念,并在实践中,用于处理、解决新的问题,从多视角认识世界。"

高考阅读理解试题中,目的意图、文章标题、中心思想和段落大意都属于考查考生归纳与建构能力的试题。在做这类题时,考生必须将所获得的信息综合起来,提炼出内在的本质的属性,并用自己的语言表达。本题实质是考查植物发出“VOC”的意图,换句话说,这道题的题目可以改成:“Why do plants send out VOCs when they are under attack?”

在做本题时,考生要将前三段的“警报、呼救、将昆虫熏走、招来昆虫的天敌将昆虫吃掉”等信息归纳起来,建构新的表述,即“植物做出这一系列行为的目的是保护自己不受侵害”。

(四)批判与创新

《2017 年版课标》对批判与创新的三级要求是:“针对各种观点和思想的假设前提,提出合理的质疑,通过辨析、判断其价值,作出正确的评价,以此形成自己独立的思想。”这里的批判就是指批判性思维。批判性思维是建立在良好判断的基础上,使用恰当的评估标准对事物的真实价值进行判断和思考(保罗 等, 2013)。创新思维是指以现有的思维模式,利用现有的知识和物质,在特定的环境中,提出有别于常规的或常人思路的见解和方法(王文斌 等,2016)。在阅读理解中,考生运用语言知识、文化知识等各种知识作为评判的标准,对所阅读到的假设前提提出合理的质疑和正确的评判,就是批判性思维活动。比如,当考生读到本文的“it doesn't sit quietly”时,他必须提出质疑:这里的“doesn't sit quietly”与平常读到的“The boy doesn't sit quietly. He is always talking in class.”中的“doesn't sit quietly”是一样的意思吗?然后根据语篇大胆进行判断:不是一样的,此处应该是对应下文的“send out a particular smell”以及“give out VOCs”,最后在大脑里形成新的概念:此处的“doesn't sit quietly”是“不坐以待毙”的意思,再由“受到攻击不坐以待毙”迁移到“受到攻击采取措施保护自己的安危”,这一系列过程就是批判与创新的过程。

第五节 阅读教学中思维品质培养的策略

一、巧设问题,训练思维的深刻性

思维的深刻性是指思维活动的抽象程度和逻辑水平,以及思维活动的深度和难度。问题是思维的催化剂,教师要多启发学生抓住问题的各个方面,不忽视任何一个值得探讨的细节,并探究其中蕴藏的深意,从而培养思维的深刻性。在阅读教学过程中,教师可以多设计一些启迪思维的问题,如综合分析类、概括类、推理类等,帮助学生理解文本的深层内涵。教师还可以就文本中的某个细节,通过追问其中的深层含义,采用探究学习的方式,培养学生思维的深刻性。比如,人教2007年版《英语必修2》第4单元,教师提问:"Where would you go if you had a magic flying carpet?"学生回答:"I would go nowhere because I am scared of heights."这一回答和教师的预设不同,此时不必尴尬,只需因势利导,以一句"Don't forget it's a MAGIC carpet and it certainly will cure your sickness."过渡,进一步追问,学生一般就会乐意打开自己的思维匣子了。教师为课堂教学减少预设,往往能给课堂生成留白,也能更好地训练学生思维的深刻性。

二、利用导图,训练思维的灵活性

思维的灵活性指思维活动的灵活程度,能用新的观点看待已经变化了的事物,并提出新设想、新方案和新方法。思维导图不仅能有效激发学生的英语学习兴趣,而且还能通过图形的构建帮助学生分解学习难度,逐步形成更为主动、理性和系统的学习,培养学生思维的灵活性。比如,目前有"一幅图弄清英语时态""一幅图明白非谓语动词""一幅图学会动物单词"等不少词汇联想记忆和语法体系的思维视图。这些思维导图能帮助学生注意信息点之间的关联,对思维灵活性起到促进作用。此外,思维导图也可应用于英文听说课型、阅读课型和写作课型中。比如,在听对话或语篇的时候,速记关键要点并以思维导图形式呈现;在阅读课教学时,用思维导图来理清文章结构,概括出问题、分析和结论等;在写前阶段,将主题、分主题的陈述要点用思维导图来呈现,替代传统的"写作提纲"。

三、聚焦活动,训练思维的敏捷性

思维的敏捷性指思维活动的速度,它反映了智力的敏锐程度。要提升思维的敏捷性,英语教师可关注的突破口是丰富课内外教学活动形式。"Quick response"是非常好的任务形式,可用于词汇巩固、句式仿说等,主要形式是教师给出一个情景,请学生给出对应的英语表达。比如,用几个关键词,让学生展开联想,在有限时间内呈现一段基本符合生活规律的小故事。此外,基于语篇的故事复述、基于情景的句型操练、基于活动的课堂小组比赛、基于项目的英语辩论等都是有助于提高思维敏捷性的活动选择。敏捷性不但指如何迅速产生灵感和组织有意义的表达,还包括如何迅速排除无用信息。英语篇章的"Fast reading"也不失为一个好的训练方式。

四、创新方式,训练思维的创造性

思维的创造性表现为求异、求新,不墨守成规,敢于想象,善于改变,推陈出新。教师可以项目型学习为抓手,鼓励学生建设和充实个人知识体系。项目可以是校际的辩论比赛,也可以是用课堂时间组织的学生自主学习后的报告。项目型学习常见的流程是:提出课题—浏览资料—概念定义—小组研讨—完成论文—现场答辩。此外,复述、演讲和仿写文本也是培养学生创造性思维的有效途径。阅读教学后可以安排学生用自己的话对所学文本进行表述或演讲,指导学生注意变换词组和句式。比如,同义词之间的变换,反义词之间的变换,肯定句和否定句之间的变换,主动语态和被动语态之间的变换,句法结构的改变等。仿写既可以针对全篇课文,也可以针对片段练习,包括句式表达、段落构成、开头结尾或过渡照应等方面。要引导学生突破思维定式和程式化的思维模式,善于拓宽思路,创造出新颖、超常的思维成果。

五、精选材料，训练思维的批判性

思维的批判性在于质疑、求证的态度和行为，通过正确的途径，求证事物的真假。明智的选材可以激发学生的阅读兴趣，帮助学生从被动转变为主动，鼓励学生开动脑筋进行不同维度的思考并形成各具特色的解决问题的方法，为思维培养提供自由开阔的空间。具有争议性的话题尤其能激发学生从不同的角度进行思考，大胆质疑传统或者流行观点，从而为批判性思维的培养创设良好的平台。比如，北师大版《英语必修 1》第 1 单元对于“city and country”各自利弊的探讨；《英语必修 5》第 13 单元关于“IQ”和“EQ”的较量。诸如此类话题，富有时代性，贴近学生生活，有利于提升学生的阅读兴趣和求知欲，是发展批判性思维的良好素材。同时，在使用教材的时候，教师应消除学生对权威专家的迷信，使学生意识到教材并非不可置疑，鼓励学生带着怀疑的精神和批判的态度进行阅读，把思维逐步引向深入和辩证，甚至提出不同于教材或教师的意见和设想。

第六节　阅读教学中思维品质培养的途径

根据以上对 2017 年高考英语全国Ⅱ卷第 34 题的分析可以看出，教师在进行阅读教学时，要充分利用文本，给学生设计深层次的问题，对学生进行思维品质的训练，只有这样才能从根本上提高阅读实效。

一、设计推断词义句义的推理判断题，训练学生思维品质

英语一词多义现象很普遍。词的新义的产生要遵循语义理据。语义理据是一种心理联想，指词义的引申和比喻（陆国强，1999）。词义与事物或现象的名称的关系也不是固定不变的，它会通过引申和比喻，产生新义。产生新义的情况有很多种，比如隐喻、借代、提喻、类比等。除此之外，还可以运用拟人等修辞手法产生新义。在平常教学中，我们使用的课本已经对生词进行了注解。如果教师先教生

词，再读课文，学生就失去了推断词义的机会。因此，教师要改变这种处理生词的教学方法，要让学生在语境中推断词义和句义。

同时，推断词义不要局限于生词或代词，还要利用很多熟悉的实词，因为作者写文章时，会运用隐喻、借代、提喻等方法使实词的意思在特定的语境中发生变化。上文提到的“it doesn't sit quietly”就是典型的例子。教师在评讲此题时，可以设计类似于“What does ‘it doesn't sit quietly’ refer to?”的问题，让学生推测“it doesn't sit quietly”的意义。

2017 年全国高考英语Ⅱ卷阅读 D 篇中，这样的例子很多。比如：

Back in 1983, two scientists, Jack Schultz and Ian Baldwin, reported that young maple trees getting bitten by insects send out a particular smell that neighboring plants can get. These chemicals come from the injured parts of the plant and seem to be an alarm. What the plants pump through the air is a mixture of chemicals known as volatile organic compounds, VOCs for short.

这三句话中的“smell”“chemicals”“VOCs”这三个词都是指的同一事物。如果教师不在平常的教学中进行大量的训练，学生在高考中怎么能将这三个不同的词理解成同一事物呢？

二、设计推断语用意图的推理判断题，训练学生的思维品质

任何言语行为都是语用者运用自认为合适的话语得体地表述语用意图的语用行为（赵强，2010）。赵强认为语用意图的呈现必然体现在三个维度上：话语力、符号力和语用力。任何符号行为都释放某种符号力。非言语行为是典型的符号行为。比如，2017 年高考英语全国Ⅱ卷阅读 D 篇第 3 段的“crying out”就是植物的非言语行为。第 34 题实际上就是考查植物“crying out”的语用意图。教师在平常的阅读教学中要充分利用文中人物的言语行为或非言语行为，设计推断题，训练学生推断语用意图的能力。比如，笔者在教人教 2007 年版《英语必修 4》第 1 单元课文（下称“《必修 4》第 1 单元课文”）

“A Student of African Wildlife”时，针对第 3 段简的言语行为，设计了下题：

What is the purpose of what Jane said in the third paragraph?

A. To prove she is leading a busy life.

B. To inform us that wild animals are badly treated by animal keepers.

C. To prove she is an outspoken person.

D. To inform us she is appealing to people to treat wildlife naturally.

三、设计推断段落作用的推理判断题，训练学生的思维品质

分析段落作用也是训练思维品质的好方法。优秀的作者会遵循一定的语篇结构模式，写出逻辑性很强的好文章。霍伊（Hoey，1983）和乔丹（Jordan，1984）都认为，日常英语语篇的纯理结构大致可概括为“情景—问题—解决—评估”这个模式（转引自胡壮麟，1994）。教师在处理语篇时，根据语篇结构特点设计分析段落作用的推理判断题来训练学生的思维品质，是有效提高阅读教学的途径之一。比如，《必修 4》第 1 单元课文“A Student of African Wildlife”的第 1 段很特别。如果没有准确理解这一段的作用，可能会影响学生对全文的理解。笔者在教这篇课文时，设计了下题来引导学生正确理解这一段的作用：“What’s the function of the first paragraph?”

四、设计推断标题意义的推理判断题，训练学生的思维品质

标题是标明文章、作品等内容的简短语句。易荣楣、陈书元（2017）认为，标题最根本的作用是点明中心、揭示主题。大部分教材中的课文都有标题。但有的标题乍看起来，让人费解。因此，遇到这样的标题，教师应充分利用起来，对学生进行思维品质的训练。比如，《必修 4》第 1 单元课文的标题“A Student of African Wildlife”。笔者在教这篇课文时，设计了下面这一组练习，让学生推测画线部分的意思。

1. —What’s your brother?

—He's a student of our school.

2. —Are you interested in physics?

—No, but I'm a student of English.

3. A Student of African Wildlife（课文标题）

同一个词组在三个不同的语境中，意义各不相同。第 1 句中的“a student of”是常见的、熟悉的意思。第 2 句中的“a student of”，学生很快根据上下文信息推测出是“对……感兴趣”的意思。那么，第 3 句中的“a student of”是什么意思呢？“What does the title mean? Is it a good title? Why does the author use it as the title of the text?”上课伊始，一连串的问题便激起了学生阅读全文的欲望。

第七节　阅读教学中思维品质培养应注意的问题

一、设计推断题时应注意的问题

（一）问题要有一定的深度

题型可以是主观题，也可以是客观题。无论是哪种题型，设计的问题要有一定的深度，一定是学生综合运用文本提供的多条信息、经过认真周密的思考才能得出答案的问题。不要设计过于简单的问题。如果是设计套题，那么，要体现出深浅层次，要有区分度。

（二）题干要简明扼要

设计的题干既不能过长，也不能过短，更不要增加学生的阅读障碍。题干出现的语言知识应在学生的语言知识范围内，否则就达不到测试语篇阅读能力的目的。

（三）干扰选项的干扰力要强

设计的干扰选项，尽量都能从文章中找到相似或相同的信息，增加干扰力度。干扰选项一看就是错误的，这样的题达不到训练学生思维品质的目的。

二、讲解推断题时应注意的问题

在讲解阅读推断题的时候,教师要从逻辑性、批判性、创新性等方面去剖析,从而培养学生的思维品质。

(一)逻辑性

分析语言的逻辑性要从语篇分析的角度入手,因为语篇本身就是连贯、符合逻辑的语言体。哈里斯(Harris,1952)指出,“语言并非是一些杂乱无章的词语,而是由连贯的篇章形式表现出来的”。“语篇分析是以语篇为基本单位,描述、分析其语言结构、文化特征交际方式及语境等微观结构和宏观结构的过程。”(王敏,2009)一般来说,一段文字通常是由主题句和支撑句组成的。讲解 P87 例题时,教师引导学生找出本段文字的主题句,找出哪些是支撑句。本段的主题句就是第 1 句:“For forty years, Jane Goodall has been outspoken about making the rest of the world understand and respect the life of these animals.(40 年来,简·古道尔一直呼吁世人理解和尊重这些动物的生活。)”其余句子是支撑句。支撑句是为主题句服务的。简说的话是支撑句的一部分,是为主题句服务的。因此,简说这几句话的目的是表达主题句的意思。

(二)批判性

教师在讲解为什么干扰选项不正确的时候,要注意培养学生的批判性思维能力。比如,讲解上题的 C 选项为什么错可以这样进行:

第一步,质疑。C 选项中的“outspoken”与原文中的“outspoken”是一样的意思吗? C 选项是正确答案吗?

第二步,论证。如果 C 选项是正确答案,那么本段的支撑句应该围绕“她是一个直爽的人”这一主题展开。然而,文章并没有这样展开。教师要运用语篇衔接方式——指代复现——引导学生分析这段文字的句际关系。比如,简的第 1 句话中,“it all(这一切)”是指代上文提到的“wild animals used for entertainment or advertisement”和下文提到的“the chimps in laboratories”。第 2 句“It's terrible.”中,“It”指的是“用黑猩猩做实验”。简的这两句话都是围绕“世人不理解、不尊重这些野生动物的生活(the rest of the world didn't understand or respect the life of these animals)”在展开,而不是围绕“她是一个直爽的人”展开。

第三步,结论。C 选项是错误的。

(三)创新性

培养学生的创新性能力可以采取以下方式。

1. 解释或替代

教师引导学生从上下文中找出能替代指定部分的文字,也可以鼓励学生用自己的话来解释这个部分。比如,可以用“appeal to”来解释“be outspoken about”,可以用“people”来解释“the rest of the world”。“respect the life of these animals”的意思就是“let these animals be left in the wild and not used for entertainment or advertisements”。

2. 翻译

比如,叫学生翻译“has been outspoken about”这个部分。

在高速发展的今天,世界急需具有优秀思维品质的人才。《2017 年版课标》已经将思维品质列为重要内容,新的高考也增大了对思维品质的考查比重。为了落实《2017 年版课标》的要求,英语教师要在阅读教学中设计训练学生思维品质的推理判断题,让学生在英语学习过程中,既提高语言能力,又提升思维品质。我们相信,只要教师改变忽略思维品质培养的倾向,在英语阅读教学中注重加强对学生的思维品质培养,那么,我们的英语教学现状一定会得到改善,教学质量也一定会得到提高。

第八节　学生阅读预测能力的培养

目前国内外任何一种形式的英语测试都要求考生具有较强的阅读理解能力。阅读在高考英语中权重为 40 分,占全卷的 26.67%。

阅读理解成绩的好坏,直接影响整个卷面的得分。因此,提高英语阅读能力至关重要。然而,当前高中生的英语阅读现状令人担忧。大多数学生阅读英语时表现得很被动、很盲目,往往是一字一句地从文章的开头读到结尾,读完后脑子一片茫然,完全不明白文章到底讲述了什么。在回答文后的问题时,他们通常是凭模模糊糊的印象,懵懵懂懂地作答。因此,英语阅读成了大多数高中生的心病。有很多学生一看到阅读题就头痛。一套高考英语考试题有五篇阅读理解。很多学生都有这样的感觉:读前面一两篇文章时,脑子还清醒,越往后读,脑子越糊涂,读到最后一篇时几乎没法读下去了。这种问题的根源是缺乏阅读的积极主动性,缺乏预测的阅读策略。

早在1970年,古德曼就提出了"阅读是心理语言学的猜测游戏"(Goodman,1970),但预测作为积极主动的阅读策略还没有引起英语教学研究者的高度重视。近十年来众多学者从认知语言学、心理语言学、语用学和跨文化交际等不同角度对如何提高学生英语阅读能力作了多方位的研究(李冬梅,2002)。但从预测的角度来研究阅读的还很少。因此,下文将就如何培养学生高中英语阅读预测能力进行探讨。

一、什么是阅读预测

从心理语言学角度来说,预测是语言产生和理解过程相互作用的媒介,是运用语言和学习语言的基本技巧,是理解语言的重要程序(Anderson et al.,1988)。

预测与一个人已有的知识水平有关,即与图式(Schemata)有关。读者先前获得的知识叫作读者的背景知识,先前获得的知识结构叫作图式(Carrel,1998;转引自姚喜明 等,2004)。简单地说,图式是人们平时积累的背景知识体系。

在英语阅读教学中,图式可表现为语言图式(Language schemata)、内容图式(Content schemata)和形式图式(Formal schemata)。

语言图式指读者已掌握的语音、词汇及语法等方面的基本知识,也就是说,预测能力与读者对读物所用语言的掌握程度有关。例如,一个英语熟练的读者,在读到“Even after hours of work, the man's energy did not seem to give ________”时,一般会预测到下文应该是“out”,而一个英语不熟练的读者,即使认识上文的这些单词,也未必能准确地预测下文。

内容图式指读者对世界的认知、对所读材料的话题的熟悉程度。一个具有地理常识的读者,在读到“因为地球是个南北稍短的椭圆形球体,所以越靠近两极引力越大,反之则____”这句话时,一般会预测到下句是“越靠近赤道引力越小”。

形式图式指读者在篇章结构方面所具备的知识。了解篇章结构方面的形式图式知识,有助于读者建立对语言内容的预期,抓住文章的主要意思。

我们的高中生在一定程度上都形成了自己的图式。有了这些图式,预测就成为可能。

预测就是读者运用已有的图式,通过文章标题、插图或关键词等进行推测。通俗地说,预测就是在一些信息基础上的猜测。例如:天气预报员通过运用气温、湿度、云量、风速等数据和信息来预测天气。好的读者能预测他们要读的文章的内容,也就是在细读之前能预测到文章段落的大体意思。好的读者会运用略读策略来读文章标题、数字、图片等,然后利用这些信息来猜测、预测文章中故事情节的发展、来龙去脉和结果,以及作者的写作方法、目的、态度等。

二、为什么要培养学生的阅读预测能力

(一)阅读预测能力的培养是阅读过程本身的要求

心理语言学理论认为,预测是阅读过程的重要策略(林文韵,2010)。古德曼(Goodman,1970)认为,读者不是被动接受、领会文字信息,而是进行积极的思维活动:根据已有的知识,对文章进行推测或假设,然后依据篇章信息对预测或假设进行验证。整个阅读过程就是做出预测、验证预测、修正预测、调整预测的过程。因此,阅读被

形容为“心理语言学的猜测游戏”。在阅读时,人们并不是逐字逐句地感知字词、机械地接受文字所传达的信息。阅读是一个积极思考的过程,如对词句的使用、意义的展开、情节的推进都不断作出期待、预测和判断。“鼓励学生调动自己已有的相关知识,对正在阅读的内容进行积极的预测”是哈默提出的阅读教学的五项原则之一。“高效的阅读者或听者就要预测即将阅读或听到的内容(Effective readers or listeners predict what they are going to read or hear.)”(Harmer, 1991)。

我国已有研究表明,在阅读中如果学生能主动预测下文,而预测的短语和句子又完全与下文相吻合,那么下文的阅读就会变得轻松而流畅,阅读速度也有所提高。

在现实生活中,我们的阅读过程也是这样。首先读者对文本内容进行预测。比如,你在自己单位的公告栏看到一则通知,在没有看到具体内容前,你预测这则通知的内容可能与你有关,你才会往下读。如果你在别人的单位看到通知,你会预测这则通知的内容肯定与自己没有关系,所以你不会去细看。英语学习中的阅读,也应该与现实生活中的阅读一样,首先要对阅读的材料有一定预测。

(二)阅读预测能力的培养是《课程标准》的基本要求

《普通高中英语课程标准(实验版)》指出,高中英语阅读技能的教学目的是:培养学生的阅读策略和能力;培养语感;培养学生在阅读过程中获取信息的能力(教育部,2003)。因此,高中阶段的英语教学要侧重阅读教学,并同时进行阅读基本技能的训练。英语阅读基本技能包括:预测、概括(Predicting and surveying);略读(Skimming);根据上下文猜测词义(Guessing vocabulary from context);分析词意(Word analysis);理解文章结构(Understanding the structure);了解作者的写作意图(Knowing the writer's intentions);等等。在所有的阅读技能中,预测是至关重要的,它是对文章进行理解的基础。

之前描述的当前高中学生的阅读现状,反映了一种被动的阅读。

学生把阅读当成一种任务、一种负担。阅读者处于消极的状态,就容易疲劳,容易对阅读产生厌倦。把预测引入阅读,变消极为积极,变被动为主动,从而把原来的一种"任务"或"负担"变成一种有趣的"游戏"。

三、如何培养学生的阅读预测能力

在英语阅读教学中,教师要有意识、有计划地培养学生的预测能力,使预测成为一种阅读技能、一种阅读习惯;教师应利用标题、插图、文章首尾段、文体类型与文章结构、关键词、上下文和文后问题等教学生学会预测。

(一)利用标题预测

在课堂教学中,教师要充分利用课文的标题引导学生进行预测。一般来说,标题是文章的题眼,是对全文的提炼、概括与浓缩。好的标题能折射出文章的要义,能帮助读者预测整篇文章的主要内容。在课文教学中,教师可以利用标题巧设疑问的方式,引导学生进行预测。

教师可以根据不同文体,针对标题提出不同的疑问。比如,说明文重点解决"What"和"How"的问题,记叙文重点解决"Who""When""Where""What"和"How"的问题,议论文重点解决"What""How"和"Why"的问题。

笔者在处理人教2003年版《英语高一下》第19单元的阅读课文时,先在黑板上写上课文的标题(Modern Agriculture),然后提出了以下几个问题:

Will the author tell us something about the traditional agriculture of China?

Will the author tell us something about the arable land?

What do you know about the modern agriculture of China? Can you say something about it?

通过这些问题,可以激发学生的兴趣,既可以引导他们积极思考，又可以诱发他们去阅读，通过阅读来证实他们的猜测是否正确。

（二）利用插图预测

课文插图是课文的第二语言，是教材的有机组成部分。现行教材中的课文，几乎每篇都有一幅或多幅插图，这种图文并茂的教材编排不仅符合中学生的年龄和认知特点，也有利于提升学生学习英语的兴趣，更好地理解课文内容，培养观察、想象和预测等能力。但很多老师在上阅读课时，忽略了插图的作用。我们可以利用插图巧设问题，激发学生的学习兴趣；我们可以通过引导学生看图，整体感知课文内容；我们还可以凭借课文插图引导学生想象，培养学生的预测能力。

比如，笔者在处理人教 2003 年版《英语高一下》第 19 单元阅读课文中的插图（图 4.1）时，是这样做的：

图 4.1 课文插图

First, ask the students to look at the picture and describe the picture.

T: What can you see in the picture?

S: We can see some vegetables growing very well. The roots of the vegetables are not planted in earth but hang in water. Perhaps that's one of the modern ways of growing vegetables.

Then, ask the students to imagine what the text will tell us according to the picture.

T: Will the author deal with the shortage of the arable land? What way do you think the author would suggest to solve the problem?

S: Yes, I think the author will tell us something about the shortage of the arable land and then he would suggest some ways to solve the problem. Perhaps one way is to use science and technology of modern agriculture.

（三）利用文章首段或尾段预测文章内容、文体类型和文章结构

文章的首段或开篇名义，或开启下文，或与下文形成对照，或为下文做铺垫。如果开篇即点题，首段的作用往往是总括全文，点明题旨。文章的尾段有时点明主题，深化主题，有时是首尾呼应，照应文题。因此，在阅读理解过程中，我们要有意识地培养学生阅读首段和尾段、寻找主题句的能力。英语文章的一个特点就是几乎每段、每篇文章都有主题句。所谓主题句，就是统领全段或者全篇的中心句，它往往在段落和文章的起始部分或结尾部分。

从首段我们不但可以预测文章的内容，还可以预测文章的文体，因为内容和文体往往是相关的。如果文章首段介绍了时间、地点、人物、事件等，那么该文章很有可能是记叙文；如果文章首段提出一个中心论点，那么该文章很有可能是议论文；如果一篇文章开篇就说明一个事物，那么该文章很有可能是说明文。

文体与结构往往是相关联的。知道了文体就可以预测文章结构，因为每种文体都有其自己的文章结构。比如，论说文通常是按照"总—分—总"的结构安排行文，即第一段提出中心论点，中间用一段或数段从正反两个方面来证明中心论点，最后得出结论。说明文的结构通常是：第 1 段提出被说明的对象，下文从不同的角度来说明。

下面举例来说明如何利用文章首段、尾段预测文章内容、文体类型和文章结构。

例 1：2009 年高考英语天津卷阅读 A 篇。

看到首句“Societies all over the world name places in similar ways.”，我们就可以推测本文文体应该是说明文，被说明的对象是地点的命名方式。我们可以根据自己原有的图式预测本文第 1 段可能会笼统地阐述世界各地命名的相同方式，接下来可能从不同的角度具体阐述地点命名的方式：根据地形命名、根据人物命名、根据事件命名等。

例 2：2009 年高考英语北京卷阅读 D 篇。首段为：

When students and parents are asked to rate subjects according to their importance, the arts are unavoidably at the bottom of the list. Music is nice, people seem to say, but not important. Too often it is viewed as mere entertainment, but certainly not an education priority(优先). This view is shortsighted. In fact, music education is beneficial and important for all students.

首段的大意是：如果叫学生或家长根据学科的重要性来评判，艺术类学科毫无疑问会排在末尾。人们会说，音乐很好听，但不重要。很多时候，他们认为音乐仅仅是娱乐，而绝不是教育优先事项。这种观点显然是无远见的。事实上，音乐教育很有用，对所有学生都很重要。

首段的最后一句为主题句。由此可以预测整篇文章将要阐述音乐教育应该受到重视，即“Music education deserves more attention.”这句话也是文章的中心论点，文章开头的几句话是以议论的口吻出现的。由此，我们可以推断本文是一篇议论文。

根据我们对议论文文体结构的了解，我们可以推测本文很有可能从正反两个方面来证明“应该更加重视音乐教育”。

例 3：2009 年高考英语辽宁卷阅读 B 篇。首段为：

What is eBay? The simple answer is that it is a global trading platform where nearly anyone can trade practically anything. People can sell and buy all kinds of products and goods, including cars, movies and DVDs, sporting goods, travel tickets, musical instruments, clothes and shoes—the list goes on and on.

从这段我们至少可以得出以下信息:

首先,这篇文章的主要内容是介绍"eBay"。"eBay"是全球交易平台,几乎任何人都可以在这里买到任何东西,比如汽车、电影影碟、体育用品、旅游门票、乐器、衣服、鞋子等,还有其他很多东西。我们现在已经对国内的网上购物比较熟悉,比如淘宝、当当等,这些都是类似"eBay"的交易平台。

其次,这是一篇说明文,介绍"eBay"的说明文。根据我们对文体知识的了解,这篇说明文可能要介绍"eBay"的产生、发展,可能要介绍它的过去、现在和将来。如果我们对网上购物比较熟悉的话,那么对全文的主要信息可能就知道很多了。

例4:2009年高考英语北京卷阅读A篇。尾段为:

From my experience I have learnt one important rule: almost all common troubles eventually go away! Something good is certain to happen in the end when you do not give up, and just wait a little! I believe that my life will turn out all right, even though it will not be that easy.

从这段文字我们可以获取以下信息:

从"From my experience"这几个单词,可以推断出上文介绍了作者的一段经历,而且这段经历很有可能是曲折的,至少是作者不希望发生的(troubles)。但通过作者的不懈努力(do not give up),一切最终还是过去了(go away)。

(四)根据关键词预测

关键词包括线索词、加注词和关联词。

1. 线索词

哈默所设计的阅读任务中,有一项就是根据文章中某些词语教学生预测。

笔者在处理人教 2003 年版《英语高一上》第 4 单元的阅读课文“The Rescue”时，从课文中提取了以下词语：

The first wave: grew into a terrible roar, swept her down, swallowing the garden, sweeping down trees, struggled and struggled, fought for her life, the house shook

Another wave: moved up like a sea, tree after tree went down

This here will stand. Yes! All right! All right!

学生很快就从这些信息中知道全文的大意。这实际上就是提取文章内容线索的关键词语，再根据线索词语获取主要信息，是很好的阅读方法。

在教学中，教师给出了关键词，学生自然就容易获取主要信息。那么，在考试中，考生自己怎样获取关键词呢？笔者认为，教师可以教学生从每段的第 1 句话中获取线索词语，从而获取全文的主要信息。研究表明，英语文章每段的第 1 句话通常为主题句，主题句有概括段落大意的功能。因此，从主题句中获取的关键词自然有助于学生了解全文的大意。

2. 加注词

教师还可以教学生利用文章中加注的词语预测信息。一般来讲，文章中可能有生词，但如果对文章理解影响不大的生词，命题人不会加注，一旦加注，就说明这些词对理解文章有帮助。因此，利用加注生词预测文章内容也是一种很好的方法。

3. 关联词

关联词是指表达上下文之间某种逻辑关系的词语。比如，“first, first of all, in the first place, firstly, to begin with, second, secondly, third, thirdly, finally, last but not the least”等，是表示列举用的关联词；“what's more, also, and equally important, in addition, furthermore, besides, moreover, plus, above all, as a matter of fact(表增强语气), in fact(有时表转折)”等属于表递进或增强的关联词；“for example, for instance, in particular, such as"等属于表举例的关联词;"similarly, likewise, that is to say, namely, in other words"等属于表等同关系的关联词;"in summary, in a word, in brief, in conclusion, to conclude, in short, in all, to summarize"等属于表总结的关联词;"but, still, on the other hand, nevertheless, in spite of, all the same, however, (al)though, despite, otherwise, regardless, even though, even if, yet, even so, instead, for all(that)"等属于表转折和让步的关联词;"in comparison, accordingly, similarly, equally, like, as, too, also, the same as, in the same way, in contrast (to), by contrast, on the contrary, whereas, while"等属于表比较和对照的关联词;"as a result, consequently, hence, so, therefore, thus"等属于表结果的关联词。

在阅读的时候抓住这些常见的关联词,就能预测关联词前后的信息。比如2009年高考英语四川卷阅读A篇的第41题:

How many reasons for going to college does the author mention in the text?

A. 2. B. 3. C. 4. D. 5.

我们可以根据关联词迅速预测答案。请看原文中斜体加粗的词语(为笔者标注):

... Do you ever stop to wonder why you're going?

Relax. You're making the right decision. ***First of all***, you'll discover what interests you by taking courses in many subjects. For example, it's hard to decide if you want to be a painter if you've never painted any picture; once you're in a drawing-room on campus, you'll know one way or the other. College is ***also*** a lot of fun—after you graduate, you'll be working every weekday for 50 or so years. ***And*** remember that college graduates earn about twice the income of those who never attended college.

这三个词语属于列举用的关联词。由此,我们迅速预测有三条理由。因此答案为 B。

（五）根据过渡句预测

文章中用一定的词句和段落，提示前后意思之间的关系，使它们有机联系起来，自然而然地由上文转入下文，这就是过渡。过渡句就是连接上下文、由一个问题过渡到另一个问题的句子。这样的句子往往出现在段落末尾或段落开头，有时也独立成一段，内容上这个句子和上下两段都有联系。所以判断时可以根据位置，也可以根据内容，最好还是根据内容判断。常见的过渡方式有下面几种：用小标题过渡；用一个句子过渡；用段落过渡；用关联词过渡；用提示句过渡；用表示时间或空间的词语过渡。

例如，人教 2003 年版《英语高一上》第 8 单元的阅读课文"The Olympic Games"第 2 段的最后一句就是过渡句。该句的前一句为："After about the year 393 AD the Olympic Games stopped. For centuries there were no Olympic Games.（大约在公元 393 年后，奥林匹克运动会就暂停了，而且以后的几百年都没有举行奥林匹克运动会。）"通过"But they were not forgotten.（但是奥林匹克运动会没有被遗忘。）"自然过渡到下一段。我们可以根据这个过渡句，预测下段很有可能讲述奥林匹克运动会又重新启动。

该文最后一段的第 1 句话也是过渡句："Following the history-making success in the 2000 Sydney Olympic Games, China won another great competition in 2001 which was not for a medal."从这句话我们可以预测上文应该讲述了 2000 年悉尼奥运会中国的战绩，下文将讲述 2001 年中国申奥成功的事情。

（六）根据篇章模式预测

语篇类型就是体裁（Genre）。所谓体裁是指一种具有其自身特征的结构。体裁在阅读理解中有着重要的作用，因为它们预先告知了我们信息在语篇中将会是怎样安排的。而跟体裁有着同样作用的是篇章模式。常见的篇章模式有："问题—解决模式"（Problem-solution pattern）；"主张—反对模式"（Claim-counterclaim pattern）；

“概括—具体模式”(General-specific pattern);“叙事模式”(Narrative pattern)和“提问—回答模式”(Question-answer pattern)(刘辰诞,1999)。其中“概括—具体模式”最为常见。第一段通常为“概括”,具有统领全文的功能,接着为具体详细地分别叙述。

现在高考题中,有一种阅读试题专门考查预测下文的能力。要解这种题,我们要学会根据篇章模式去预测。比如,篇章模式为“概括—具体模式”时,我们只要抓住了概括段的信息,就能做出正确的预测。如果概括段提及了三个方面的内容,而给出文段又只提及了两个方面的内容,未给出文段的内容就很容易预测了。例如,2009年高考英语安徽卷阅读 C 篇,文章在概括段中提及了“The result is that their building is now heated in winter and cooled in summer by a system that relies on the surface of the road outside.(结果是,他们的楼房现在可以通过室外的路面达到冬暖夏凉的效果。)”下面先用两段文字讲述了冬暖夏凉需使用的设备,接着用一段文字讲述了“怎样实现冬暖”,选文就在这里戛然而止。然后命题人问:“What is most likely to be discussed in the paragraph that follows?”根据概括段提及的信息,我们自然就明白文章接下来要讲述“怎样实现夏凉”(how the system cools the building in summer)。

(七)根据文后的问题预测文中信息

一篇阅读理解通常有 4 至 5 道问题。这些问题有的针对文章主旨,有的针对段落大意,有的针对细节信息,有的针对作者态度,有的针对篇章结构。无论是针对哪个方面,这些问题都会给读者提供预测文章内容的信息,而且这些问题之间可能还存在一定暗示或具有一定的逻辑性。根据这些暗示或逻辑性,我们可以预测文章的主题及细节信息,有时甚至可以直接推断出正确答案。虽然我们没有100%的把握将每个问题都预测正确,但我们可以根据已有的图式,排除一个或两个错误答案;即使有时一个答案也不能排除,至少我们能通过预测做到心中有数,知道我们下一步重点读什么,就不会盲目地阅读了。

下面以 2009 年高考英语北京卷阅读 A 篇为例进行说明(保留原题号)。

56. How did the author get to know America?

A. From her relatives.　　B. From her mother.

C. From books and pictures.　　D. From radio programs.

第 56 题,作者是怎样知道美国的? A:“从亲戚那儿得知”,B:“从妈妈那里得知”,C:“从书本和图片得知”,D:“从收音机节目得知”。这几个选项都可能是对的,但根据读者自己的经验,最有可能是从书本和图片得知,所以我们预测 C 为正确的答案。

57. Upon leaving for America the author felt ________.

A. confused　　B. excited

C. worried　　D. amazed

第 57 题,离开家去美国,作者感觉怎么样? A:“迷惑不解的”,B:“兴奋的”,C:“担心的”,D:“惊讶的”。根据一般读者的想法,美国通常被描述为令人向往的地方,所以去美国应该是“兴奋的”。

58. For the first two years in New York, the author ________.

A. often lost her way

B. did not think about her future

C. studied in three different schools

D. got on well with her stepfather

第 58 题,作者去美国的前两年怎么样? A:“经常迷路”,B:“没有考虑未来”,C:“在三所学校上过学”,D:“与继父相处很融洽”。

我们可以预测 A 不对,因为去一个陌生的地方短时间内可能会迷路,但经过了两年的时间还经常迷路,一般不太可能。B 也不对,因为无论多富有,也不可能不考虑未来。D 也不对,根据一般人的情况,与继父相处都可能要经历“相识—接受—磨合—融洽”的过程,不可能一相识就处于融洽的状态。所以,我们大胆预测 C 是正确的答案。

59. What can we learn about the author from Paragraph 4?

A. She worked as a translator.

B. She attended a lot of job interviews.

C. She paid telephone bills for her family.

D. She helped her family with her English.

第 59 题，从第 4 段我们可以了解作者的什么信息？A：“她当了翻译”，B：“她参加了很多面试”，C：“她为家里付了电话费”，D：“她用英语帮助家人”。

这道题好像不好预测。但根据前面几道题的暗示，这道题很有可能选 B 或 D。根据前面几道题的信息，他们都是新移居到美国的，可能都有语言障碍。第 58 题提到她上个三个不同的学校，她肯定是个学生。学生在学校接受专门的教育，英语肯定比家人好。所以当家人遇到语言障碍的时候，她要帮助他们。因此 D 可能对。但又因为她是学生，可能毕业后要去找工作，要找工作就要面试，所以 B 也可能对。究竟是 B 对还是 D 对，只有待细读第 4 段才能确定了。

60. The author believes that ________.

A. her future will be free from troubles

B. it is difficult to learn to become patient

C. there are more good things than bad things

D. good things will happen if one keeps trying

第 60 题，作者认为下面哪个说法是对的？A：“她的未来会没有麻烦”，B：“学会有耐心很困难”，C：“好事比坏事多”，D：“如果继续努力，好事就会发生”。

选项 A 和 C 容易排除。B 和 D 有可能是对的，但根据我们做题的经验及正确答案与错误答案相似的规律，可以大胆推断 D 为正确答案，因为 A、C、D 三个选项都涉及未来的情况，而 A 与 C 已经排除，所以正确答案应该为 D。

根据这 5 道题我们可以预测这是一篇记叙文，其主要内容很有可能是记叙作者和妈妈一起移居美国后前两年里遇到的生活和学习上的困难。

（八）验证预测、修正预测、重新预测

按前面提到的多种方式预测后，下一步我们要用跳读、略读和研读的方法去验证预测、修正预测和重新预测。

验证预测时我们要找到证明读前预测正确或错误的依据。如果读前预测是错误的，推翻预测也要找到依据，这样才能确保答案的正确性。比如，阅读2009年高考英语北京卷阅读A篇后，我们验证第56题预测正确，因为在文章中我们找到了“... I had known only from books and pictures.”第57题的预测也是正确的，依据是“When we were leaving I thought about all the places I was going to see—the strange and magical places”。第58题的预测也是正确的，依据是“For the first two years in New York I was really lost—having to study in three schools as a result of family moves.”第59题预测B或D都可能正确。经过细读第4段发现D是对的，依据是“My responsibilities in the family increased a lot since I knew English better than everyone else at home. I wrote letters, filled out forms, translated at interviews with immigration officers, took my grandparents to the doctor and translated there, and even discussed telephone bills with company representatives.”第60题的预测也正确，因为文章最后一段提到：“Something good is certain to happen in the end when you do not give up.”

阅读预测能力是新课程标准要求的学习策略之一。预测之所以能够提高阅读效率，是因为它使你产生某种“期待”（Expectations）。带着这种期待去读下文，你会努力为你的假想寻找证据，你的注意力将更加集中在文中的重要内容上。作为教师，我们要运用图式理论，有目的、有计划地运用标题、插图、首尾段、关键词、过渡句、篇章结构以及文后问题等培养学生的阅读预测能力，要尽力使他们在阅读中自觉地运用预测策略，让他们觉得阅读就是一种猜测游戏，让他们主动阅读、积极阅读、轻松阅读，从而提高阅读效率。

第五章　深度阅读

第一节　深度阅读的定义及意义

一、当前阅读教学的问题

明代学者陈献章有云，“学起于思，思源于疑。小疑则小进，大疑则大进。”这里的“疑”，就是我们今天说的“问”。杜威说，教学生的法子，先要使他产生疑问（转引陶行知，1919）。然而，我们当前的英语阅读教学中，普遍存在“教师问而学生无问”的现象。由于教师备课时未备学情，对学生缺乏了解，教师的“问”往往都是站在教师的角度，而没有站在学生的角度。教师不了解学生对文本内容已知什么，未知什么，想知什么。结果，教师的“问”要么对学生估计过低，要么对学生估计过高，学生对文本的真正问题没有得到解决。这样的阅读教学是低效的，甚至是无效的。

为了从根本上解决以上问题，笔者尝试了基于学生提问的深度阅读教学实践。

二、基于学生提问的深度阅读教学的定义

（一）深度阅读

深度阅读是深度学习的形式之一。郭华（2019）认为，“深度学习，就是指在教师引领下，学生围绕着具有挑战性的学习主题，全身心积极参与、体验成功、获得发展的有意义的学习过程。在这个过程中，学生掌握学科的核心知识，理解学习的过程，把握学科的本质及思想方法，形成积极的内在学习动机、高级的社会性情感、积极的态

度、正确的价值观，成为既具独立性、批判性、创造性又有合作精神、基础扎实的优秀的学习者，成为未来社会历史实践的主人”。

据此，笔者认为，深度阅读指在教师引领下，学生对具有一定挑战性的文本，全身心投入阅读的过程。在这个过程中，学生积极获取信息、分析信息、解释信息、评判信息、推断新信息，形成正确的人生观、价值观，成为具有逻辑性、批判性、创造性的优秀阅读者。

（二）基于学生提问的深度阅读教学

基于学生提问的深度阅读教学，是指以“先问后教，以问定教”为基本策略的深度阅读教学，是指向学生思维品质、语言能力、文化意识和学习能力的阅读教学。在这种阅读教学过程中，教师激励学生深度阅读，在深度阅读过程中深度思考、提出问题。教师根据教学目标，对学生问题进行归纳、整理、加工、完善，生成教师的阅读教学设计，再在课堂中组织、引导学生讨论学生所提问题，以达成预设的阅读教学目标。

第二节 基于学生提问的深度阅读教学理论

一、学生主体教育理论

深度阅读教学首先依据学生主体教育理论。学生是一切教学活动的出发点和中心，离开了学生，活动就失去了意义。学生主体教育理论认为，人的主体性素质是现代社会人的核心素质，在教育中应该注重培养和发展人的主体性（郑培亮 等，2005）。学生是活动的主体，教师是为学生的活动服务的，要从学生的实际出发施教。在实施基于学生提问的深度阅读教学过程中，教师要当好“吹鼓手”，营造独立思考、自由探索、勇于创新的良好环境，鼓励学生主动阅读、大胆提问。基于学生提问的深度阅读教学中，阅读文本将真正成为学生能够阅读的对象，成为学生阅读活动的客体，学生则成为阅读活动的主体。在学生提问的过程中，学生能够真正阅读、思考、探究，真正去实施获取信息、分析信息、解释信息、评判信息、推断新信息等阅读活动,而不是教师包办、代替。

二、"两次倒转"学习理论

郭华(2019)认为,教学是一个"倒过来"的活动,即学生不必经历实践探索和试误的过程,而可以直接把人类已有的认识成果作为认识对象、学习内容。这正是人类能够持续进步的根本原因,是人类的伟大创举。当前阅读教学就是这种"倒过来"的教学。这种教学本身没有问题。问题出在,在这个教学过程中教师没有让学生真正阅读,导致出现了"伪阅读""假阅读"现象。因此,在强调教学的根本性质是"倒过来"的基础上,要关注学生的能力水平、心理感受,要将"倒过来"的过程重新"倒回去",即通过教师的引导和帮助,学生能够主动去"经历"知识发现、发展的过程(郭华,2019)。根据"两次倒转"学习理论,在阅读教学的过程中教师可提前布置阅读任务,让学生有充足的时间从阅读文本中获取信息、处理信息,从而发现问题、提出问题、解决问题。

三、批判性阅读理论

深度阅读教学是训练学生批判性思维的阅读教学。批判性思维是思维的高级形式。批判性阅读是训练学生批判性思维的有效方式。批判性阅读指的是读者认知、理解、记忆与接受文本蕴含的信息时,进行分析、质疑、辨别、推敲、筛选、评价的阅读方式(唐光洁,2009)。基于学生提问的深度阅读教学中,学生要进行批判性阅读。只有进行批判性阅读才能提出有深度的问题。

四、对话教学理论

靳玉乐(2006)认为,对话教学就是在平等民主、尊重信任的氛围中,通过教师、学生、文本三者之间的相互对话,在师生经验共享中创造知识和教学意义,从而促进师生共同发展的教学形态。对话教学是一种尊重主体性、体现创造性、追求人性化的教学(靳玉乐,2006)。

在基于学生提问的深度阅读教学中，学生对阅读文本的提问既是学生与作者的对话，也是与教师或同学的对话。教师要充分运用对话教学形式，围绕学生提出的问题开展师生对话、生生对话、生本对话，达到阅读教学的目的。

第三节　基于学生提问的深度阅读教学方法

一、做好提问示范，让学生学会如何提问

易中天（2006）在《破门而入（易中天讲美学）》一书中谈道，人与动物不同，他遇到一个现象，就要提问题。但我们的学生现在还真的不会提问了。因此，在布置学生提问的任务前，教师的示范非常重要。教师可以引导学生就文本的标题、体裁、写作目的、段落大意、新信息推导、词句意义、人物情感等方面提问，并为学生提供范本，让学生学会提问。

二、提前布置任务，让学生有时间深度阅读

深度阅读必须有时间的保证。没有充分的时间是不可能进行深度阅读的。因此，教师应该给予充分的时间让学生认真地阅读。由于学生课业任务较重，我们一般提前两天布置阅读任务，要求学生阅读后至少提出五个角度不同的问题，并尽量准备好问题的参考答案。

三、整理学生问题，让学生课堂上积极讨论

教师可按照类别分类整理学生提出的问题，挑选出中肯的、有代表性的问题，并将其制作成 PPT，在 PPT 上标注提问学生的姓名。这既有助于激励学生提问的积极性，也便于教师就学生的提问组织讨论。经学生讨论后，小组组长分享讨论结果，然后请提问者判断各组的讨论结果是否正确、合理。课堂讨论环节十分重要，教师既要当好“吹鼓手”，又要当好“导演”，还要当好“裁判”，点燃学生的讨论热情，让深度阅读落到实处。

第四节 学生提问与课堂讨论案例分析

下面以人教2007年版《英语必修2》第2单元的两篇课文为例，选择部分体现学生批判性、创造性、新颖性或能反映学生正确的人生观、价值观的问题，展示学生深度阅读的成果。

该单元第一篇课文是以“An Interview”为标题的课文。该课文以采访的形式介绍了古代奥运会与现代奥运会的基本情况。采访者是古希腊作家帕萨尼亚斯(Pausanias)，被采访者是2008年北京奥运会志愿者李燕。第二篇课文是以“The Story of Atlanta”为题的希腊神话故事。故事大意是：美丽的希腊公主亚特兰大(Atlanta)擅长跑步，当时的希腊没有一位男子能跑过她，但她不被允许参加奥运会。于是她就给她的父亲提出一个十分苛刻的要求——如果有男子想娶她为妻，必须与她赛跑，跑赢就娶她，跑不赢就被杀。一位希腊男子希波墨涅斯(Hippomenes)在神的帮助下，用计谋在赛跑中取胜，最后娶了亚特兰大。

一、问文章标题

1. What's the function of the title?（张同学就第一篇课文提出的问题）

张同学的提问很委婉。她实际上是质疑课本提供的标题。在课堂上，笔者装作未懂她的质疑，请其他同学告诉她标题的作用。有的同学说，好的标题能揭示文章主题、提示文章内容。有的同学说，好的标题可能是贯穿全文的线索。还有的同学说，好的标题能制造悬念、吸引读者。听后，张同学又问：“那本文的标题好吗？有这些作用吗？”这时，笔者才告诉学生，的确，如果孤立地看，本文的标题“An Interview”不具备以上的作用。但如果联系整个单元来看，本文标题只是单元标题“Olympic Games”下的一个小标题。为了简明扼要，小标题可以适当进行省略。因此本文的标题可以看成是“An Interview about the Ancient and Modern Olympic Games"的省略。

这个问题的提出解除了学生的疑惑,同时也让学生明确了标题的作用,让学生学有所获。

2. Can you use something else to replace the title of the text?(夏同学对第二篇课文标题提出的质疑)

提出这一问题的学生很具有批判性思维能力。下面是课堂上针对这一问题的讨论片段:

S1:Why do you want to replace the title, Xia?

Xia:I think the title is not concrete but general. If we use *The Story of Atlanta* as the title of the text, it will tell about Atlanta's life or a biography of Atlanta. But the text doesn't.

S2:I can't agree with you more. I think we should use *Atlanta:A Super Runner* as the title.

S2 的回答,同样也说明这位同学非常具有批判性思维能力。的确,用"亚特兰大的故事"作为标题太宽泛了,不确切。课文没有全面介绍亚特兰大的生平,而只是用比"跑"招亲的故事,介绍了亚特兰大是当时希腊跑得最快的人,所以用"Atlanta: A Super Runner"十分准确。

二、问写作方法

3. Why is the article written in the form of a dialogue? Why did Pausanias make a magical journey?(分别是两位同学就第一篇课文提出的问题)

这两个问题都是针对写作方法的问题。课文的编写者运用了深受学生喜爱的表达手法——穿越,将古希腊作家帕萨尼亚斯穿越到现代中国,采访北京奥运会志愿者李燕。以前在处理这篇课文时,教师们更多的是关注古代奥运会与现代奥运会异同等表层信息,没有设计过关于写作手法的问题。笔者问过同事,也查阅了相关资料,都没有关于写作手法的问题。由此可见,学生设问的独特性、新颖性,是超出教师的想象的。

4. What's the function of the character of Atlanta's father? Why didn't the author mention the father's name?（夏同学就两篇课文提出的问题）

这是一个开放性的问题。开放性问题没有统一答案，能真正培养学生良好的思维品质和英语表达能力。笔者展示出这一问题后就组织学生进行小组讨论。下面是一位小组代表的发言："The author tells us Atlanta was a princess. Then we can infer her father was the King. Her father's title is more important than her father's name because the King stood for the authority. If Atlanta won over her father, that meant a winning over the authority."

这位同学思维缜密，逻辑性强，表达也很清楚，答完后获得了全班同学的热烈掌声。

三、问主旨大意或写作目的

5. What's the purpose of the text?（刘同学就第二篇课文提出的问题）

文章的主旨大意或写作目的是常见的阅读理解考查的问题。由于这类问题归纳性强，很多同学无法回答。第二篇课文是一篇故事性短文，而且文本不完整，难以归纳其主旨大意或推断其写作目的，所以很多教师在处理这篇短文的时候都避难就易，回避了归纳主旨大意或推断写作目的类的训练。但我们的学生"明知山有虎，偏向虎山行"，勇于挑战难题。这篇课文的体裁是希腊神话故事。教师要教会学生怎样推测故事类短文的写作目的，让学生学会方法，今后学生遇到类似体裁的短文就容易理解了。这是学生问这一问题的真正目的。

四、问情感态度

6. Why did Pausanias come to China from ancient Greece, not to any other country?（肖同学就第一篇课文提出的问题）

这个问题能激发学生的爱国热情，立意很高，让学生学习英语的同时也进行了爱国主义教育。课文是在 2007 年编写的,这一年正值北京奥运会举行的前一年。当时,奥运会是全民的焦点。这一问题既反映了新颖性,还体现了中华民族的自豪感。

7. Why did Hippomenes become "foolish" when he saw Atlanta? What can you learn from it?(夏同学就第二篇课文提出的问题)

这个问题提得很妙,它涉及恋爱的问题。教师不能回避学生的提问,而应抓住契机对学生进行恋爱教育,给学生讲清楚什么是真正的爱情、如何对待爱情、什么时候才能谈恋爱等。这样,既对学生进行了英语训练,又对学生进行了恋爱教育,二者巧妙地融合在一起,达到了既教书又育人的目的。

五、问文章观点

8. Why did Hippomenes go to ask the Greek Goddess of Love for help instead of improving his own skills?(夏同学就第二篇课文提出的问题)

这个问题体现了提问学生的人生观、价值观。提问的学生可能认为希波墨涅斯在比赛时,不应该求助于别人,而应该通过以自己的努力提高竞技能力的方式战胜比赛对手。但在课堂的讨论中出现与之相反的观点,这种观点认为希波墨涅斯做得对,因为希波墨涅斯这样做挽救了许多希腊男子的生命。我们都知道,在短时间内,任何人都无法迅速提高赛跑技能。希波墨涅斯眼看被亚特兰大的美貌迷住的男子一个接着一个地死去,时间不等人,他急中生智,求神相助,跑赢了亚特兰大,因此他做了一件大好事。这一问题的讨论无疑对学生进行了一次人生观、价值观的教育。

六、问文章结构

9. The passage seems to be unfinished. What will happen in the end? Please continue it.(李同学就两篇课文的提问)

的确,这篇课文不完整,故事没有写完。故事性短文的结构通常是:"背景—起始—过程—结尾"。课文没有结尾,作者写到"希波墨涅斯拿到金苹果后，比赛就开始”这一情节就戛然而止。课本编写者有意不将故事写完整，就是为了训练学生续写故事的能力。课本编写者设计的是读后双人小组讨论活动，讨论希波墨涅斯与亚特兰大在比赛时会怎么样、谁会取胜。李同学的提问为：“这篇文章好像没有写完，最后结果会怎么样？请续写故事。”如果学生没有深度阅读，怎么能与课本编写者的思路高度一致呢？

七、比较与联系

10. What's the relationship between "The Story of Atlanta" and "An Interview"？（夏同学就两篇课文提出的问题）

这是比较阅读的问题。在英语阅读教学中少有教师运用比较阅读。夏同学将两篇课文联系起来进行比较阅读，是单元整体阅读的新思路。比较阅读是深度阅读的一种，就是将同主题或同体裁的文本放在一起，用比较的思维方式进行阅读，从而发现其异同或联系。本单元的两篇课文属于同主题的文本。在第一篇课文里，作者提到古代奥运会中女人不被允许参加，而现代奥运会中，无论男女，只要达到统一的标准就可以参加。第二篇课文用神话故事的方式从侧面介绍了女人为被允许参加奥运会而进行的抗争。在阅读第一篇课文的过程中，有同学提出了这样一个问题：“Since women were not allowed to compete in the ancient Olympics, then how were they allowed to compete in the modern Olympics?”当时，笔者没有组织学生讨论这一问题，而是叫她在网上或到图书馆去查一下。在阅读第二篇课文之后，笔者请她回答这个问题。她说：“It's hard to answer the question because there are many different opinions. Some think it is because of the god of sports who had prejudice against women. The god thought women would bring bad luck to men competitors if they competed in the Olympics. Others think it is because of the fact that women were looked down upon in ancient Greece just as in ancient China. And still others think it is because of the custom that men competed in the Olympics with nothing on. Naked men were not allowed to be watched by women. Now we can see from the text women struggled a lot to get the rights of being allowed to compete in the Olympics."

这位同学的回答逻辑清晰，表达正确，看得出是经过精心准备的。这样处理学生的问题，教会了学生不局限于课本知识、广泛运用网络等多种手段获取信息以解决问题。

八、问语言知识

11. 在"All those events, all those countries and even women taking part!"这一句子中，为什么用"take"的"-ing"形式？（雷同学就第一篇课文的提问）

这类问题容易被教师忽略。教师备课时，通常关注本单元词汇表中的课标要求掌握的重点词汇、短语或句型。而学生对这句话提出疑问，说明他认真分析了文中的每一个句子，否则是问不出这个问题的。对学生的探究精神，笔者感到由衷佩服。

九、问标点符号

12. 在"I will marry Atlanta—or die!"这一句子中，为什么用破折号？（郭同学就第二篇课文的提问）

英语破折号的用法很复杂，而且不是高考直接考查的内容，因此在备课中，一般都被教师忽略了，在课堂上教师也不会给学生讲解。但学生问到了这一问题，说明我们的学生读书很深入，思考全面，就连标点符号也不放过。在这种情况下，无论高考是否考查，教师都应该满足学生的求知欲，将英语破折号的用法教给学生。

从以上学生提出的问题我们可以看出，学生的提问既有广度，又有深度，同时，也反映出学生的求知欲很强。教师只要长期坚持基于学生提问的深度阅读教学，定能既提高学生的语言能力，又提高学生的思维品质、文化意识，更能改善学生的学习能力。因此，基于学生提问的深度阅读是落实英语学科核心素养的有效手段。

第五节　基于主题意义探究的深度阅读教学实践

高考阅读真题是高考命题专家按照《普通高等学校招生全国统一考试大纲(英语)》(以下简称《考试大纲》)或《2017 年版课标》命制的高质量阅读理解试题,试题的选材、题干的设置、答案与干扰项的编制等都十分考究,并充分体现了《2017 年版课标》的理念。但是,很多一线教师没有很好地再利用高考阅读真题。受传统意识的影响,教师往往只将它当作普通的练习题拿给学生做,做完之后再评讲。评讲时更多是从解题技巧和重点词语、重点句型的用法方面进行点拨,没有从《2017 年版课标》理念方面进行探究。教师的处理仅仅停留在应试层面。这样的处理从教育、教学的角度看是低效的,对学生来说是枯燥的。这样的处理存在以下的问题:一是忽略主题意义解读,没有教学生从主题角度去解读文本,导致学生不能整体把握阅读材料,抓不住文本的中心。二是忽略写作意图解读,没有引导学生挖掘作者或文中人物的情感态度或价值观,导致学生不能深度把握阅读材料,缺乏育人意识。三是忽略写作手法解读,没有引导学生鉴赏文本的文学艺术,导致学生缺乏语用知识。高三阶段再利用高考阅读真题是必不可少的教学环节,如何科学地、有效地再利用高考阅读真题是值得探讨的话题。

《2017 年版课标》认为,语篇赋予语言学习以主题、情境和内容,并以其特有的内在逻辑结构、文本特征和语言形式,组织和呈现信息,服务于主题意义的表达(教育部,2018)。根据这一要求,笔者认为,教师要深入研读高考阅读真题,"根据主题语境、语篇类型、不同文体的语篇结构和语言特点,引导学生深入学习和理解语篇所表达的主题意义,建构结构化知识,内化所学语言和文化知识,自主表达观点,实现深度学习"(教育部,2018),应该把高考阅读真题当作教学材料来处理。据此,笔者进行了基于主题意义探究的深度阅读教学的实践,以解决当前教学中处理高考阅读真题存在的问题。

一、基于主题意义探究的深度阅读教学理论依据

内容型教学法是基于主题意义探究的深度阅读教学实践的重要依据。内容型教学法（Content-based Instruction，简称“CBI”）是以内容为依托的语言教学法，将语言、内容和认知能力的发展整合为一体；“CBI”是指将语言教学建基于某个学科或某种主题内容的教学之上，把语言学习与学科知识学习结合起来，在提高学生学科知识和认知能力的同时，促进其语言水平的提高（戴庆宁 等，2004；转引自吴香阁，2012）。乔安·克兰德尔（JoAnn Crandall）教授在2019国际英语教育中国大会上指出，进行内容型教学的两种方法：一种是基于主题（Theme-based）的教学，另一种是项目式（Project）教学（吴茜，2019）。本文取其第一种方法。

二、基于主题意义探究的深度阅读教学的定义

陈新忠（2018）认为，“主题是指作者（或说话者）通过文本传递的主要内容，为学科育人提供话题和语境，也为语言学习提供范围和语境。主题意义是指主题呈现的核心思想或深层含义，往往与文化内涵和情感态度价值观相关”。《2017年版课标》指出，“在以主题意义为引领的课堂上，教师要通过创设与主题意义密切相关的语境，充分挖掘特定主题所承载的文化信息和发展学生的思维品质的关键点”。文本承载着丰富的信息、文化和作者态度，阅读教学的实质是要引导学生在阅读理解文本、体验文本内涵的过程中，学习语言，获得阅读技能，提高思维能力（葛炳芳，2012）。

据此，笔者认为，基于主题意义探究的深度阅读教学实践就是从语言、意义和文化内涵等角度将高考阅读真题作为教学材料二次使用，以期落实《2017年版课标》提出的英语学科核心素养，有效提升教学质量。真题的文本意义和文化内涵是教学主线，语言是为教文本意义和文化内涵服务的，是获取文本意义和文化内涵的手段。教师通过解读真题的文本意义和文化内涵，让学生的语言能力得到提升，文化意识受到熏陶，同时，思维品质和学习能力也能得到提升。

这样处理高考阅读真题才能赋予其生命。

三、基于主题意义探究的深度阅读教学实践

基于主题意义探究的深度阅读教学实践可以围绕“主题是什么(What)”“为什么要表达这样的主题(Why)”“作者是怎样表达这一主题的(How)”展开,具体从语篇主题、情感态度和写作手法这三个角度解读。下面以 2019 年高考英语全国 I 卷阅读 B 篇(下称“本文”)为例,加以说明。

(一)从语篇主题角度解读文本

本文是记叙文。引导学生阅读记叙文,首先要引导学生抓住记叙文的六要素,即时间、地点、人物及事件的起因、经过和结果。从本文第 1 段我们可以得知,时间是“today”(speech day),地点是“Canaan Elementary's second grade in Patchogue, N.Y.”,人物是“the 8-year-old”,事件是“Speech”(或下文所说的“second-grade presidential campaign project”)。事件的结果:八岁的男孩现在信心满怀,爱上了演讲(With shining dark eyes, he seems like the kind of kid who would enjoy public speaking)。后面几段交代事件的起因和经过。

基于以上解读,教师可以设计梳理、概括、整合信息的活动。

【活动 1】Fill in the table below.

When (time)	today—speech day
Where (place)	Canaan Elementary's second grade in Patchogue, N.Y.
Who (characters)	Whaley and one of his students, the 8-year-old
What (event)	second-grade presidential campaign project
How (result)	doing well
Why (reason)	build his students' language skills and self-confidence

（注释：画线部分为学生填写的内容。下同。）

【活动2】Answer the following questions.

Q1：What's the main idea of the passage?

教师要引导学生根据记叙文的六要素归纳文本的中心思想，比如本文的中心思想可以这样归纳："The passage tells readers how a teacher teaches his students to learn to build language skills and self-confidence."

Q2：What's the best title of the passage?

A. Christ and His Speech.

B. Whaley and His Student Christ.

C. A Great Teacher's Search to Build Self-confidence.

D. A Great Joker's Progress in Public Speech.

（Suggested answer：C）

本文记叙的是迦南小学二年级教师托马斯·威利（Thomas Whaley）通过发起一项总统竞选演讲活动，帮助孩子们训练语言技能、建立自信，看到自己的优点。第一个活动采用填表格的形式，引导学生以六个问题（5W+1H）为主要线索，找出"总统竞选演讲"发生的时间、地点、人物、起因、经过、结果等。第二个活动以回答问题的方式，让学生从这些线索的各个要素中提炼文章的中心思想，最后让学生根据中心思想提炼文章的标题。这样环环相扣，由细到粗、由泛到精、由低级到高级，提炼文章的主题。这样的阅读过程，使学生接收的不是碎片化的信息，而是整体的概念。这两个活动包含了信息的收集梳理、信息的概括整合，属于英语学习活动观的学习理解层次。

有的教师可能进行到这一步就到此为止了，但进行到这里还没有进入"主题意义"范围，还停留在浅层内容上。《2017年版课标》指出，"学生对主题意义的探究应是学生学习语言的最重要的内容，直接影响学生语篇理解的程度、思维发展的水平和语言学习的成效。"因此，教师在进行了以上两个活动之后，要进一步引导学生探究主题意义。本文的主题语境为“人与自我”,主题群为“生活与学习”“做人与做事”,主题内容为“学校生活”。教师可以提出“Who are the main characters in the passage?”(Q3)和“What's the relationship between them?”(Q4)等问题,自然过渡到下一环节中去。

(二)从情感态度角度解读文本

从情感态度角度解读文本是指在明确文本中心思想的基础上,通过梳理文本具体内容,把握作者或文中人物的言语、动作,通过其言语或行为领会其意图、情感态度和价值取向。在记叙文的文本解读中,笔者认为首先应引导学生领会文本人物的情感态度,在此基础上引导学生对文本人物进行评价、挖掘文本文化内涵,最后引导学生推测作者的写作目的。这样环环相扣,水到渠成。

1. 领会人物的情感态度

威利和克里斯是本文的主要人物。教师可以引导学生采取跳读的方法抓住这两位主要人物的言行,从字里行间体会他们的情感变化。

(1)理清克里斯的情感变化

第3段描述了三年前克里斯的表现。文章提到:“when called upon to read, Chris would excuse himself to go to the bathroom(当被点名阅读时,克里斯会以上厕所为借口而逃脱)”。针对克里斯这一举动,教师可以这样设问:“Why would Chris excuse himself to go to the bathroom when called upon to read three years ago?”(Q5)然后引导学生根据下文的“It takes a lot for any student, especially for a student who is learning English as their new language, to feel confident enough to say, ‘I don't know, but I want to know.’”推测克里斯缺乏自信。针对第1段第3句的信息,教师再问学生“What do you see from the ‘shining dark eyes’?”(Q6),引导学生根据该句后半部分的“would enjoy public speaking”推测克里斯现在已经充满自信了。

经过这两个问题的梳理之后,教师还可以设计以下图表,让克里斯的情感变化更直观。

【活动 3】Fill in the graph to find out the changes of Chris's feelings.

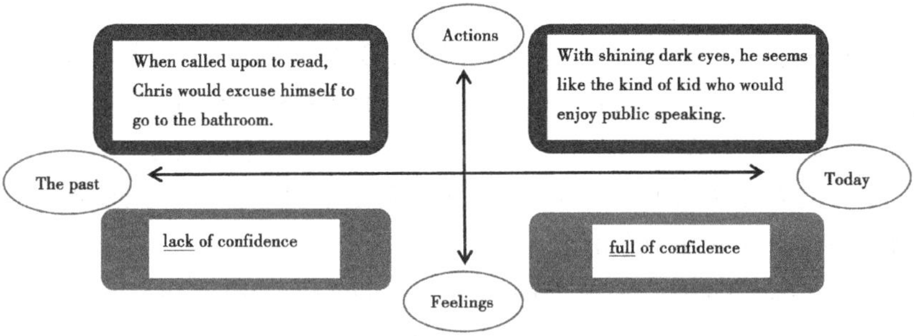

(2)理清威利的情感变化

教师可以设计以下问题链,帮助学生理清威利的情感变化。

Q7: Why did the answer break Whaley's heart?

教师引导学生根据上文推断出答案:"Because no students thought they could ever be a president."

Q8: What can you infer from the fact that no students thought they could be a president?

教师引导学生根据文章最后一段的内容推断出答案:"They did not feel confident."

Q9: What did Whaley decide to do when he found his students did not feel confident?

教师引导学生根据第 5 段推断出答案:"He decided to carry out the second-grade presidential campaign project."

Q10: What does Whaley do when he finds his student Chris has difficulty speaking in public?

这个问题的答案在第 2 段里:"He is next to him, whispering support."

Q11: Why does Whaley invite the rest of the class to praise Chris in spite of Chris's stumbles?

由于问题链本身具有逻辑性,教师稍加引导,学生就能回答这个问题。他们很可能回答“To help Chris see his own strength.”或者“To inspire Chris with confidence.”

2. 评价威利的品格

对威利的情感态度进行梳理之后，教师可以设计“What do you think of Whaley?”（Q12）的问题让学生评价威利。在处理这一环节时，教师不能让学生只说出一个形容词来评价，要让学生说出一组符合逻辑的句子来评价。这样既训练了英语表达，还训练了思维。下面是一位学生对威利的评价。

I think Whaley is a great teacher because when he found his students did not feel confident he carried out a second-grade presidential campaign project, which helps students bolster confidence. And when his students are in need of help, he gives them an immediate hand to help them out. Even though Chris makes mistakes, he praises him and asks the rest of the class to praise him.

3. 挖掘文本文化内涵

本文的思想内涵就是要培养学生的自信。读了这篇短文后，学生要利用一切可以利用的机会，增强自信。自信是成功的基础，没有自信，就没有成功的可能。这就是为什么《2017 年版课标》特别强调，“汲取文化精华，形成正确的价值观，坚定文化自信，形成自尊、自信、自强的良好品格”。这是文化意识目标。作为教师，每节课都要为之努力。针对本文，教师可以设计“As a teacher, what do you learn from the passage? And what as a student?”（Q13）的问题，让学生讨论，挖掘文本的文化内涵。作为教师，我们从文本中学到了威利老师的育人观。从“Whaley says the project is about more than just learning to read and speak in public. He wants these kids to learn to boast about themselves.”这两句话，我们可以看出他把培养学生的自信心放在首位，教书的同时，更在育人。在当前重分数、轻育人的背景下，这篇高考短文的选择，无疑有明确的导向作用。作为教师，没有看到这个导向就没有深刻领会高考命题人的意图，没有真正理解《2017 年版课标》提出的立德树人的理念。作为学生，不仅要学知识、学技能，更要增强自信心。自信心是一切事情成功的首要条件。正如美国教育家戴尔·卡耐尔所说："一个人事业上成功的因素，其中学识和专业技术只占 15%，而良好的心理素质要占 85%。"这里所说的良好心理素质之一就是较强的自信心。

4. 推测写作目的

有了以上环节的支撑，教师可以设计"What's the purpose of the passage?"（Q14）这样的问题让学生讨论。

（Suggested answer：The author writes the passage to introduce a great teacher who makes the non-native English students acquire not only more abilities to read and speak in public but also be more self-confidence.）

无论是理清人物的情感变化，还是挖掘文本的文化内涵以及作者的写作目的，都是推理判断的问题，在培养学生英语语言能力的同时训练了学生的思维，还提升了学生的文化意识。这个过程就是落实英语核心素养的具体体现。

（三）从写作手法角度解读文本

写作手法包括语言特点和修辞手法。《2017 年版课标》指出，"语用知识指在特定语境中准确理解他人和得体表达自己的知识。"作者为了表达自己的思想，总会采取一定的手法。这些手法包括写作手法、修辞手法和语言特点。因此，在对本文的再利用过程中，教师要有意识地帮助学生学习作者为了表达其中心思想和情感态度所运用的手法。

本文采取今昔对比写法进行记叙。第 1 段和第 2 段记叙今天总统竞选演讲日上克里斯的演讲非常成功。第 3 段记叙威利老师回忆三年前克里斯缺乏自信的情况。第 4 段记叙克里斯经历的问题是所有二语学习者共同存在的问题。第 5 段和第 6 段说明为什么开展总统竞选演讲。作者先写现在，后写过去，采取今昔对比的手法展开文本的记叙。因此，教师可以设计"Q15：How is the passage developed?"引导学生感悟文本的写作方法。通过教师的引导，学生可能会这样回答："It is developed by comparison."

为了让学生领会今昔对比的写法，教师可引导学生从文本形式到文本内容来分析作者如何运用对比的手法凸显主题意义。时间方面，今天与三年前，作者运用现在时态与过去时态作对比。作者还运用直接引语与间接引语的对比，将克里斯运用英语的困难与威利老师对学生的爱心活灵活现地展示了出来。心理方面，将克里斯三年前没有自信心的表现与今天有自信心的表现作对比。这一系列的关于克里斯自信心的变化，凸显威利老师教学方法的成功，使得文本主题丰满、意义深刻。为了让学生深刻理解作者的手法，教师可以用表格对这些对比进行梳理。

Fill in the table to understand the comparison.

对比内容	具体语言	
时间	today is speech day; right now	over three years ago; at the beginning of the year
时态	The 8-year-old is the joker of the class.	Chris started learning English.
关于自信心的表现	With shining dark eyes, he seems like the kind of kid who would enjoy public speaking.	When called upon to read, Chris would excuse himself to go to the bathroom.
克里斯英语表达困难的直接引语与间接引语	I'm here to tell you today why you should... should...	Chris trips on the "-ld," a pronunciation difficulty for many non-native English speakers.
威利鼓励克里斯的直接引语与间接引语	His teacher, Thomas Whaley, is next to him, whispering support. "...Vote for... me..."	When he brings his speech to a nice conclusion, Whaley invites the rest of the class to praise him.

教师应引导学生品味文本中具有较高文学含量的词汇、短语或句子,培养学生的英语语言鉴赏力。比如“joker”,不能只停留在引导学生猜测词义的表层理解上,更要从凸显主题意义的角度挖掘作者的独具匠心的写作用意。“joker”一词道出了克里斯由毫无信心的胆怯者成为会讲笑话的演讲者的成功秘密——威利给予克里斯的自信心。对“With shining dark eyes”的状态描写,教师不能只对“shining”作语法分析,更要引导学生从比喻的角度来理解“闪烁光辉的眼神”背后是自信的光辉,是照亮人生的光辉。对“trip”一词的处理,教师也不能仅仅停留在猜词的层面上,而要引导学生分析句际关系,教学生运用语篇知识,培养学生独立思考的能力、分析问题和解决问题的批判性思维能力和创造性思维能力。教师在处理直接引语的时候,应将重点放在“should”的重复与省略号的运用上,引导学生通过重复和省略的修辞手法,分析作者的语用目的。

《2017 年版课标》提出的主题语境理念是培育和发展英语核心素养的主要依据。包括高考阅读真题在内的文本是承载主题意义的基本单位。教师再利用高考阅读真题时,要以《2017 年版课标》的理念为指导,从语篇的中心思想、情感态度、价值取向、写作意图、修辞手法、写作手法等方面,以主题意义为引导,挖掘文本内涵,全面落实英语学科核心素养的要求,使学生在语言能力、文化意识、思维品质和学习能力等方面全面发展。这是新一轮教改的必然要求。

第六节　基于思维导图的深度阅读教学实践

阅读是人类社会中不可缺少的一种认知活动,是人类汲取知识的重要手段和认识周围世界的重要途径之一,是学习所有学科的基础,也是学习英语的重要途径(郭砚冰, 2016)。然而目前中学英语阅读教学中存在一个普遍的现象,学生在阅读一篇文章时,往往重视单词或者语法的学习,忽视对文章篇章结构的把握及对段落间逻辑结构的分析。思维导图作为一种新型的教学模式,可以帮助学生理清篇章结构,提高学生的阅读能力。

一、思维导图概述

思维导图,是表达发射性思维的有效图形思维工具,是一种非常有用的图形技术,是打开大脑潜能的万能钥匙。思维导图运用图文并重的技巧,把各级主题的关系用相互隶属与相关的层级图表现出来,将关键词与图像、颜色等建立记忆链接。思维导图充分运用左右脑的机能,利用记忆、阅读、思维的规律,协助人们在科学与艺术、逻辑与想象之间平衡发展,从而开启人类大脑的无限潜能(蒋芸,2015)。

思维导图清晰明了地向学习者展示了所学内容的逻辑层次,使学习内容一目了然、学习者思路畅通,有利于学习者无限发展自己的思维。如果将其合理运用到中学英语阅读教学上,那么将给教学者和学习者提供一种更便捷的方法。

二、利用思维导图进行阅读教学的实例

本文所使用的案例源于仁爱版《初中英语九年级上册》第 1 单元的阅读文章。该文主要讨论人口数量,篇幅较长,生词较多,但整体脉络相对清晰。

(一)阅读前

教师与学生一起在黑板上绘制主题为“Population”的思维导图,把学生头脑风暴中所想到的所有关于人口的信息作为思维图的主干部分画出来,如图 5.1 所示。通过思维导图的形式导入,发散学生思维的同时,激活了学生的背景知识,也激起了学生的学习兴趣,为新课做好准备。

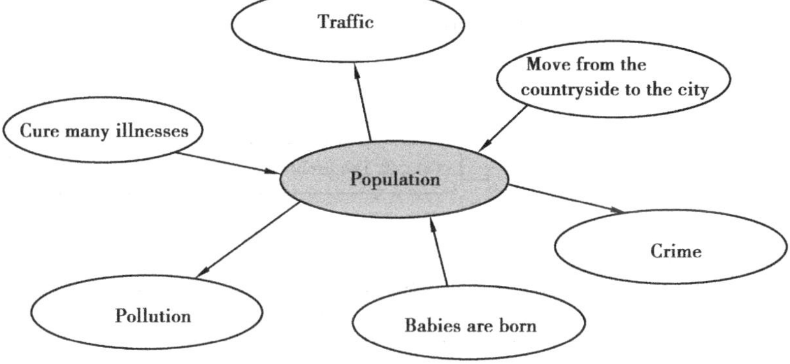

图 5.1　“Population”思维导图

（二）阅读中

教师运用简单的思维导图帮助学生从整体上和细节上把握全篇，让学生了解每一部分的主要内容。

（1）让学生快速阅读全文，关注首尾段、首尾句。引导学生利用思维导图里面每一个节点的关键词，来找出支撑本篇课文的论点，如图 5.2 所示。该图帮助学生简单了解每一段的段落大意和文章的篇章结构，易于启发学生的思维，提高学生的学习能力。

（2）让学生慢速阅读文章一遍，找到引出本篇文章中心内容的单词或短语，即“Population of the World”。把学生分为四组，让学生利用已有的知识和经验，并结合文章内容进行讨论。主要是讨论由“Population of the World”引申出来的其他关键词。在小组内部画出一个初步的思维导图。这个思维导图可以是树状、网状或其他形式，只要能清晰地表达该小组的讨论结果就可以。5~7 分钟后，思维导图完成，再让学生互相传阅他们的成果，并加以评价。

教师在黑板中心写下“Population of the World”，以每小组主动发言的次数和正确率作为小组加分的标准，在小组加分机制下激励学生举手发言。教师将学生的发言内容标在以“Population of the

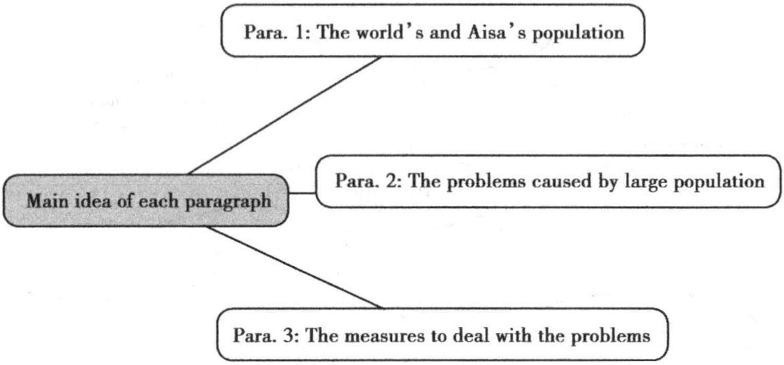

图 5.2　段落大意图

World"为中心的思维导图上,并引导学生进行深层次的思考。比如,提出"Why did China carry out the one-child policy?"和"What social problems do you think China's large population has caused?"等问题来引导学生完成思维导图,如图 5.3 所示。

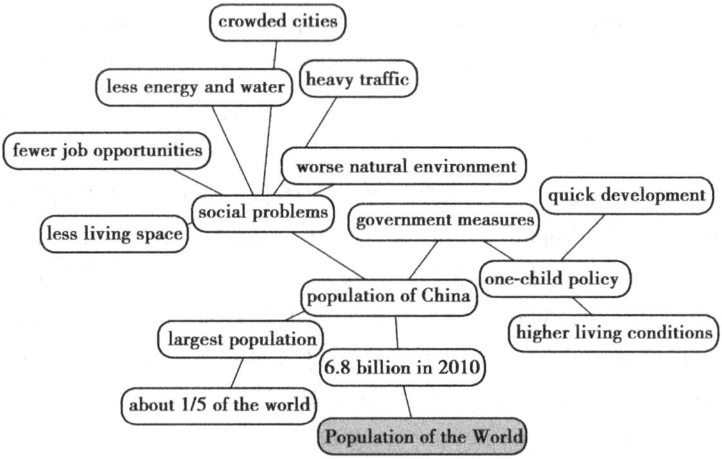

图 5.3　"Population of the World"思维导图 1

由图 5.3 可知,本篇文章的思维导图一共有六个层次。它们分别是:第一层:"Population of the World";第二层:"6.8 billion in 2010";第三层:"population of China";第四层:"largest population, social problems, government measures";第五层:"about 1/5 of the world, less living space, one-child policy...";第六层:"higher living conditions, quick development..."。学生可以有层次地、递进地理解本篇文章的结构思路。由此可见,思维导图呈现的是一个思维过程,是放射性思维的表达方式。

(3) 精读课文。让学生利用图 5.3,结合课文中的主要事实和细节,找出细节中的每一处关键词。比如,学生提到了"social problems"里的"heavy traffic",教师就顺势引导学生"heavy traffic"会引起"traffic accidents"和"late for school or work"等问题。在此基础上,学生完善和扩充图 5.3,得出图 5.4,提高学生的自主学习能力。

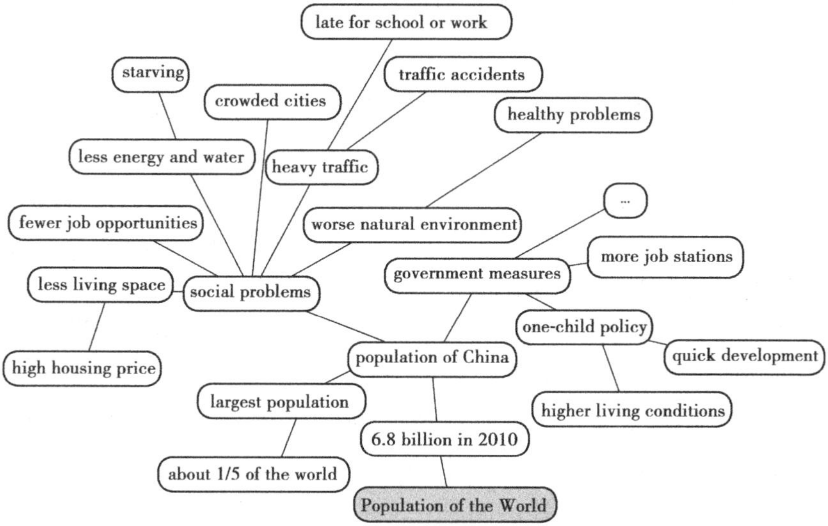

图 5.4　"Population of the World"思维导图 2

（三）阅读后

引导学生基于思维导图提供的信息，有条理地复述课文。基础稍差的学生可以根据完整的思维导图复述本篇课文。因为思维导图越完整，细节就越丰富，就更利于学生根据思维导图来进行复述。基础稍好的学生则可以从思维导图的第一层到第四层，即从“Population of the World”到“largest population, social problems, government measures”来复述课文。对于基础稍好的学生来说，这样可以锻炼他们对文篇的概括和引申的能力。

思维导图为提升学生的英语阅读水平提供了帮助，它将枯燥无味、冗长烦琐的英语篇章转化为轻松易懂的图片，从视觉和理解能力上更易接受，更能提高学生学习英语的兴趣，开发学生的左右脑，增强学生的自主学习意识（江巧妹，2016）。然而，思维导图在中学英语阅读教学中的应用不是一个线性演进的过程，更不会一蹴而就，需要一线教师结合实践经验来逐步引导学生实现。

第七节 “三步两轴”深度阅读教学实践

中学英语阅读教学是英语教学的重中之重，一直以来，英语教师无不重视阅读教学。然而，笔者在听公开课或常态课时发现，当前的英语阅读教学中，普遍存在两个问题：一是学生处于被动地位。具体体现为整堂课全是教师在问，学生无问。学生完全被教师设计的问题牵着鼻子走，一个问题接着一个问题地回答，场面十分热闹，看似学生为主体，其实学生没有主动权，缺少主动阅读、思考和提问的机会。虽然教师时不时地在鼓励学生提问，但由于没有足够的时间阅读和思考，学生无法提出问题。二是教师设问肤浅。教师的提问“局限于对文本信息的表层理解，注重的是语言点的讲授，缺乏对文本深层次的理解、分析和评价，造成学生不能领悟语篇背后的寓意，更不能产生新观点、新见解”(吴昭和,2017)。这种既缺乏学生主动性又缺乏深层次理解的阅读教学中,学生对文本的理解是肤浅的、零碎的,学生的语言能力、思维品质、文化意识和学习策略均得不到训练。因此,这种没有落实英语学科核心素养的阅读教学是低效的阅读教学。

为了从根本上解决以上问题,笔者尝试了中学英语“三步两轴”深度阅读教学实践。

一、中学英语“三步两轴”深度阅读教学的定义及流程

(一)深度阅读的定义

深度阅读是指在教师引领下,学生对具有一定挑战性的文本,全身心积极投入的阅读过程。在这个过程中,学生积极获取信息、分析信息、解释信息、评判信息、推断新信息,形成正确的人生观、价值观,成为具有逻辑性、批判性、创造性的优秀阅读者(易荣楣、陈书元,2019)。

(二)中学英语“三步两轴”深度阅读教学的定义及流程

中学英语“三步两轴”深度阅读教学是基于《2017 年版课标》,教师在进行阅读教学活动设计时,指向英语学科核心素养发展,由“预学提问、课堂讨论、迁移创造”三步(简称“学、议、创”)和“教师指导、思辨评判”两轴(简称“导、思”)构成的阅读教学。在这种阅读教学过程中,教师激励学生课前进行深度阅读,在深度阅读过程中深度思考、提出问题。教师根据教学目标,对学生提出的问题进行归纳、整理、加工、完善,生成教师的阅读教学设计。在课堂中,教师组织学生讨论学生所提问题,在学生讨论的基础上进行点拨,指导学生思辨评判、迁移创造,以达成预设的阅读教学目标。具体流程如表 5.1 所示。

表 5.1 “三步两轴”深度阅读教学流程

<table>
<tr><th colspan="2">教的活动</th><th colspan="3">学的活动</th><th>目标层次</th></tr>
<tr><td rowspan="3">教师指导</td><td>指导学生预学；基于学生提出的问题备课</td><td>通过自主学习、探究学习的方式阅读文本、提出问题</td><td>预学提问（学）</td><td rowspan="3">思辨评判</td><td>记忆、理解</td></tr>
<tr><td>根据学生提出的问题生成阅读教学设计并组织学生讨论</td><td>通过合作学习分享预学成果、理解文本内涵</td><td>课堂讨论（议）</td><td>应用、分析</td></tr>
<tr><td>指导学生实现迁移创造</td><td>迁移语言表达和文化内涵</td><td>迁移创造（创）</td><td>创造</td></tr>
</table>

中学英语“三步两轴”深度阅读教学，起于学生提出问题，止于学生解决问题。教师的指导是“教轴”，贯穿教学过程始终。学生的思辨评判是“学轴”，贯穿学习过程始终。在“学、议、创”各个环节中，学生始终是活动的主体，均能批判地与文本、同学、教师平等地对话，整个阅读教学活动由浅层阅读到深度阅读，充分体现了布鲁姆的记忆、理解、应用、分析、评价、创造的教育目标。

二、进行中学英语“三步两轴”深度阅读教学的原理

（一）学生主体教育理论

中学英语“三步两轴”深度阅读教学首先依据学生主体教育理论。学生主体教育理论认为，人的主体性素质是现代社会人的核心素质，在教育中应该注重培养和发展人的主体性（郑培亮 等，2005）。我们在实施中学英语“三步两轴”深度阅读教学过程各个环节时，尤其是在教师备课、学生预学时，改变了以前只有教师在“备教”，没有学生“备学”的现象，充分发挥和培养学生的主体性素质。

（二）批判性阅读理论

中学英语“三步两轴”深度阅读教学的目的之一是发展学生的思

维品质。批判性思维是思维品质的高级形式，批判性阅读是训练学生批判性思维的有效方式。批判性阅读指的是读者在对文本蕴含的信息进行认知、理解、记忆与接受时，同时进行分析、质疑、辨别、推敲筛选、评价的阅读方式（唐光洁，2009）。学生只有进行批判性阅读，在预学时才能提出有深度的问题，在讨论中才能发表不同的观点、实现迁移创新。

（三）对话教学理论

靳玉乐（2006）认为，对话教学就是在平等民主、尊重信任的氛围中，通过教师、学生、文本三者之间的相互对话，在师生经验共享中创造知识和教学意义，从而促进师生共同发展的教学形态。“三步两轴”深度阅读教学过程中，预学是学生与文本的对话，讨论既是学生与文本的对话，也是与教师或同学的对话，而不只是师问生答。

（四）布鲁姆认知领域的教育目标分类

布鲁姆认知领域的教育目标分为记忆、理解、应用、分析、评价和创造六个层次（转引自荆洪光，2009）。预学环节是学生对预学内容进行初步感知，对词汇、文本信息进行记忆、理解，以及初步体验批判性阅读的过程。在这一环节中，学生对于不理解的内容提出问题或质疑，并想办法解决这些问题，为课堂讨论做好准备。课堂讨论环节，是师生之间通过分析解决学生课前疑问的过程，是应用新词汇、新句型、新语法的过程。思辨评判是学生根据阅读中获得的文本信息，运用批判性思维对作者提出的观点或文中人物的观点进行推断和评价的过程，是把握作者态度和写作意图、评价人物的深度阅读过程。迁移创新环节中，学生将课堂所学知识与自己的生活或学习实际进行融会贯通，是创新、创造的过程。

三、中学英语“三步两轴”深度阅读教学实践

下面以人教 2007 年版《英语必修 2》第 2 单元的两篇课文为例，展示中学英语“三步两轴”深度阅读教学的方法。该单元第一篇课文“An Interview”以采访的形式介绍了古代奥运会与现代奥运会的基

本情况。第二篇课文“The Story of Atlanta”讲述了亚特兰大与希波墨涅斯赛跑的故事。

（一）预学提问

预学是指学生在课前根据教师预设的学习目标、在教师指导下运用教材和教辅资料、带着任务进行自主学习的过程。在预学过程中，要求学生不仅要完成字面阅读，还要初步体验解释性阅读和批判性阅读，并记录阅读过程中的问题或质疑。

1. 字面阅读

字面阅读是最浅层次的阅读，是读者对视觉信息进行解码、加工、处理，通过记忆文本的字面意思来处理文本内容的过程（Crawley et al.，1995；转引自吴昭和，2017）。据此，在处理第一篇课文时，教师可以针对文本的具体信息，以表格、流程图等预学单的形式，让学生重点梳理古代奥运会和现代奥运会的异同（表 5.2），同时搜集学生文本字面理解的障碍（如“字面阅读疑难问题展示”所示），为深层理解打下基础。

表 5.2　古代奥运会和现代奥运会的异同

List the characteristics and similarities of the ancient and modern Olympics.		
Ancient Olympics	Similarities	Modern Olympics

【字面阅读疑难问题展示】

S1：在“All those events，all those countries and even women taking part！”这一句子中，为什么用“take”的“-ing”形式？

S2：在“Where are the athletes housed？”这句话中为什么不用“housing”？

S3：在“For each Olympics，a special village is built for them to live in，a main reception building，several stadiums for competitions，and a gymnasium as well.”这句话中，“a main reception building，several stadiums for competitions, and a gymnasium as well"作什么成分?

S4:既然"neither… nor…"是固定搭配,为什么"No other countries could join in, nor could slaves or women."一句中用"No other"而不用"Neither"呢?

【评析】

学生的预学过程不仅是培养学生自主学习能力的过程,还是了解学情的过程,是为教师备课提供第一手资料的有效方式。字面阅读过程是学生独立阅读、自主思考、发现问题、初步解决问题的过程。我们知道,阅读时,学生最大的障碍是词汇和句子结构,但具体是哪些词汇、哪些句型,只有通过预学来了解。比如 S1 提出的问题,教师不一定能预料到。如果学生不提出这一问题,这或将成为学生永远的问题。有的问题只有站在学生的角度才能发现,比如教师是无法想到 S4 这样的问题的。

2. 解释性阅读及批判性阅读

解释性阅读建立在字面阅读之上,是读者应用从字面阅读中获取的信息和知识来解决问题、理解作者如何写和为什么写的过程。批判性阅读是最高层次的阅读,是读者在完成字面阅读和解释性阅读之后,对文本所涵盖的各种信息进行分析、综合和评价,发表意见的过程(Crawley et al.,1995;转引自吴昭和,2017)。在预学过程中,只要求学生初步体验解释性阅读和批判性阅读,因为这两种阅读要求读者进行分析、综合、抽象、概括和评价等对于高中学生难以独立完成的高级思维活动。如果他们在预学过程中不能解决这些问题,可以提出问题(如"解释性、批判性阅读问题展示"所示),与小组成员讨论或上课时与同学或教师讨论。

【解释性、批判性阅读问题展示】

(对第一篇课文的提问)

S5:Why does the writer write the text?

S6:Why should the article be in the form of a dialogue? Why did Pausanias make a magical journey?

S7：How does Pausanias feel when he knows women are allowed to join in the Olympics now?

（对第二篇课文的提问）

S8：What's the function of the title? Can you use something else to replace the title of the text?

S9：Why did Hippomenes become "foolish" when he saw Atlanta? What can you learn from it?

S10：Why did Hippomenes go to ask the Greek Goddess of Love for help rather than improve his own skills?

S11：The passage seems to be unfinished. What will happen in the end? Please continue it.

S12：What do Atlanta and Hippomenes have in common?

【评析】

这些问题大多为以"Why"开头，是很有思维深度的问题，涉及作者为什么写、怎样写，涉及文章标题、文章结构，涉及故事人物分析与评价，涉及恋爱观、人生观、世界观，还涉及希腊文化等。通过提问，教师了解了学生需要知道什么，提高了授课的针对性和目的性。教师要根据教学目标在课堂上组织学生讨论，通过讨论培养学生的语言能力、思维品质、文化意识，同时加强学生的品德修养教育，达到立德树人的教育目的。

（二）课堂讨论

教师设计问题时，要依据教学背景和学生的已知、未知、须知及能知，站在学生的角度，融入学生的实际生活，落实英语学习活动观的课程理念，为学生设计有效的问题（何书利，2018）。笔者认为，只有将学生在预学过程中提出的问题应用于课堂教学设计才能真正满足这一要求。课堂讨论这些问题时，要围绕发展学生核心素养的目标，鼓励学生积极大胆地讨论。

【课堂讨论案例 1】

在处理第二篇课文时，笔者将 S8 的提问"What's the function of

the title? Can you use something else to replace the title of the text?"展示给学生讨论。S8 的提问很委婉,她实际是质疑课本提供的标题。在课堂上,笔者装作未懂她的质疑,请其他同学告诉她标题的作用。有的同学说,好的标题能揭示文章主题、提示文章内容。有的同学说,好的标题可能是贯穿全文的线索。还有的同学说,好的标题能制造悬念、吸引读者。听后,提问同学又问:"那本文的标题好吗? 有这些作用吗?"S8 认为,原标题太宽泛,不具体。如果以"The Story of Atlanta"为标题,课文应该简单介绍亚特兰大的生平,而课文重点强调亚特兰大是希腊跑步最快的人,因此她建议将原标题改为:"Atlanta: A Super Runner"。S13 建议改为:"Defeat Me, or Be Killed!"S14 认为 S13 的标题太血腥、恐怖,建议改为"A Story of Atlanta",理由是:亚特兰大有很多故事,课文所选的故事是众多故事中的一个。具体哪个故事呢? 只有读后才知。因此用不定冠词。

【评析】

对第一问的讨论让学生明确了标题的作用。对第二问的讨论让学生进一步明确了如何拟标题。S8 的回答非常具有批判性思维。的确,用"The Story of Atlanta"作为标题太宽泛了,不确切。课文没有全面介绍亚特兰大的生平,而只是用比"跑"招亲的故事,介绍了亚特兰大是当时希腊跑得最快的人,但用"Atlanta: A Super Runner"作为标题,又似乎太狭窄。而 S13 和 S14 的回答更有说服力,这充分反映了两位同学的语言能力和逻辑思维能力都很强。S14 的回答显得更为精当,与课本的标题只有一个冠词之差,而且比课本的标题更合理。这个讨论既是批判性思维的培养,也是创造性能力的培养。学生拟了不同的标题,这本身就是创造。

【课堂讨论案例 2】

S10 的问题: Why did Hippomenes go to ask the Greek Goddess of Love for help rather than improve his own skills?

这一问题体现了提问同学的人生观、价值观。在课堂的讨论中出现两种不同的观点。一种观点认为希波墨涅斯做得不对。另一种观点(S15)认为希波墨涅斯做得对,因为希波墨涅斯这样做挽救了许多希腊男子的生命。S15 还从文本中搜集了很多支持自己观点的信息:

(1) The rules: When a man wants to marry Atlanta, he will run against her. If he can't run as fast as her, he will be killed. No one will be pardoned.

(2) The Greek men's abilities of running: No man could win Atlanta because she could run faster than any man in Greece.

(3) Many "foolish" men who were attracted by Atlanta's beauty were willing to risk their lives to run the race.

(4) Common sense: No one can improve their running in a short time.

Conclusion: It was a heroic action that Hippomenes went to ask the Greek Goddess of Love for help to stop Atlanta killing more men.

【评析】

讨论是训练学生语言能力和逻辑思维能力的最好方式之一。在讨论中,学生积极搜集对自己观点有利的信息,将这些看似散乱的信息进行重组、整合,理清它们的逻辑关系。学生运用常识和文本信息论证了希波墨涅斯的行为是英雄行为。讨论的过程既是发展学生语言能力的过程,也是发展学生思维能力的过程,同时也是进行人生观、价值观教育的过程。

【课堂讨论案例 3】

S12 的问题: What do Atlanta and Hippomenes have in common?

故事中的人物评价是阅读故事性短文必不可少的内容,也是很能引起争议和共鸣的问题。同学们各抒己见,讨论热烈。有的同学认为他们兴趣爱好相同,都爱好跑步;有的同学认为除了都是希腊人之外,他们没有什么共同之处。而 S16 认为,他们聪明、善良,有理想、有抱负。这一观点一抛出来，遭到很多同学的反对。S16 运用文本的信息，有理有据，逐一论证。他说，第一，他们有理想。亚特兰大的理想是为妇女争取参加奥运会的权利。希波墨涅斯的理想不仅是娶亚特兰大，更是拯救痴情的男子不遭杀戮。第二，他们俩为了理想，遇到困难时开动脑筋想办法，这说明他们有智慧。第三，希波墨涅斯冒着生命危险阻止国王杀人，这说明他善良。虽然亚特兰大定的规矩残忍，但这不是她的本意，她只是想用此来逼迫国王允许她参加奥运会，是因为国王的固执与不公才导致杀戮。

【评析】

批判性阅读的实质是评价（Pirozzi，2003；转引自吴昭和，2017）。评价故事中的人物是批判性阅读的重要内容。课堂讨论通过观点交锋、思维碰撞，发展了学生的批判性思维。S16 的观点深刻，有理有据，表达清晰，得到了全班同学的赞赏。通过 S16 的陈述，同学们对这两个人物有了更深刻的认识。整堂课在潜移默化中引导同学们做“有理想、有抱负、有智慧、有道德”的人，既达到了深度阅读的教学目的，更达到了立德树人的教育目的。

（三）迁移创造

阅读了“The Story of Atlanta”之后，续写，使之构成一个完整的故事。注意：

1. 所续写短文的词数应为 150 词左右；

2. 至少使用以下关键词语中的 5 个：die, fast, pick up, flew, race, handsome, cruel, help, Olympics, responsibility;

3. 续写部分分为两段，每段开头已为你写好。

Paragraph 1: The next day Hippomenes was waiting when Atlanta came out. ______________________________

Paragraph 2: When she finally caught up with Hippomenes, he threw the last apple. ______________________________

【评析】

读后续写是新高考写作的新题型之一。课本选文不完整是练习读后续写的好机会。读后续写是迁移创新的有效手段,是"在充分阅读所给语篇的基础上,对语篇的人际功能的分析、认识、把握与创新性的拓展"(庄志琳,2018)。学生在充分分析亚特兰大与希波墨涅斯这两个人物之间的关系并认识、把握他们的个性之后,在续写的短文中创造性地塑造这两个人物,做到合情合理,既与原文一脉相承,又有所创新,这样的续写才是高质量的续写。

第六章　教材研究

第一节　高中英语教科书:以人为本,注重思维

笔者有幸参加了杨晓钰教授主编的由重庆大学出版社出版的《普通高中教科书 英语》(下称"重大版教材")的审读试教工作。

该教材共七册。前三册为必修,后四册为选择性必修。每册有A、B、C 三个主题(Theme)。每个主题有两个单元(Unit)和一个"自我挑战"(Challenging Yourself)。每个主题有主题目标,每个单元有单元目标。每个单元由"Looking Ahead""Reading Actively""Exploring and Using""Listening, Understanding and Communicating""Reading/Listening/Viewing, Speaking and Writing""Reading Further"和"Self-assessing"七个环节组成。每个"自我挑战"里有"Learning Individually""Learning Cooperatively""Learning Creatively""Learning Reflectively""Utilizing Resources"五个环节。教材的呈现方式是教师上课的方式。教材的编写者犹如亲临课堂的大师,将每个单元的各个环节娓娓道来,语言亲切。

主题目标围绕课标的"听、说、读、看、写"五项技能,提出每个单元将具体做什么。单元目标提出学完这个单元后学生将会做什么。各项目标都是具体教学活动,师生能在课堂上实际操作,是课标技能的具体化、过程化。

每个单元的七个环节,就是教师的教学环节,学生的学习环节。不同的环节侧重不同的课标理念。比如,"Reading Actively"侧重阅读与思维的逻辑性、批判性和创新性。每个环节都是以学案方式呈现,或用图片,或用思维导图,将文字图片化,将思维可视化;或模拟

文章角色进行采访、调查或辩论,情境真实,读后学生都有话可说。

《2017 年版课标》的前沿理念偏抽象。怎样让教师在教学过程中落实课标的理念,是课程改革的关键。重大版教材将课标理念具体化为教材、教案、学案,使教学过程变为落实课标理念的过程;将课标理念细化为“德育为魂、学能为先、文化厚重、思语合一、注重语篇、有机衔接”六个方面,是以人为本、注重思维的优秀教科书。

一、德育为魂:注重落实立德树人根本任务

人是教育的出发点,也是教育的归属。为谁培养人,培养什么样的人,是教育的首要问题。重大版教材始终把育人功能放在首位,寓思想教育于语言教学之中。

在选材方面,重大版教材充分体现了思想性,既有利于学生学习外国的先进思想、先进文化、先进科学技术,又有利于学生学会如何用英语讲好中国故事,加强爱国主义教育。比如,重大版教材《必修第二册》在“语法链接(Grammar Link)”环节中专门介绍了古代教育家、思想家孔子。文中特别提到通过孔子学院,孔子的思想正影响着全世界。在介绍中外教师事迹时,介绍了 2016 年感动中国人物“最美乡村教师”孙丽娜夫妇的事迹,这为学生做了如何用英语讲好中国故事的良好示范。

在育人方面,重大版教材兼顾了趣味性与文学性。选材只有做到让学生爱读、想读,才能真正达到教材编写的目的。

在教学活动设计方面,重大版教材注重学生的思想教育,引导学生修好品行,形成正确的世界观、人生观、价值观。教材活动设计巧妙,让学生在不知不觉中接受思想的洗礼和文化的熏陶,真正做到了如春风化雨,润物细无声。比如,在《必修第一册》第 3 单元的课文“A Violin and the Law”(《小提琴与法律》)里,教材用感人的故事讲述了音乐之美、人格之魅。《选择性必修第三册》第 2 单元的阅读材料是美国著名短篇小说之父欧·亨利的代表作之一“After Twenty Years”(《二十年后》)。这些选文让学生感受了人性的真与伪、善与恶、美与丑。读完课文后,编者设计了深度问题让学生讨论。问题讨

论的过程,既是对选文的深入理解的过程,又是教学生如何做人、做什么样的人的过程。

二、学能为先:突出培养学生的学习能力

教与学的关系是教学理论中的一个本质问题。传统教材过分强调教的作用,这就是将“课本”称为“教材”的原因。叶圣陶先生说:教是为了不教。教会学生学习能力就是为了不教。《2017 年版课标》指出,学习能力指学生积极运用和主动调适英语学习策略、拓展英语学习渠道、努力提升英语学习效率的意识和能力。重大版教材改变了传统的教材观,十分重视培养学生的学习能力,有很多独特的、与众不同的亮点设计。

(一)开设英语学习专题

传统的教材很难看到有专门针对英语学法指导的课文。重大版教材不但从无到有,而且占幅较大,还安排在高中伊始。这充分体现了教材编写者对学习能力的重视程度。重大版教材在《必修第一册》有三个以“Learning to...”开头的主题。其中,《必修第一册》第一个主题是“Learning to Learn”,旨在教学生如何学好英语和改善学习习惯。第一个主题有三个部分,其中,第 1 单元教学生学习策略与习惯(Learning Strategies and Habits)。第 2 单元教学生怎样学好英语(Being a Good Language Learner)。第三部分(即 Challenging Yourself A)教学生养成学习习惯(Forming Learning Habits)。如此设计,其目的是引导教师和学生关注学习策略和学习英语的方法,落实课标中提出的“学习能力”的核心素养。

(二)开设“Learning Strategies”专栏

重大版教材在每一册的目录里设置“Learning Strategies”专栏,有计划地在每个单元给学生介绍 1~4 条学习策略。除了“Challenging Yourself”介绍 1 条学习策略之外,其余各单元都介绍 4 条学习策略。全套书共有 7 本,每本书 9 个单元(其中含 3 个“Challenging Yourself”),这样全套书至少推介了 189 条学习策略。这些策略涵盖

了所有《2017 年版课标》提出的元认知策略、认知策略、交际策略、情感策略。比如："Sorting information by using a mind-map" "Predicting based on the given key words" "Inferring symbolic meanings while reading" "Comparing the previous knowledge with the newly-learned knowledge" "Understanding better by reasoning" "Being willing to share your writing in class and get advice from your peers"等。编者很巧妙地将这些策略以"TIP"的形式渗透在"Reading Actively" "Exploring and Using" "Reading/Listening/Viewing, Speaking and Writing" "Reading Further"等各个环节之中。这些"TIP"让学生明确要掌握何种英语学习技能。比如,在《必修第一册》P4 的"Comprehending, Integrating and Creating"("Reading Actively"环节)中,第一个教学设计为"Read Xiaojing's email again and complete the diagram below. Then sum up its main ides."在这一教学设计之后教材设置了这样一个"TIP": "Summing up the information can help you get a clearer idea about what you have read and keep it in mind for a long time."

(三)开设主题目标与单元目标专栏

开设目标专栏是落实《2017 年版课标》对元认知策略的要求。重大版教材在每个主题前设计了以"In this theme, you will:…"为标题的主题目标,让学生在学习这个主题前明白本主题的目标是什么,做到心中有数;在每个单元前设计了以"Looking Ahead"为标题的单元目标,让学生明确本单元的学习目标,明白学习本单元后将具有何种能力,让学生有的放矢。

(四)开设"Self-assessing"专栏

在每个单元后,重大版教材设置了"Self-assessing"专栏,以教会学生反思本单元的学习效果。鼓励学生自我评价、自我反思,不断调整自己的学习方式和学习策略,这些都充分体现了元认知策略。

(五)展示学习环节,进行学法指导

在"Challenging Yourself"单元里,重大版教材用"Learning

Individually""Learning Cooperatively""Learning Creatively""Learning Reflectively""Utilizing Resources"五个学习环节,教会学生独立学习、合作学习、创造性学习、自我反思和利用资源。"Learning Reflectively"对每一主题的学习进行多元反思,促进学习能力的发展。"Utilizing Resources"鼓励学生充分利用信息技术,拓展学习渠道,丰富阅读和视听范围,为学生开展多种学习活动提供了更加丰富的资源。这些都是具体落实《2017 年版课标》的好举措。

(六)附录丰富,有助自学

重大版教材书后附有"Notes""Word Learning Booster""Glossary""Irregular Verbs""Personal Dictionary"等,为学生自学提供了便利。其中,"Glossary"(术语汇编)、"Personal Dictionary"(个性词典)是重大版教材的特色附录。"Glossary"体现了《2017 年版课标》提出的"满足学生的个性化学习需要"的要求。"Personal Dictionary"也体现了《2017 年版课标》提出的"教材编写应具有开放性,注重培养学生的自主学习能力"的理念。

三、文化厚重:重视培养学生跨文化意识

文化意识是指对中外文化的理解和对优秀文化的认同,是学生在全球化背景下表现出的跨文化认知、态度和行为取向(教育部,2018)。《2017 年版课标》里所提及的诸如节日文化、英美习俗、体育运动、人类文明、英美地理、文学作品等文化知识内容,重大版教材都全面覆盖,而且其中文学作品占比较大,凸显了语言的文学功能。比如,重大版教材《必修第一册》"Challenging Yourself C"的课文"Images of Animals"专门对比了中英文中关于动物的谚语,这有助于学生了解中英文化的异同,增强文化自信。《选择性必修第一册》第 2 单元的课文"Good or Bad?"讲述的是塞翁失马的故事,介绍了中国古人看待问题的态度,从侧面赞扬了中国古人的智慧,目的是让学生"坚定文化自信,形成自尊、自信、自强的良好品格,具备一定的跨文化沟通和传播中华文化的能力"(教育部,2018)。重大版教材《选择

性必修第三册》第一主题“Life and Literature”第1单元以欣赏的形式呈现了美国诗人罗伯特·弗罗斯特的“The Road Not Taken”，然后在该单元“Reading Further”环节中，以演讲稿的形式深化诗人提出的人生选择的哲理，让学生吸取文化精华，形成正确的人生观和价值观。同时，该单元的“Viewing, Speaking and Writing”介绍了柳宗元的《江雪》的英译版。

四、思语合一：强调思维品质与语言能力的协调发展

语言与思维有着千丝万缕的联系。语言是思维的工具，语言与思维相互促进、相互发展。英语教学既要培养学生的语言能力，也要发展学生的思维品质。思维品质指思维在逻辑性、批判性、创新性等方面所表现的能力和水平（教育部，2018）。《2017年版课标》对思维品质进行了科学的分级，包括一级、二级和三级，第三级是最高水平。三级水平中同时又体现了四个层次：观察与比较、分析与推断、归纳与建构、批判与创新。这四个层次由低到高，层层递进，最后达到创新的最高水平。这四个层次是思维品质的逻辑性、批判性和创造性的具体化。

批判性思维是思维品质的最高境界。近年来，尽管国内外学者对批判性阅读的内涵有不同的表述，但大致达成一致的看法，即要求读者在阅读过程中利用预测、分析、质疑、推测、总结、评判等批判性思维方法，达成对阅读理解的深刻理解（徐玉茹，2015）。重大版教材每个单元的阅读课都设有“Activating and Predicting”“Reading, Thinking and Analysing”“Comprehending, Integrating and Creating”三个板块，致力于培养学生的批判性思维品质。

第一个板块“Activating and Predicting（激活与预测）”运用图片、关键词或标题等，激活学生思维，激发学生阅读兴趣，培养学生预测能力。比如，《选择性必修第一册》第2单元“Activating and Predicting”的第一个活动要求学生运用图片与关键词进行描述，以调动学生的阅读积极性。第二个活动则要求学生看标题预测文章的大意。

第二、三两个板块，即读中的“Reading，Thinking and Analysing（阅读、思考与分析）”以及读后的“Comprehending，Integrating and Creating（理解、综合和创新）”，围绕“观察与比较、分析与推断、归纳与建构、批判与创新”一步步展开，旨在培养学生“辨析语言和文化中的具体现象，梳理、概括信息，建构新概念，分析、推断信息的逻辑关系，正确评判各种思想观点，创造性地表达自己的观点，具备多元思维的意识和创新思维的能力”（教育部，2018）。这些恰好就是批判性思维中的分析、质疑、推测、总结、评判能力。

“Comprehending，Integrating and Creating”板块设有5个教学活动。第1个活动要求学生用已经获取的信息完成图表（Diagram），其实这是直观地将阅读的信息进行梳理与概括，是进行批判性思维的前提。第2个活动是在第一个活动的基础上，要求学生从多角度进行讨论，这一步就是对批判性思维的分析、质疑、推测、总结、评判的训练。第3个活动要求学生将所读故事改写成短剧。第4个活动要求学生对故事中的“the young man”“the neighbors”“the father”进行评价，然后总结这个故事告诉人们的哲理。第5个活动是实践运用，将从文本中所学到的哲理与实际联系起来，指导学生遇到某种情形该如何正确处理。这是思维品质的最高境界。整个设计层层递进、环环相扣，将阅读与思维品质的培养完美结合在一起，将教材、教案、学案、课标四者完美地结合在一起。这是重大版教材的又一亮点。

五、注重语篇：强调在语境中培养语言能力

《2017年版课标》指出，“语言能力指在社会情境中，以听、说、读、看、写等方式理解和表达意义的能力，以及在学习和使用语言的过程中形成的语言意识和语感”（教育部，2018）。从这一定义可以看出，语言能力至少有以下几层意义：语言能力首先是社会情境中的语言能力；其次是语言理解的能力；第三是语言的表达能力。要培养语言能力，教材必须提供具有社会情境的语言材料，训练好学生的语言理解能力和语言表达能力。

（一）巧设语境，让学生在真实语境中提高语言能力

语言具有社会情境的特征，这就要求教材选材必须真实。这一点重大版教材做得很好。比如教材每个主题的开场白就是很好的例子。教材编者用第二人称与学生侃侃而谈，犹如一位大师亲临现场，将语言活灵活现地呈现给学生，这让学生感觉他们拿到的不是一本冷冰冰的教材，而是在聆听一位有血有肉有情感的语言大师。比如，《必修第一册》第一主题的开场白：

Congratulations! You are now a senior high school student. How do you usually learn English? And do you have a clear understanding of your destination? Theme A will help you know where you are going and how you can achieve your goals with less effort by understanding your learning styles and thus developing good habits.

学生刚刚从初中进入高中，开场白首先祝贺学生成为一名高中生，接着将话题自然引入英语学习上来，真实而自然。

在呈现主题目标时，重大版教材使用“In this theme, you will...”。在呈现单元目标时，重大版教材使用“By the end of this unit, you will be able to...”。教材中“you”的运用，充分体现了教材输入语言的真实性，同时还体现了以学生为中心的教育思想。

（二）独创旁注，在语篇中训练学生的语言能力

英语中一词多义的现象很普遍。在不同的语境中，同一个词可能有不同的词义（易荣楣 等，2018）。理解一词多义是语言理解的关键。为了让学生有效地获取语言理解能力，重大版教材独创旁注（Margin notes），在语篇中训练学生的词义理解能力。重大版教材的旁注“用简单的插图、选择题、问题、提示语等方式启发学生思考，帮助学生理解，从而逐步获得猜词的能力”（陈书元 等，2012）。旁注除了训练猜词能力，还讲解语言知识。猜词包括根据语境猜词、根据构词法猜词、“构词法+语境”猜词等，要么训练学生猜测生词的词义，要么训练学生了解熟词生义。讲解的语言知识包括语法知识、功能知识等。下面以《必修第一册》第 2 单元的旁注（图 6.1）为例进行

说明。

What Sort of English Learner Are You?

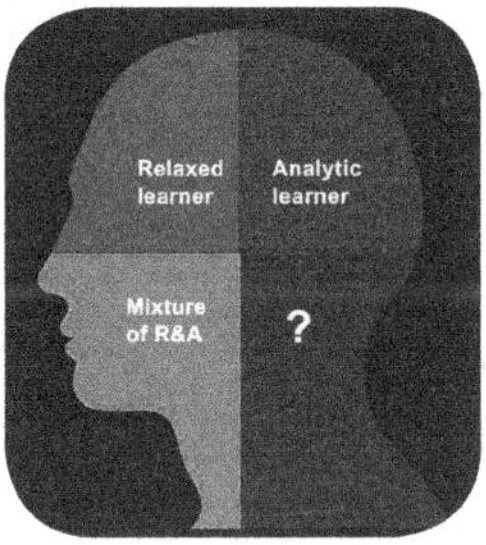

The aim of this quiz is to help you become aware of your own learning style or habits. Read the following comments and you will discover your learner type, and may get some useful advice on English learning.

If your total score is between 23 and 27, you are probably an analytic learner. You may feel it is very important to be as accurate as possible all the time, and you probably prefer the sort of language learning where you think carefully. In order to improve your language learning, try to speak as often as possible, and do not worry too much about your mistakes. Remember, you probably know more than you think!

If you score somewhere between 9 and 13 points, you are probably a relaxed learner. You seem to learn languages without really working hard and you usually enjoy communicating with people. You may feel that you should learn more grammar rules, but you probably don't enjoy this and quickly lose interest. You should therefore try to find more time to learn and set a regular time for learning. Then try to correct yourself

Comment here means ______.
A. *opinion*
B. *explanation*

analyse (*vt.*) 分析
Guess the meaning of *analytic*.

Accurate here means ______.
A. *proper* B. *correct*

Is *score* a noun or a verb in this sentence? What does it mean?

relaxed (*adj.*) = relax (*vi.* & *vt.*) + *-ed*
It means ________ in Chinese.

图 6.1 《必修第一册》第 2 单元旁注

本页右边列了 5 条旁注。第 1、3 条训练学生在语境中猜测词义的能力。第 2、5 条训练学生根据构词法猜测词义。第 4 条训练学生根据词性猜测词义。

作者写文章时，会运用隐喻、借代、提喻等使实词的意思在特定的语境中发生变化。因此，重大版教材的旁注没有局限于生词，而是利用很多学生熟悉的实词训练猜测词义的能力，比如重大版教材《必修第三册》第 1 单元"Turkeys, pumpkins, ears of corn, bunches of grapes and other kinds of food are displayed to symbolize Thanksgiving Day."一句的旁注要求学生猜测"ear"的词义。

（三）运用三维语法观，在恰当的语境中教授语法

重大版教材运用《2017 年版课标》倡导的"形式—意义—使用"三维动态观，"在语境中呈现新的语法知识，在语境中指导学生观察

所学语法项目的使用场合、表达形式、基本意义和语用功能，并通过课内外和信息化环境下的练习和活动，巩固所学语法知识”。重大版教材的语法板块分为三步。第一步“Understanding the meaning”通常提供一篇100词左右的短文，要求学生标出语法内容并说明其作用，实际就是在语境中呈现语法。第二步“Discovering the rule”包含两个活动。这两个活动均为学案式，要求学生观察例子，总结语法规律，即“语法项目的使用场合、表达形式、基本意义和语用功能”。第三步“Applying the rule”包含3个活动。这3个活动由低级到高级，由短语、句子到篇章，训练学生刚学的语法内容。每一个活动都“围绕‘形式—意义—使用’采用和设计不同类型的学习实践，以既有层次又强调整合的多种教学活动来引导学生发展英语语法意识和能力”（教育部，2018）。

（四）设置情境，训练听说能力

重大版教材每个单元都设置了“Listening, Understanding and Communicating”环节。此环节首先以小标题的方式呈现听的主题，听的主题与单元主题相关，活动以听说为主，兼顾读、写、看等的训练，活动设计由低级到高级，层次分明。听力材料的文体有对话、故事、独白、演讲、歌曲、诗歌等。该部分包含4~5个活动，活动包括学习关键词、预测大意、选择、填空、连线、判断正误等，最后根据主题设置情境进行口头对话，从而实现提高学生听说能力的目的。

（五）设置主题语境，训练写作能力

重大版教材每个单元都设置了“Reading/Listening/Viewing, Speaking and Writing”环节。该环节强调写作的基础知识训练和写作过程训练，所写内容与单元主题一致，最后的输出基于“Reading”“Listening”或者“Viewing”，鼓励学生在写前进行同伴讨论、交流，然后在此基础上完成写作。形式有段落、书信、邮件、邀请函、通知、海报、故事、评论、开放性作文等。

六、有机衔接：充分体现学段的自然过渡，循序渐进

重大版教材在初高中衔接方面从多方面做出了努力。一是选材难易度的衔接。高一教材课文的选材基本与初三教材的难易度呈缓坡式上升，没有跳跃式上升的现象。二是内容的衔接。词汇方面，词汇表中的变色部分主要是通过构词法复现初中词汇以及对高中所学词汇的呈现和不断循环，帮助学生逐步养成定期复习的习惯和对词汇进行归纳的词汇学习策略。语法方面，《必修第一册》第1单元的语法为复习初中学过的基本句型，为高中分析复杂的句子打下了良好基础。

教材总体上是落实立德树人根本任务的助推器，是培养学生英语学科核心素养的好帮手。重大版教材凸显育人功能，把育人放在首位，发展语言能力的同时，注重思想品德的培养，很好地落实了立德树人的根本任务。

重大版教材很好地解决了语言能力、文化意识、思维品质和学习能力四大英语学科核心素养的关系。语言是显性的，是外壳，是容器。文化意识、思维品质是隐性的，是语言容器的内容。学习能力的强弱决定掌握语言能力的效果。因此，重大版教材十分注重学习能力、学习策略的培养，努力实现“教是为了不教”的教育思想。教材辩证地、科学地将语言能力与思维品质融合在一起，培养学生语言能力的过程就是发展学生思维品质的过程；语言与思维同步发展。教材还彰显语言的文化功能，在推介国外先进文化的同时，积极推介中国传统文化，“帮助学生树立人类命运共同体意识和多元文化意识，……加深对祖国文化的理解，增强爱国情怀，坚定文化自信，树立正确的世界观、人生观和价值观，为学生未来参与知识创新和科技创新，更好地适应世界多极化、经济全球化和社会信息化奠定基础”(教育部,2018)。

在创设情境、活动设计、内容安排、习题配置、栏目设置、插图、容量与难度等方面，重大版教材充分体现了科学性和创新性。教学内容的安排顺序有自己的特色，先教什么后教什么不是随意安排的，而是非常符合英语教学思想的，具有科学性。阅读任务一环扣一环，层

层铺垫，循序渐进，能很好地锻炼学生的迁移创新能力和应用实践能力，充分体现了《2017 年版课标》的英语学习活动观。

重大版教材的呈现方式非常符合学生的认知规律，符合《2017年版课标》的理念，十分有利于教师教、学生学，是教师非常喜欢的教材，是学生非常喜欢的学材。教材阅读、听说、写作等环节的活动设计充分体现了科学性、实践性和创造性，把课标理念变成可操作的教与学的活动，帮助教师更好地理解课标理念，同时也利于学生更好地自主学习，让学生从"被动的接受者变为主动的建构者"，使教材具有"导教"和"导学"的双向功能。

第二节　教材阅读理解题设计有误

人教 2007 年版《英语必修 2》第 2 页课文"Comprehending"（理解）部分的第 2 题内容如下：

> The following five questions summarize the main idea of the five paragraphs in the passage. Put the paragraph number in the boxes. Then answer the question.
>
> □ How did the Amber Room become one of the wonders of the world?
> □ How was a new Amber Room built?
> □ How did the Amber Room get lost?
> □ How was the Amber Room made?
> □ Why did the King of Prussia give the Amber Room to the Czar of Russia as a gift?

其《教师教学用书》第 16 页上提供的答案为：

> Paragraph 1: How was the Amber Room made?
>
> Paragraph 2: Why did the King of Prussia give the Amber Room to the Czar of Russia as a gift?
>
> Paragraph 3: How did the Amber Room become one of the wonders of the world?
>
> Paragraph 4: How did the Amber Room get lost?
>
> Paragraph 5: How was a new Amber Room built?

笔者认为,教材编写者将课文第 2 段的段落大意归纳为“Why did the King of Prussia give the Amber Room to the Czar of Russia as a gift?”、将课文第 3 段的段落大意归纳为“How did the Amber Room become one of the wonders of the world?”有误。现不揣浅陋,仅在此提出,以求教于编著和同仁。

训练学生概括段落大意就是培养学生的归纳能力。何为归纳?《多功能现代汉语辞海》说,归纳是“一种推理方法,由一系列具体的事实概括出一般原理或规律”(张俊宏,2003)。段落大意具有高度的概括性,是对段落中每一句话的高度概括。概括段落大意通常要用具有概括性的词,将段落中的事实或细节概括起来。比如用“The basic data of the Transition”(2017 年高考英语全国Ⅱ卷)来概括下面一段文字:

“Terrafugia Inc. said Monday that its new flying car has completed its first flight, bringing the company closer to its goal of selling the flying car within the next year. The vehicle—named the Transition—has two seats, four wheels and wings that fold up so it can be driven like a car. The Transition, which flew at 1,400 feet for eight minutes last month, can reach around 70 miles per hour on the road and 115 in the air. It flies using a 23-gallon tank of gas and burns 5 gallons per hour in the air. On the ground, it gets 35 miles per gallon.”

“basic data”是非常具有概括性的词语,它把所有数据(two seats, four wheels, at 1,400 feet for eight minutes, around 70 miles per hour on the road and 115 in the air, a 23-gallon tank of gas, 5 gallons per hour in the air, 35 miles per gallon)都概括了进来。如果用问句来表示,我们可以用“What's the basic data of the Transition?”这个问题,也能起到概括这段文字的作用。而编写者就第 2 段、第 3 段提供的问句不能起到概括相应段落的作用。

请看课文第 2 段原文:

In fact, the room was not made to be a gift. It was designed for the palace of Frederick Ⅰ. However, the next King of Prussia, Frederick William Ⅰ, to whom the Amber Room belonged, decided not to keep it. In 1716, he gave it to Peter the Great. In return, the Czar sent him a troop of his best solders. So the Amber Room became part of the Czar's winter palace in St. Petersburg. About four meters long, the room served as a small reception hall for important visitors.

该段共五句话,可分为两层意思。第一层(该段第1、2句)意思:设计琥珀屋的最初目的——为普鲁士国王的宫殿而建造。第二层(其余部分)意思:琥珀屋被当作礼物送给了俄国彼得大帝,彼得大帝把琥珀屋作为接待贵宾的接待室。这两层意思归纳起来就是琥珀屋建造的目的。从原文来看,并没有提到"为什么普鲁士国王将琥珀屋当作礼物赠送给俄国沙皇",更不能用这句话来概括该段的段落大意。

有人可能认为第3句"However, the next King of Prussia, Frederick William Ⅰ, to whom the Amber Room belonged, decided not to keep it."交代了为什么普鲁士国王会将琥珀屋当作礼物赠送给俄国沙皇。这个观点是站不住脚的。这句话只说明了琥珀屋主人决定不保留它。"不保留"的处理方式有很多种,比如送人、卖掉、毁掉、重造等。如果"送人",普鲁士国王可能有很多人选,为什么偏偏送给俄国沙皇?课文并没有给读者交代。因此,编者以"Why did the King of Prussia give the Amber Room to the Czar of Russia as a gift?"作为该段的段落大意是不恰当的。

根据第2段的内容,笔者认为以"What was the Amber Room made for?"来概括第2段更恰当。

第3段的原文:

Later, Catherine Ⅱ had the Amber Room moved to a palace outside St. Petersburg where she spent her summers. She told her artists to add more details to it. In 1770 the room was completed the way she wanted.

Almost six hundred candles lit the room, and its mirrors and pictures shone like gold. Sadly, although the Amber Room was considered one of the wonders of the world, it is now missing.

该段有两层意思。第一层(前四句)告诉读者叶卡捷琳娜二世派人搬迁琥珀屋、给琥珀屋添加装饰以及装饰的结果。这是该段的主要部分。第二层(最后一句)的意思是:被誉为世界奇迹之一的琥珀屋现在消失了。最后一句其实是过渡句,是用来承接下文的。

编写者将该段的段落大意归纳为"How did the Amber Room become one of the wonders of the world?",未免有些牵强。

如果真的以"How did the Amber Room become one of the wonders of the world?"为段落大意的话,该段的文字应该包含建造琥珀屋的整个工程,即前期工程和后期工程。前期工程是普鲁士国王腓特烈一世(Frederick Ⅰ)派普鲁士最优秀的艺术家用十年所做的所有工程,包括选材、设计、建造以及装饰等。后期工程就是该段介绍的俄国沙皇叶卡捷琳娜二世派人添加装饰这部分工程。

但该段只介绍了琥珀屋的后期工程。后期工程比前期工程规模小得多,用时少得多。叶卡捷琳娜二世所做的工作只是锦上添花的工作。

因此,笔者建议将课本提供的第 3 段的段落大意"How did the Amber Room become one of the wonders of the world?"改为"How did Catherine Ⅱ make the Amber Room more beautiful?(叶卡捷琳娜二世怎样使琥珀屋变得更精美?)"。

第三节　教参编写者,请深度阅读课文

《教师教学用书》是教师在教学中的好帮手,是教学的指南针。它能帮助教师正确理解教材内容。《教师教学用书》的编写者通常是权威专家、教授,是一线教师崇拜的偶像,很多年轻教师对待《教师教学用书》像基督教徒对待《圣经》一样,因此,《教师教学用书》的编写

不能马虎。但人教2007年版《必修1教师教学用书》(以下简称“教参”)第2单元第一篇阅读教学内容(以下简称“课文”)部分分析值得商榷。现在,笔者不揣浅陋,提出与编写者商榷。

一、课文是按时间顺序呈现的吗?

教参第44页中写道“The reading passage in this unit offers a brief history of the English language. Since it presents information in chronological order, it is best to examine it paragraph by paragraph.”(人民教育出版社,2007)

第2句话意思是说,“由于这篇课文是按时间顺序呈现信息的,因此教师最好逐段讲解课文。”这篇课文真的是按时间顺序呈现的吗?

课文介绍英语发展史是从大约公元450年开始的。如果课文是按照时间顺序呈现信息,那么第1段就应该从公元450年讲起,第2段就应该讲公元800年至公元1150年的情况,第3段就应该讲述16世纪的情况,以此类推。但课文却不是这样发展的。课文全文有5段。第1段涉及了三个时间节点:“at the end of the 16th century”“Later in the next century”“Today”。第2段没有标记明确的时间,但从“can understand”推测是介绍现在的情况。第3至5段涉及了“about AD 450 and 1150”“Then gradually between about AD 800 and 1150”“by the 1600s”“In 1620”“Later in the 18th century”“by the 19th century”“now”。

难怪有教师抱怨:“这篇文章的时间混乱。”原来是受教参的误导。

因此,不能说课文是按照时间顺序呈现信息的,只能说课文第1段和第3至5段是按照时间顺序呈现信息的。讲解课文时,最好先不要逐段讲解,而应先分析语篇结构,然后按照结构,先大段(即部分)后自然段进行讲解。

二、课文各段的段落大意究竟是什么？

教参第 46 页中写道：

Let students underline the key sentence of each paragraph or tell you the main idea for each paragraph in their own words.

Paragraph 1：Many people all over the world speak English.

Paragraph 2：Native speakers can understand each other even if they don't speak the same kind of English.

Paragraph 3：Why has English changed over time?

Paragraph 4：Finally by the 19th century the language was settled.

Paragraph 5：English is now spoken wide in South Asia.

非常遗憾地说，教参所给 5 段的段落大意只有第 4 段是对的，其余均不恰当。

下面笔者用话语标记语来论证笔者的观点。

《2017 年版课标》指出，“语篇知识有助于语言使用者有效理解听到或读到的语篇，比如，关于语篇中的立论句、段落主题句、话语标记语的知识可以帮助读者把握文章的脉络，从而提高阅读效果”（教育部，2018）。这里特别提到了话语标记语对语篇理解的作用。

话语标记语是依存于前言后语、划分说话单位的界标（贠霖，2011），是黏附在句子上的、用来分割话语单元的话语成分（缪素琴，2005）。话语标记语包括连接词、介词短语、状语性短语等，其本身具有各自本来的句法特征，同时在话语中具有丰富的语用功能（陈扬等，2016）。王立非、祝卫华（2005）认为，话语标记语的定义有如下功能：话语标记语表明了各种界限（起始或结束话语或者主题的转换）；有助于口语话语中的角色转换或者书面语篇中划分话语成分（标注语篇的片段或段落）；主观上表明了说话人的态度。

说话人使用话语标记语是一种明示，促进和强化了关联，增强了语境效果，使得听话人付出最小的代价推理出说话人的真实意图（贠霖，2011）。这里是说的口头语篇，其实书面语篇也是如此。本课文有明显的话语标记语。

1. 话语标记语“so”告诉我们文章分为两部分。第一部分大意为：英语的变化。第二部分大意为：英语变化的进程。

“so”作为话语标记语表达的语用功能很多,其中有“话题接续功能”(贠霖,2011)。正如柯林斯词典解释的一样,“so”表示开始新话题、引入新问题或对刚说过的问题进行评论(You can use *so* in conversations to introduce a new topic, or to introduce a question or comment about something that has been said.)(Collins,2020)。根据语境我们可以推断,第3段首句中的“so”是表示承上启下的话语标记语,暗示这里是上文与下文的界限,具有话题接续功能,起承上启下的作用。它标志所在的句子为过渡句。过渡句一般位于上段的段末或下段的段首,具有承上启下的作用,即总结上文、开启下文的作用。

“so”是课文两个部分的界标。这句话的前面即第1、2段(从开头到“apartment”)为第一部分。从第3段开始到文章结束为第二部分。根据这个过渡句我们知道,第一部分的段落大意为:“English has changed over time”,即“The changes in English”。第二部分的段落大意,如果只看第3段首句很可能以为是:“Why English has changed over time”,但结合课文标题以及整个第二部分的内容,应该为:“How English has changed over time”,即“The process of the changes in English”。这正好应对课文标题:“The Road to Modern English”。如果段落大意为“Why English has changed over time”,那么课文标题就应该改为“The Reasons for Modern English”。

因此,本课文的篇章结构如图6.2所示。

2. 第1段的时间标记语和数字标记语告诉我们,本段大意为:讲英语的人数和地域在不断扩大。

请看第1段原文:

At the end of the 16th century, about five to seven million people spoke English. Nearly all of them lived in England. Later in the next century, people from England made voyages to conquer other parts of the world and because of that, English began to be spoken in many other

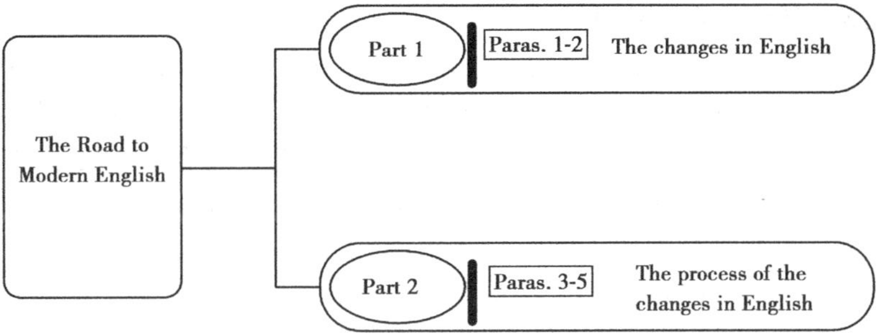

图 6.2　课文篇章结构图

countries. Today, more people speak English as their first, second or a foreign language than eve before.(人民教育出版社,2007)

本段共 4 句话,三层意思。除第 2 句话解释第 1 句话外,其余 3 句话均含有时间标记语:"At the end of the 16th century""Later in the next century""Today"。这 3 个时间标记语明显地标志由过去到现在的时间变迁。"about five to seven million people""Nearly all of them lived in England.""in many other countries""more people... than ever before"为表达人数的同一语义场,数字由小变大,表示人数在不断增加。"people spoke English""English began to be spoken""people speak English"为同义复现。通过这些词汇的纵向分析,不难得出结论:第 1 段强调的是讲英语的人数和地域在不断变化(The changes in increasing areas and numbers of English speakers),这正好印证了笔者上文提出的观点:第一部分的段落大意是"The changes in English"。

因此,第 1 段的段落大意不是"Many people all over the world speak English.",而是"More and more people speak English all over the world."

3. 第2段的例子以及话语标记语“so”告诉我们，本段的段落大意为：英语本身的变化。

上文已经用话语标记语“so”证明第一部分的大意为“The changes in English”，第2段当然要围绕“The changes in English”展开。那么第2段究竟介绍英语哪方面的变化呢？请看第2段原文：

Native English speakers can understand each other even if they don't speak the same kind of English. Look at this example:

British Betty: Would you like to see my flat?

American Amy: Yes. I'd like to come up to your apartment.

这段的关键词为“not the same kind of English”，即“英式英语”和“美式英语”。换句话说，英语经过漫长的岁月演变成了两种不同的英语。“British Betty”是“英式英语”的代表，“American Amy”是“美式英语”的代表。英式英语的“flat”就相当于美式英语的“apartment”。

因此，第2段的段落大意为“The changes in the language itself”，而不是“Native speakers can understand each other even if they don't speak the same kind of English.”

我们可以用思维导图表示课文第一部分，如图6.3所示。

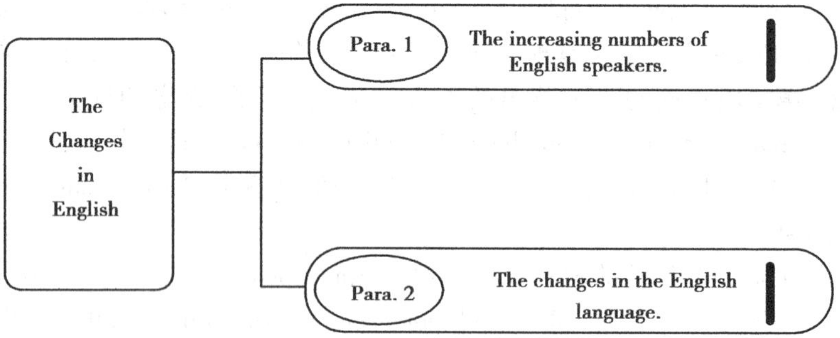

图6.3 第一部分结构图

4. 第3段的话语标记语“actually”否定了前句的意思。

首先,第3段第2句话中的“actually”是常用的话语标记语,含有信息修正功能。“‘actually’有时会引出和上文相反的意思,表明上文中的表面现象、推测估计和预期与下文的实际情况不同,有更正或修正上文的作用,含有转折的意味”(唐斌,2007)。据此,课文中“So why has English changed over time? Actually all languages change and develop when cultures meet and communicate with each other.”这两句话可以理解为:“那么,为什么英语会随着时间的变化而变化呢?其实(没有为什么),所有的语言在不同文化互相交流渗透时都会发展、变化。”“Actually all languages change and develop when cultures meet and communicate with each other.”这句话委婉地回答了“Why has English changed over time?”这一问题。

第二,结合第3段内容进行分析。下文的内容给读者介绍起初英语更像德语而不是像现在的英语,然后渐渐不像德语。到17世纪,英语的词汇量扩大,到19世纪英语定型为英式英语和美式英语。这些内容都是在阐述英语是如何一步一步发展为现代英语的,而不是交代为什么发展为现代英语的。

第三,结合课文标题中的“road”来理解。“road”暗示,课文将介绍英语是“怎么样”发展为现代英语的,而不是介绍英语“为什么”发展为现代英语。该段是文章的主要部分,直接对应文章的标题——“The Road to Modern English”(图6.4)。

最后,“has changed”是“change”的现在完成时。现在完成时表示动作或状态从过去某个时间点起一直持续到现在,而第3段只介绍了公元450年到18世纪这段时间的情况。因此,第3段的段落大意不是“Why has English changed over time?”而是“How did English change between about AD 450 and the 18th century?”

第4段段落大意无误,此处不再分析。

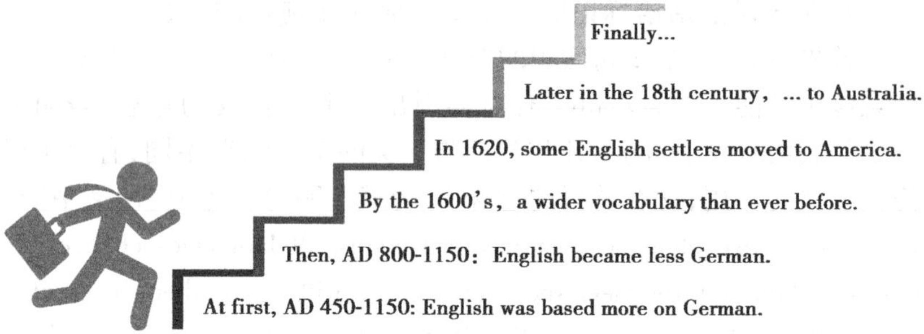

图 6.4 The Road to Modern English

5. 第 5 段第 2 个"also"这个话语标记语暗示本段第 1 句话不是主题句。

请看第 5 段原文：

English now is also spoken as a foreign or second language in South Asia. For example, India has a very large number of fluent English speakers because Britain ruled India from 1765 to 1947. During that time English became the language for government and education. English is also spoken in Singapore and Malaysia and countries in African such as South Africa. Today the number of people learning English in China is increasing rapidly. In fact, China may have the largest number of English learners. Will Chinese English develop its own identity? Only time will tell.

本段第 4 句话"English is also spoken in Singapore and Malaysia and countries in African such as South Africa."中的"also"暗示本句话与第 1 句话为平行关系,即否定了第 1 句话为本段的主题句。这个话语标记语"also"还暗示本段至少有两种情况：本句话前为第一种情况,本句话为第二种情况,本句话之后为第三种情况。这三种情况是按地域来区分的：第一种情况是"South Asia",第二种情况是"Africa",第三种情况是"China"。

因此,本段的段落大意不是"English is now spoken wide in South

Asia.",而是"Now English is widely spoken in Asia and Africa."

根据以上分析,建议:

(1) 教参第 44 页中的"The reading passage in this unit offers a brief history of the English language. Since it presents information in chronological order, it is best to examine it paragraph by paragraph."改为"The reading passage in this unit offers a brief history of the English language. First, ask students to skim the whole passage and answer the questions: 'How many parts can we divide the text into? What's the main idea of each part?' Then examine each part paragraph by paragraph."

(2) 教参第 46 页相应部分改成:

Let students underline the key sentence of each paragraph or tell you the main idea for each paragraph in their own words.

Paragraph 1: More and more people speak English all over the world.

Paragraph 2: The changes in the language itself.

Paragraph 3: How did English change between about AD 450 and the 18th century?

Paragraph 4: Finally by the 19th century the language was settled.

Paragraph 5: Now English is widely spoken in Asia and Africa.

(3) 现在正值新教材投入使用之际,希望新教参的编写者引以为鉴,更加认真解读教材,为一线教师提供更加完美的教学资源。

教参编写者,请深度阅读课文!

第七章　高考研究

第一节　高考英语阅读理解对思维品质的考查研究

《2017年版课标》将思维品质列为英语学科核心素养之一。高考试题中如何测试思维品质是当前英语教学研究的一大热点。

2019年高考英语全国Ⅱ卷阅读理解四选一部分(以下简称“阅读理解”)突出反映了《2017年版课标》的理念,为落实英语学科核心素养的良好导向(辜向东,2008)。国内学者对高考阅读理解的研究主要集中在试题的信效度、难易度和体裁分析等方面,对阅读理解的思维品质进行研究的还很少见。因此,笔者对2019年高考英语全国Ⅱ卷阅读理解的思维品质考查进行了探究,希望能为高考命题人员提供命题参考,为一线教师提供在阅读教学中如何培养学生思维品质的建议,以期更好地落实《2017年版课标》提出的英语学科核心素养。

一、思维品质的定义

《2017年版课标》认为,思维品质是“思维在逻辑性、批判性、创造性等方面所表现的能力和水平”。《2017年版课标》对思维品质的目标进行了明确界定:“能辨析语言和文化中的具体现象,梳理、概括信息,建构新概念,分析、推断信息的逻辑关系,正确评判各种信息观点,创造性地表达自己的观点,具备多元思维的意识和创新思维的能力”(教育部,2017)。

《2017年版课标》对思维品质进行了科学的分级,包括一级、二级和三级。第三级是最高水平。三级水平中同时又体现了思维活动的四个层次：观察与比较、分析与推断、归纳与建构、批判与创新。这四个层次由低到高、层层递进，最后达到创新的最高水平。这四个层次是思维品质的逻辑性、批判性和创造性的具体化。

二、研究设计

（一）研究对象

本研究以2019年高考英语全国Ⅱ卷阅读理解为研究对象，按照《考试大纲》中对阅读理解的六项考点分析各题蕴含的相关思维活动。

（二）研究方法

本研究实施分三步：

第一步：将《考试大纲》中对阅读理解的六项考点（表7.1）进行编号整理（教育部，2019）。

表7.1　阅读理解六项考点

考点	考查内容
考点1	理解主旨要义
考点2	理解文中具体信息
考点3	根据上下文推断单词和短语的含义
考点4	做出判断和推理
考点5	理解文章的基本结构
考点6	理解作者的意图、观点和态度

第二步：从《2017年版课标》对思维品质的分级表中提取思维活动的四个层次，将这四个层次与《考试大纲》针对阅读理解的六项考点进行对比分析，如表7.2所示。

表 7.2　考点与思维品质对比分析

考点	考查内容	思维品质	
考点 1	理解主旨要义	归纳与建构	批判与创新
考点 2	理解文中具体信息	观察与比较	
考点 3	根据上下文推测单词和短语的含义	分析与推断	
考点 4	做出判断和推理	分析与推断	
考点 5	理解文章的基本结构	分析与推断	
考点 6	理解作者的意图、观点和态度	分析与推断	

第三步：将《考试大纲》中的六项考点对应的思维活动作为研究框架，对 2019 年高考英语全国Ⅱ卷阅读理解进行研究。

三、研究分析

（一）阅读理解考点的思维活动分析

1. “归纳与建构”与主旨要义题

归纳是指从许多个别的事物中概括出一般概念、原则或者结论的思维方法。建构是指概念建构。概念建构是人类在认识过程中从感性认识上升到理性认识，把所感知的事物的共同本质特点抽象出来，加以概括，形成概念式思维惯性的活动（王文斌 等，2016）。根据归纳与建构的定义，高考阅读理解试题中，目的意图、文章标题、中心思想和段落大意都属于考查考生归纳与建构思维活动的试题。在做这类题时，考生必须将所获得的信息综合起来，提炼出内在的、本质的属性，用自己的语言表达其内在的属性（易荣楣 等，2018）。

【例 1】（2019 年全国Ⅱ卷）35. What is the best title for the text?

A. NASA：The Home of Astronauts.

B. Space：The Final Homework Frontier.

C. Nature：An Outdoor Classroom.

D. HUNCH：A College Admission Reform.

这是选择最佳标题的考题。文章以国际空间站里的微生物很难清除开头。宇航员们将这一难以解决的问题作为家庭作业布置给美国国家航空航天局的“HUNCH”高中班学生，这些学生就像美国国家航空航天局的工程师一样攻克这个难关。他们没有节假日，也没有考试，不评定成绩，年末时工程师会亲自来审查他们的作业。文章最后告诉读者，这些学生正将他们的作业用电子邮件的方式传给工程师们，学生提供的解决方案即将在太空中试验。文章以“问题—解决模式”发展，以“家庭作业——清除国际空间站里的微生物”为中心展开，因此，B 为最佳答案。

2.“观察与比较”与具体信息题

观察是获取信息的一种知觉活动，是有目的、有计划、比较持久的行为。比较是判断两种事物之间共同点与不同点的方法（王文斌等，2016）。观察与比较能力是做任何事情的基本能力。做英语阅读理解的每一道题都需要观察与比较能力，做理解文中具体信息的题目更是主要运用观察与比较能力。考生在做这类题时，通过观察找准文中具体信息句，然后仔细比较该句与选项，选择字面意思与原句最符合的选项。这一过程与其说是考查英语语言知识，不如说是考查观察与比较的思维品质。

【例 2】（2019 年全国Ⅱ卷）27. Why does the author like doing volunteer work?

A. It gives her a sense of duty.　　B. It makes her very happy.

C. It enables her to work hard.　　D. It brings her material rewards.

此题答案是 B。这道题难在难以找到具体信息句。命题人一般都会通过重新解释或转换表征的方式“隐藏”具体信息的出处。文中“Connecting to the community as you freely give your time, money, skills, or services”就是题干表达的“doing volunteer work”的具体描述。只要仔细观察，认真比较，考生就能识破命题人“隐藏”的具体信息。

3.“分析与推断”题

“分析”在英语中为“analysis”，其英语解释为“a careful

examination of something in order to understand it better”(英国培生教育出版有限公司,2004),意思是“为更好地理解某事物而对它进行仔细的考察”。“推断”在英语里为“infer”,其英语解释为“reach (an opinion) from facts or reasoning”(Hornby,1989),意思是“根据事实或推理得出推论”。词语意义推测题、文章结构推测题、意图观点态度推测题以及其他推测题都会用到“分析与推断”思维品质。

【例3】(2019年全国Ⅱ卷)24. What can we infer about the parent from her reply in Paragraph 1?

A. She knows little about the club.

B. She isn't good at sports.

C. She just doesn't want to volunteer.

D. She's unable to meet her schedule.

这道题是人物观点态度推测题,答案是C。推断文中人物的观点态度,考生必须找准该人物的语言或行为,根据其言行来推断。本文中,这位家长说,如果其他人都不愿意做志愿者的工作,她会做这份工作,作者可以把她当作最后的备选。言外之意就是她不愿意做志愿者的工作。

【例4】(2019年全国Ⅱ卷)25. What does the underlined phrase “tug at the heartstrings” in Paragraph 2 mean?

A. Encourage teamwork. B. Appeal to feelings.

C. Promote good deeds. D. Provide advice.

这道题是词语意义推测题,答案是B。首先,考生通过分析可获取以下信息。一是“heartstrings”由“heart”和“strings”组成,可知此词与心情有关。二是上文提供的事实:作者猜测这位家长对于参与一项不熟悉的运动可能有一些顾虑,作者需要说服她。三是下文提供的事实:作者所举的事例。四是家长的心态转变。根据这些事实考生可推测出,作者是想从感情上打动这位家长。

4. **“批判与创新”渗透各题**

批判与创新指批判性思维(Critical thinking)、创新思维(Thinking

out of the box)。批判性思维意味着理性的怀疑精神,它不盲从权威,而应服从理性、逻辑和真理,一句话,它只对真理负责(郭继民,2019)。创新思维是指提出有别于常规的或常人思路的见解和方法。只要一个人或一群人对其观点和行为做出合理的反思性判断,就要用到批判性思维(法乔恩,2013)。批判性思维是普遍存在的,我们做出任何判断都会用到批判性思维。批判与创新渗透于各题,即使普遍认为最容易的题——具体信息题——也需要批判性思维和创新思维。例如 2019 年全国Ⅱ卷第 34 题。考生容易捕捉到解答此题的具体信息:"Engineers come and really do an in-person review, and... it's not a very nice thing at times. It's a hard business review of your product."难在考生有没有质疑句中"review"的词义。从质疑到推测出"review"为"审查"之意,这个过程就是批判性思维和创新思维的过程。

再如普遍认为较难的标题类题,不但要求考生具有归纳、概括的思维品质,更要求考生具有批判性思维和创新思维。比如,在对 2019 年全国Ⅱ卷第 35 题的 B 选项做出判断时,如果考生没有良好的批判性思维、创新思维能力,就会排除 B 选项。他们无法正确理解此处"final"的词义。(顺便说一下,某一很有影响力的教材教辅研究公司,居然将此题 B 选项译为"最后的功课疆域"! 这足以说明此题要求的批判性思维和创新思维的水平之高!)这里需要考生根据文章提供的信息:"There are no tests. There is no graded homework, other than 'Are you working towards your goal?' Basically, it's 'I've got to produce this product and then, at the end of the year, present it to NASA.'"推断出此处的"final"为"终结性的"之义。这一推断过程就是批判性思维和创新思维的过程。

（二）阅读理解思维品质与考点分布分析

1. 考点与思维品质占比分析

从考点来看，占比由高到低依次为：考点 2 占 40%，考点 4 占 26.67%，考点 1 占 20% 和考点 3 占 13.33%。考点 5 和考点 6 没有涉及。

从思维品质来看，占比由高到低依次为：除“批判与创新”渗透各题以外，“观察与比较”占 40%，“分析与推断”占 40%，“归纳与建构”占 20%。由表 7.3 可以看出，本卷阅读理解对“批判与创新”“归纳与建构”“分析与推断”等高级思维品质考查占比较大，这也充分体现高考落实课标的导向作用——注重对学生逻辑性、批判性和创新思维品质的培养。

表 7.3 阅读理解四选一部分思维品质归类表

<table>
<tr><th>考点</th><th>考查内容</th><th colspan="2">思维品质类别</th><th>题号</th><th>比例</th></tr>
<tr><td>考点 1</td><td>理解主旨要义</td><td>归纳与建构</td><td rowspan="6">批判与创新</td><td>28、31、35</td><td>20%</td></tr>
<tr><td>考点 2</td><td>理解文中具体信息</td><td>观察与比较</td><td>22、23、27、29、33、34</td><td>40%</td></tr>
<tr><td>考点 3</td><td>根据上下文推断单词和短语的含义</td><td>分析与推断</td><td>21、25</td><td>13.33%</td></tr>
<tr><td>考点 4</td><td>做出判断和推理</td><td>分析与推断</td><td>24、26、30、32</td><td>26.67%</td></tr>
<tr><td>考点 5</td><td>理解文章的基本结构</td><td>分析与推断</td><td>—</td><td>0</td></tr>
<tr><td>考点 6</td><td>理解作者的意图、观点和态度</td><td>分析与推断</td><td>—</td><td>0</td></tr>
</table>

2. 考点与思维品质命题倾向分析

考点 1 在本卷中占 3 道题，分别涉及段落大意、全文中心思想和文章标题，全方位考查学生的“归纳与建构”能力。由此可以看出，命题人非常重视“归纳与建构”这类思维品质。

考点 2 占 6 道题，三个层次。最简单的层次：第 22 题和第 23 题，纯粹考查“观察与比较”能力。考生只需根据题干中的关键词就能在文章中获取所需信息。这样的题占比很大，这说明“观察与比较”是一切思维活动的基础，不能忽略。稍难层次：第 33 题和 34 题，以“What”开头的问题。第 33 题考生只要具备必备的语言知识和基本的“观察与比较”能力就能定位信息，再将答案与原文做恰当的释义，就能正确作答。第 34 题要求稍高，难在对“review”的词义的把握。最难层次：第 27 题和第 29 题，两题都是以“Why”开头的问题。以“Why”开头是问句，本身就要求思维的深度，再加上命题人将答案隐藏在文章的字里行间，更要求考生具有良好的批判性思维和创新思维才能正确作答。命题人对考点 2 考查的难易度通过思维品质来体现，层次分明，易、中、难三种层次的题各占三分之一。

考点 3 在本卷占两道题，既有猜短语的意思（第 25 题），又有推测代词所指（第 21 题）。其中，第 21 题较易，第 25 题较难，要求考生具备较强的“分析与推断”能力和较强的批判性思维与创新思维能力。

考点 4 在本卷占 4 道题。第 30 题和第 32 题，题干均含“know about”，第 26 题题干含“learn about”，第 24 题题干含“infer about”。其实无论是“know about”“learn about”还是“infer about”，其意义都是一样的，只是问法不同。这 4 道题都是对具体某人或某物的特征进行推断，要求考生根据捕捉到的事实进行“分析与推断”，在推断过程中同时还要具备较强的批判性思维与创新思维能力。

四、建议

（一）针对高考英语命题的建议

1. 全面覆盖考点，发挥高考正确导向的作用

《考试大纲》是高考命题人命题和一线教师教学的指南。命题人员应该遵循《考试大纲》命题，充分覆盖每个考点，不能厚此薄彼。考

点5和考点6没有考查，这显然不是良好的导向。高中一线教师在训练学生时，如果按照这个导向去训练，对学生的思维品质发展是不利的。因此，建议以后的高考注意改变这种命题倾向，全面覆盖考点，发挥高考正确导向的作用。

2. 增加开放式阅读题型，更好地考查创新思维能力

卡罗尔（Carroll, 1980）指出选择题的弊端："Closed ended multiple-choice tests should only be used on a limited scale, not only because they do not measure directly, but also because of possibilities that they can have a negative effect on teaching back-wash."选择题式阅读理解由于提供了选择对象，尤其不利于考查创新思维能力。因此，建议设置开放式阅读题型，让考生展示批判性思维和创新思维，让考生真正能像《2017年版课标》提出的那样"创造性地表达自己的观点"。

（二）针对高中一线教学的建议

1. 从语篇角度，培养学生思维品质

语言与思维是不可分割的。在科技高度发达的今天，英语教师既要教学生英语语言知识，也要利用阅读文本培养学生的思维能力。这也是《2017年版课标》把思维品质作为学科核心素养之一的重要原因。教师在进行阅读教学时，要充分利用语篇，从文本标题、文本结构、写作意图等语篇角度，巧妙地设计推断、归纳类阅读理解题，训练学生的思维品质。

2. 从词义角度，培养学生思维品质

2019年高考英语全国Ⅱ卷中，有很多低频词、一词多义、熟词生义、根据构词法产生的新词或短语。如果考生没有熟练掌握根据语境推测词义的技能，这些词语无疑会增加阅读的难度。与其说是考查熟词生义，不如说是考查学生推测词义的能力，即思维品质。语义理据是一种心理联想，指词义的引申和比喻（陆国强，1999）。词义与事物或现象的名称的关系也不是固定不变的，它会通过引申和比喻，产生新义。同样的词在不一样的语境中，词义也许就不一样。因此，

教师应该结合语境教授词汇，让学生打开思路，在语境中学会运用语义理据推测词义。这样的教学既是教语言也是训练思维品质。

第二节　高考英语阅读能力研究

一、《考试大纲》要求考生具备的阅读能力

21 世纪初教育部颁发的《普通高中英语课程标准（实验）》对阅读能力评价内容阐述为：找出作者要表达的主要信息；按照要求辨认语言结构、内容、事实发展顺序和程序；辨认内涵的主旨或观念；辨认语篇中的思路发展和逻辑关系；辨认、辨识、比较事实、证据和观点，以及定义和假设等信息；对事实和证据进行评价和判断；根据文中提供的事实和证据得出结论；进行逻辑推断等（教育部，2003）。

《课程标准》是考试命题的基本依据，是教育考试部门制定《考试大纲》的基本依据（雷新勇，2006）。2008 年教育部考试中心颁布的《考试大纲》对阅读的要求是：考生读懂公告、说明、广告以及书、报、杂志中关于一般性话题的简短文章。考生应能：①理解主旨和要义；②理解文中具体信息；③根据上下文推断生词的词义；④做出简单判断和推理；⑤理解文章的基本结构；⑥理解作者的意图、观点和态度。

由此可以看出，《考试大纲》关于阅读的要求与《课程标准》关于阅读的评价基本一致。

二、2006—2008 年高考英语重庆卷阅读能力考题分布

根据《考试大纲》，笔者对 2006—2008 年高考英语重庆卷阅读试题进行了列表分析（详见表 7.4）。表中对《考试大纲》中的六种能力分别做了简化。“主旨要义”指“理解主旨和要义”；“具体信息”指“理解文中具体信息”；“推断词义”指“根据上下文推断生词的词义”；“判断推理”指“做出简单判断和推理”；“文章结构”指“理解文章的基本结构”；“意图态度”指“理解作者的意图、观点和态度”。

表 7.4 2006—2008 年高考重庆卷阅读能力考题分布

年份	主旨要义	具体信息	推断词义	判断推理	文章结构	意图态度
2008	59、61、66、72、75	56、63、69、70、71	58、64	57、62、65、73、74	67	60、68
2007	67、75	57、60、61、62、66	64、68、71	56、58、65、69、72、73、74	70	59、63
2006	58、71	59、62、65、73	61、72	56、57、60、64、68、69、74	63、70、75	66、67

说明：表中数字表示题号，下同。

从表 7.4 我们可以看出，主旨要义题在增加，2006 年和 2007 年均为 2 小题，2008 年为 5 小题。判断推理方面的题在减少，2006 年和 2007 年均为 7 小题，2008 年为 5 小题。文章结构题 2007 年和 2008 年都只有 1 小题。其余题型都趋于稳定。由此表可以看出，2008 年阅读题考查能力分布更加合理、规范，显得更加成熟了。

三、阅读能力考点分析

（一）主旨要义题

主旨要义题是指考查篇章主旨和要义的试题，具体的出题形式包括标题、段落大意和全文大意三种。

表 7.5 2006—2008 年高考重庆卷阅读理解中的主旨要义题考点分布

年份	标题	段落大意	全文大意
2008	59	61、66、72	75
2007	75	—	67
2006	71	—	58

从表 7.5 可以看出,2008 年增加了 3 道归纳段落大意的题目。这是一种新的变化,在 2007 年和 2006 年都没有段落大意的考题。

从三年的命题措辞来看,通常的问题是:“Which of the following would be the best title for the passage?”“What's the passage mainly about?”其关键词基本稳定,或使用“the best title”,或使用“main topic”“mainly about”“main idea”。但 2008 年的问题有所创新:“Which of the following best states Donal Trollop's idea? What does the author try to argue in Paragraph 1?”这两个题的问法值得我们关注。

(二)具体信息题

所谓具体信息题,是指根据文章中的某句话就能确定答案的题。例如 2008 年第 56 题:“Why did the author go to her mother's home?”可以直接从文章的第 1 句话(I arrived at my mother's home for our Monday family dinner.)得知答案为 C(To get together for the family dinner.)。

涉及具体信息的试题可能以“why, what, where, who, how”等问句的形式出现。

表 7.6 2006—2008 年高考重庆卷阅读理解中的具体信息题考点分布

年份	why	what	where	who	how
2008	56	63、70、71	69	—	—
2007	57	60、61	—	62	66
2006	65、73	—	62	—	59

表 7.6 显示,考查具体信息的题中所涉及的问题以“what”为最多,2008 年有 3 题,2007 年有两题。其次是“why”,2008 年有 1 题,2007 年有 1 题,2006 年有两题。然后是“where, how, who”。

另外,注意一点,2006—2008 年高考重庆卷阅读理解中的具体信息题的设问,没有“Which of the following is TRUE/NOT true?”这种问题。

（三）推断词义题

推断词义是阅读的基本能力。高考重庆卷除了直接用 2 至 3 道题来考查之外,还有很多地方都间接考查了推测词义能力。下面分析直接考查推断词义的试题。

表 7.7　2006—2008 年高考重庆卷阅读理解中的推断词义题考点分布

年份	猜词策略				词语类型	
	同义词/反义词解释	同义句解释	上下文暗示	构词法+上下文暗示	生词	熟词生义
2008	58	64	—	—	58、64	—
2007	—	71	—	64、68	—	64、68、71
2006	—	—	61、72	—	61、72	—

2008 年第 58 题原句为:"It looked as if a group of school children had pieced it together: irregular design, childish pictures, a crooked line on the right."画线单词"crooked"与线索出处(She had made straight a crooked line.)相距两段,学生很难找到,难度较大。线索出处关键词"straight"与答案"bent"互为反义词。

第 64 题线索出处紧跟画线单词"juggle"之后,学生容易找到。线索出处是在解释画线单词。

2007 年第 64 题画线单词"forward",学生熟悉的词义是"向前、往前",副词。本题考查的是"forward"的动词词义"寄发"。此处要用"构词法的转化法+上下文"的策略来推测词义。

2007 年第 68 题画线词组为"setting the terms"。"setting"一词学生所熟悉的意思是"解决、放置",而此处是"决定、确定"的意思。学生对"set a date/time"等短语比较熟悉,但对"set the terms"就不熟悉了。"term"一词学生熟悉的意思是"学期",而此处是"条件"的意思。这句话所处句子属于长难句,共有 30 个词,除了考查的单词外,还有一个关键词"shape"也需要推测其意思。原句为:"As a big plant-eater, it largely shapes the forest-and-savanna (大草原) surroundings in which it lives, therefore setting the terms of existence for millions of other animals that live in its habitat (栖息地)." "shape"一词学生熟悉的意思是"形状",这里是动词,意思是"影响、决定"。"shape"带有一个宾语:"the forest-and-savanna surroundings",其后带有定语从句"in which it lives"。"setting the terms of existence"是现在分词作结果状语。

2007 年第 71 题:"No matter what objects they select, artists are to bring forth new forces and forms that cause change—to find poetry where no one has ever seen or experienced it before."这道题也属于熟词生义型,可以采取同义句解释法来推测词义。"where no one has ever seen or experienced it before"这个定语从句就是在解释"poetry"的词义。

2006 年第 61 题:"Collette Vacations has carefully chosen the Costa Victoria as your home away from home for your 7-night journey along the waterways of the Mediterranean."考查画线部分指代什么,可以根据下文提示得知答案。

2006 年第 72 题:"People's food supplies were similarly vulnerable."根据上文(Often strong winds would tear roofs from houses or cause high waves that endangered travelers.)提示可以得知答案为"easy to damage"。

以上试题有以下几个特点:

(1)从数量来看,推测词义的考题数量多,权重大。每年至少 2 个题,甚至 3 个题,至少占整个阅读题的 10%。

(2)从猜词的类型来看,有单词也有词组,有生词也有熟词,有普通词也有专有名词。

(3)从考查猜词的策略来看,考查了"同义词/反义词解释""同义句解释""上下文暗示""构词法+上下文暗示"等策略。

(4) 画线词语所在的句子结构复杂,还有生词障碍。考生要顺利得出答案,必须突破这些障碍。

(四)推理判断题

推理的过程是:找出几个事实(Facts),再经过逻辑推理得出结论。有时根据一条事实就可以得出结论,有时要找到多条事实才能得出结论。需要的事实越多,难度就越大。

表 7.8　2006—2008 年高考重庆卷阅读理解中的推理判断题考点分布

年份	一条事实	两条事实	三条事实	四条事实
2008	65、73	74	57	62
2007	57、66	61、62	—	60
2006	62	65	59	73

分析 2006—2008 年高考重庆卷阅读理解中的推理判断题(表 7.8)可发现以下特点:

(1) 推理判断题难度大,考生必须找到充分的事实。有的题要求找到多条事实,可能涉及一段、两段甚至几段。比如 2008 年重庆卷第 62 题:

62. Paul Davies points out that ________.

事实 1: People will finally realize that two-way trips to the red planet Mars are unnecessary.

事实 2: Cutting the trip home would therefore reduce the danger of accidents, save money, and open the way to building an everlasting human settlement on another world.

事实 3: Enough supplies can be sent on ahead, and more people will be sent to the new colony.

事实 4: Mars has all the materials for a colony to produce or make everything it needs, and Mars is far more pleasant than the other planets in the outer space.

结论：A. humans need only a one-way trip ticket to Mars。

（2）考查考生是否具备分析长难句的能力。比如，2008 年重庆卷第 73 题的事实依据出自长达 38 词的句子。第 74 题的事实依据出自相当复杂的难句："It is not just the availability of the goods that is the problem, but the speed with which new types of products come on the market."这个句子包含了强调句："It is... that..."，还包含了"not only... but (also)..."引导的并列句，还有"with which"引导的定语从句。没有较强的处理复杂句子的能力，学生是很难理解这个句子的意思的。

（3）考查考生是否具备较强的词汇能力。如 2008 年重庆卷第 73 题，涉及"give rise to, access to, a wide range of, lead to, a sense of, powerlessness, end in, give up, find oneself lost in, broad"等 10 个单词或短语。74 题涉及的句子含有"availability, quicken, lifespan"等，考生必须根据构词法推测这些词的意思。

（五）文章结构题

文章结构的把握是理解整篇文章的前提。根据 2006—2008 年高考英语重庆卷来看，文章结构的考查可以细化为以下五个方面：全文结构、段落作用、段落关系、下段预测以及写作方法（表 7.9）。

表 7.9 2006—2008 年高考重庆卷阅读理解中的文章结构考点分布

年份	全文结构	段落作用	段落关系	下段预测	写作方法
2008	—	—	—	—	67
2007	—	—	—	—	70
2006	—	63	70	75	—

（示例）

2008 年：

67. The author develops the passage mainly by ________.

A. providing typical examples

B. following the natural time order

C. comparing opinions from different fields

D. presenting a cause and analyzing its effects

2006 年：

63. What purpose does Paragraph 1 serve in the passage?

A. To provide background information of the topic.

B. To attract readers' attention to the topic.

C. To use an example to support the topic.

D. To offer basic knowledge of the topic.

70. What is the most probable relationship between the two passages?

A. A public request and a newspaper report.

B. A newspaper article and a reply to it.

C. Two parts of a newspaper article.

D. Two newspaper reports.

75. What will the author most probably talk about next?

A. The role of China in the spread of the national flag.

B. The second ancestor of the national flag.

C. The use of modern flags in Europe.

D. The importance of modern flags.

从以上考题可以看出，高考重庆卷主要考查了四个方面：整篇文章的写作结构、某一段在文章中的作用、某两段之间的关系和选文接下来要写什么内容等。2008 年与 2007 年这类考题题目一样，都是考查写作方法。由此，我们是否可以推断重庆今后考查文章结构这方面的能力就只考查写作方法呢？

（六）作者意图和态度题

2006—2008年，这类考题题型稳定，都是以“What is the main purpose of the passage?”来设问，选项所涉及的动词常以“introduce, explain, discuss, express, deal with, describe, show agreement”等来表示目的。

根据上述分析可以看出，2006—2008年高考重庆卷阅读题题型稳定，覆盖了考纲要求的全部能力。在设问方面，2008年在2007年和2006年的基础上有所创新。这就要求考生具有极强的理解能力、分析能力、概括能力。《考试大纲》要求的六种能力，考生必须每种都充分掌握。今后在进行阅读训练时，教师们要有意识地进行各种能力的训练，尤其是推测词义的练习，它是阅读文章的基础。同时要训练归纳主旨大意能力、文章结构分析能力、长难句分析能力、推理判断能力以及具体信息的捕捉能力等。读一篇文章只有了解了文章结构、中心思想、段落大意、具体信息以及作者意图等，才算真正读懂。

第三节　高考英语阅读理解模块研究

一、阅读题话题模块分类依据

（一）模块理论

认知科学家、美国拉特格斯大学和纽约市立大学哲学教授福多（Jerry A. Fodor）在其1983年的《心的模块性》一书中，首先在计算模块的意义上讨论心的模块性问题，指出认知模块是专门化的计算机制（即计算模块）。福多认为，一个系统的模块性在于它具有大部分模块性的性质，而且一个系统所具有的模块性的性质越多，这个系统就越具有模块性（转引自田平，2005）。2020年开始在重庆投入使用的新教材就是采用模块理论编写的。

（二）《英语教学大纲》

2000年版《九年义务教育全日制初级中学英语教学大纲（试用

修订版)》(教育部,2000)提出了16个话题:①家庭、朋友与周围的人;②日常生活;③兴趣与爱好;④文体活动;⑤健康;⑥天气;⑦节假日;⑧旅游与交通;⑨食品与饮料;⑩服饰;⑪文化习俗;⑫世界与环境;⑬教育;⑭科普知识;⑮著名人物;⑯职业。

在我国基础教育界,很多人认为高考、中考应该根据教材进行命题;学校用什么教材,招生考试机构就应该依据什么教材来命题。鉴于这种认识的普遍性,大规模教育考试的研究者和开发者必须考虑教材和教育考试的关系,阐明教育考试与学校教材的关系(雷新勇,2006)。

人教2003年版高中英语教材是全国大多数省份使用的教材,全套教材共五本书、58个单元。笔者按照上述理论依据,将这58个单元重组为10个话题模块。所谓话题模块,是指几个相近或相关的话题整合成一个较高层次的话题单元。例如"友谊""礼仪""对待残疾人""合作""人权"可以组成一个"社会"模块。

二、阅读题与人教版高中英语课本

人教版高中英语课本(以下简称"课本")是教学活动的载体,是师生从事教与学的主要依据;高考试题则是检查教学效果的标尺。下面把课本中的课文按照话题模块理论进行分类,并与高考重庆卷阅读理解进行对比研究,探索这两者之间的联系,以指导今后的教与学。

根据模块分类依据,笔者将课本全套教材58个单元分成10个模块:①社会;②语言;③文学艺术;④文化娱乐;⑤教育;⑥科技与思维;⑦自然与环保;⑧地理与旅游;⑨体育与职业;⑩饮食与保健。

(一)社会

这里所谓的社会,是指人与人之间的关系,包括亲情、友情、爱情,以及同事之间、师生之间甚至与陌生人之间的关系等。关于这个话题,课本从高一到高三共有4.5个单元,占整个单元数量的7.8%。小说类中有5个单元实际也涉及人与人之间的关系,所以加起来共有 9.5 个单元，占整个单元数量的 16.4%。

高一第 1 单元“Goods Friends”谈论朋友和友谊，以及如何处理友谊方面的问题。高一第 6 单元“Good Manners”谈论餐桌礼仪，对比中西方餐桌文化差异。高二第 14 单元“Freedom Fighters”讨论人权和自由战士。高二第 17 单元第一篇课文“Disabilities”讨论残疾问题以及怎样对待残疾人的问题。高三第 11 单元“Social Behaviors and Relation”讨论合作与成功。

关于这方面的考题 2006—2008 年有 2 篇，占三年阅读总篇目（15 篇）的 13.3%。2007 年 A 篇中，仆人通过买主人儿子的画像表达对主人儿子的怀念之情，体现了真挚的主仆关系。2008 年 A 篇通过传家宝（a quilt）表达对奶奶的敬仰之情。

通过比较我们发现，这两年的阅读文章极为相似。那么，我们能否推断之后也会通过某件物品来表达学生与老师的关系或者雇员与雇主的关系，又或者是继续表达家庭成员关系或主仆关系呢？

对比课本文章和高考文章，我们不难发现，课本文章的话题大，比较宏观，而高考文章的话题小，相对较为微观，主要体现了学生的实际生活，其主角往往与学生的年龄相仿。因此，教师在选阅读文章训练学生时，要充分把握这方面的动向。

（二）语言

课本上关于语言的单元有 4 个，占总量的 6.9%。高一第 2 单元“English around the World”讲述英式英语和美式英语的差异。高一第 21 单元“Body Language”介绍了英美等国家常见的身体语言所表达的意义。高三第 5 单元“Advertising and Advertisements”通过广告说明了语言文字运用的重要性。高三第 8 单元“Learning a Foreign Language”讨论了学习外语的方法。

很遗憾，尽管关于语言的话题在课本中占 6.9% 的比例，但 2006—2008 年的高考重庆卷中没有涉及语言方面的话题。不过，2008 年全国Ⅱ卷阅读 B 篇是关于语言的。

（三）文学艺术

课本关于文学艺术的话题非常多，有 11 个单元，但小说（包括科幻小说、侦探小说等）、戏剧属于体裁，不属于话题。像“A Sacrifice for Love”“The Mystery of the Moonstone”“The Necklace”“The Merchant of Venice”“A Christmas Carol”这 5 个单元都是体现人与人之间的关系，属于“社会”话题，应该归于“社会”模块。课文介绍小说（包括科幻小说、侦探小说等）、戏剧、诗歌、新闻媒体、建筑艺术以及文学家、艺术家等，属于话题。这样，这个话题实际为 6 种，占的比例为 10.3%。

小说：高一第 12 单元“Art and Literature”介绍了当今的畅销书“Harry Potter”，高二第 6 单元“Life in the Future”，高二第 12 单元“Jules Verne：the Father of Science Fiction”，高三第 10 单元介绍了美国著名短篇小说“A Sacrifice for Love”，高三第 13 单元“The Mystery of the Moonstone”。

诗歌：高二第 4 单元“A Garden of Poems”介绍了英国诗歌。

戏剧：高一第 15 单元“The Necklace”，高二第 19 单元“The Merchant of Venice”，高三第 7 单元“A Christmas Carol”。

新闻媒体：高二第 2 单元“Behind the Headlines”。

建筑艺术：高二第 3 单元“Modern Architecture”。

高考题中，很多是用故事或者散文反映某种社会现象，所以，高考题中文学艺术所占的实际比例较小。2006—2008 年的高考重庆卷中，2007 年 E 篇“Basic Questions about Art”是关于艺术的，占 6.7%。

（四）文化娱乐

文化娱乐包括电影、文化遗产、音乐、节假日、娱乐、休闲、青年文化等方面的内容。课本这方面的话题有 9 个单元，占总数的 15.5%。

电影：高一第 5 单元“The Silver Screen”介绍了电影人和热门电影。

文化遗产：高一第 7 单元“Cultural Relics”介绍了文化遗产、文化遗产的修复和文化遗产的保护等，高二第 20 单元“Archaeology”介绍了巨石王和三星堆。

音乐：高一第 11 单元“Music”介绍了各种音乐。

节假日：高一第 14 单元“Festival”讨论了关于节日的习俗。

娱乐：高一第 20 单元“Humor”涉及幽默、笑话、喜剧、相声等内容。

休闲：高一第 22 单元“Leisure and Entertainment”介绍了主题公园，高三第 1 单元“Records, Adventure and Hobbies”以吉尼斯世界纪录为载体讨论休闲娱乐的话题。

青年文化：高三第 15 单元“Youth Culture”介绍了青年文化和青年人的爱好。

2006—2008 年高考重庆卷这方面的话题只有一篇，占总数的 6.7%：2006 年 E 篇“Development of the National Flag”。

（五）教育

这里的教育既指各个国家教育制度、学校等方面的情况，也指有教育意义、陶冶情操的故事或散文。课本关于这方面的话题有 3 个单元：高一第 17 单元“Great Women”、高三第 6 单元“Perseverance and Success”以及高三第 12 单元“Education for All”，占总数的5.2%。高考中有教育意义、陶冶情操的故事或散文很常见。在高考重庆卷阅读理解中，2006—2008 年有两篇，占总数的13.3%：2006 年 A 篇“Everyone Has His Own Value in the World”和 2007 年 C 篇“Rosa Parks”。

（六）科技与思维

关于科技与思维方面的文章有 5 个单元，占总数的 8.6%。高一第 9 单元“Technology”主要涉及机器、发明、技术与人文。高一第 16 单元“Franklin's Famous Kite Experience”介绍了富兰克林的著名的风筝实验。高二第 1 单元“Making a Difference”介绍了杰出的科学家及其成就。高二第 11 单元“Science & Scientific Achievements”介绍了中国的硅谷——中关村。高二第 18 单元“Inventions”围绕发明展开，具体涉及科学技术发展、人的思维、思维品质、对发明的认识等。

2006—2008 年高考重庆卷中有 4 篇文章涉及这方面的话题：2006 年 C 篇“Underwater Archaeology”，2008 年 B 篇“A Discussion about Mars”，C 篇“Multitasking”，E 篇“Make a Decision”，占总数的 26.7%。同一套题占了这么大的比例实属罕见！顺便提一下，在 2005 年高考重庆卷中也有一篇属于本话题的文章“Develop Children's Problem-solving Ability”。由此可见，我们在备考时，一定要多花时间和精力在科技、发明、创新和思维方面的文章上。

（七）自然与环保

自然与环保模块包括自然、生态、环保与农业。课本涉及这方面话题的单元有 8 个，占总数的 13.8%。高一第 4 单元“The Rescue”涉及地震、洪水、营救等方面的具体内容。高一第 10 单元“The Environment”涉及野生动物的保护、污染的防治、生活中的环保等。高一第 19 单元“Modern Agriculture”涉及农业发展、传统农业与现代农业、农业与环保等。高二第 9 单元“Saving the Earth”涉及地球所面临的问题、造成这些问题的原因以及解决这些问题的办法等。高二第 10 单元“Frightening Nature”介绍了自然灾害，比如火山、飓风和台风等。高二第 13 单元“Water & the Ocean”讲述了水的化学结构、水的物理性质、水的用途，目的是教会学生如何正确使用和保护水资源。高三第 4 单元“Botany”讨论了植物学相关问题。高三第 14 单元“Zoology”介绍了有关动物学的知识。

2006—2008 年高考重庆卷涉及这方面话题的文章有两篇，占总数的 13.3%。2006 年 D 篇“Tragedy at the Circus”和 2007 年 D 篇“The African Elephant”都是有关动物保护的。可以预测，今后这方面的话题仍然是命题的热点，我们要特别关注灾害、环保、农业与粮食等问题。

（八）地理与旅游

地理与旅游模块包括地理、历史、旅游和探索。课本中地理与历史有 4 篇，旅游和探索有 3 篇，共计 7 篇，占总数的 12.1%。高一第 18 单元、高二第 5 单元和第 16 单元以及高三第 3 单元分别介绍了新西兰、美国、英国和澳大利亚的地理、历史与相关知识。高一第 3 单元"Adventure Travel"介绍了探险旅游。高二第 15 单元"Destination"介绍了世界著名的旅游城市巴西里约热内卢(Rio de Janeiro)和奥地利基茨比厄尔(Kitzbuhel)。高三第 2 单元"Exploration"介绍了中外历史上著名的探险家及其探险活动。

2006—2008 年高考重庆卷涉及这方面的话题有 3 篇,占总数的 20%。2006 年 B 篇"Italian Lakes and Greek Islands"为意大利湖泊和希腊岛屿的广告文。2007 年 B 篇"A Camp Program"以广告的形式,吸引顾客去参加"Shadow Ridge Summer Camps"。2008 年 D 篇"An Attraction—Antigua"与高二第 15 单元极为相似,介绍旅游胜地:危地马拉的帕卡亚火山。

(九)体育与职业

课本共用了 2.5 个单元(占总数的 4.3%)的篇幅来介绍这方面的内容,但 2006—2008 年高考重庆卷没有涉及相关内容。高一第 8 单元"Sports"介绍了奥运会和体育健将姚明。高二第 17 单元第二篇课文介绍了残奥会。高三第 16 单元"Jobs and Careers"以《足球是好的职业选择吗》为题,讨论工作与职业问题。

(十)饮食与保健

课本用了 4 个单元的篇幅来讨论饮食与保健,占总数的 6.9%。高一第 13 单元"Healthy Eating"讨论饮食与健康。高二第 7 单元"Live with the Disease"讨论如何战胜疾病。高二第 8 单元"First Aid"教学生如何进行急救。高三第 9 单元"Health Care"介绍个人、社区、国家以及世界卫生组织如何帮助患者医治疾病。

2006—2008 年高考重庆卷没有涉及此模块。

(十一)小结

根据以上分析,下面列表小结。

表 7.10 课本与高考重庆卷话题模块比例对照表

	社会	语言	文学艺术	文化娱乐	教育	科技/思维	自然/环保	地理/旅游	体育/职业	饮食/保健
课本	16.4%	6.9%	10.3%	15.5%	5.2%	8.6%	13.8%	12.1%	4.3%	6.9%
高考重庆卷	13.3%	0	6.7%	6.7%	13.3%	26.7%	13.3%	20%	0	0
比较	3.1%	6.9%	3.6%	8.8%	−8.1%	−18.1%	0.5%	−7.9%	4.3%	6.9%

表 7.10 显示，从接近度来看，“自然/环保”与“社会”最为接近。高考重庆卷比课本更加重视“科技/思维”“教育”“地理/旅游”，对“文化娱乐”“饮食/保健”“语言”“体育/职业”“文学艺术”等方面的重视程度不及课本。

古人说：它山之石，可以攻玉。我们再来看看 2008 年高考其他地区卷阅读题中的话题模块是怎么分配的。

三、2008 年高考其他地区卷阅读与 2006—2008 年高考重庆卷阅读

社会：共 15 篇，占 19.7%。全国Ⅰ卷 A 篇《父女情深》、北京 A 篇《出租车司机与老太太》、北京 C 篇《同事间送礼泛滥》、北京 D 篇《忠实的朋友》、天津 B 篇《慈善商店：购买捐赠品的好地方》、湖北 A 篇《母亲与孩子》、湖南 D 篇《名人与市场潜力》、四川 A 篇《志愿者》、四川 E 篇《买农场的感受》、辽宁 B 篇《时代的英雄》、辽宁 E 篇《世界大城市的消费情况》、江苏 D 篇《与家人在一起是最珍贵的》、安徽 A 篇《城乡生活利与弊》、安徽 E 篇《丁克家庭越来越多的原因》、广东 B 篇《树立积极的自我形象》。

语言：只有 1 篇，占 1.3%。全国Ⅱ卷 B 篇《英国女王的口音变化》。

文学艺术：共 6 篇，占 7.9%。天津 A 篇《墨西哥裔美国女作

家》、天津 E 篇《美好童年(散文)》、湖南 B 篇《建筑师与陋室改造》、陕西 B 篇《新闻图片》、江苏 C 篇《美术馆参观须知》、广东 C 篇《托尔斯泰笔下的拿破仑》。

文化娱乐：共 8 篇，占 10.5%。全国Ⅰ卷 D 篇《假日广告》、全国Ⅱ卷 E 篇《文化娱乐广告》、湖南 A 篇《图书馆公告》、浙江 B 篇《被困荒岛最思念的是什么(论坛)》、山东 A 篇《"Wingspan Arts Kids"电影节》、安徽 D 篇《电视并未影响书报阅读》、江西 D 篇《知识产权》、宁夏 C 篇《观鲸注意事项》。

教育：共 12 篇，占 15.8%。全国Ⅱ卷 A 篇《教师使失去自信的男孩获得成功》、全国Ⅱ卷 C 篇《谎言就是谎言》、天津 D 篇《被动学习有害》、湖北 B 篇《矫正孩子不良行为的方法》、陕西 C 篇《对文科生自然科学为什么那么难》、浙江 A 篇《听力受损的孩子成功的故事》、福建 B 篇《对赏识教育的质疑》、辽宁 C 篇《学校教育存在的问题》、江苏 A 篇《如何利用时间》、山东 C 篇《成功秘诀：学会反复试验》、广东 A 篇《如何处理亲子关系》、江西 C 篇《Nigel 获奖经历》。

科技与思维：共 10 篇，占 13.2%。全国Ⅰ卷 E 篇《自然学家》、天津 C 篇《鲨鱼预报风暴》、陕西 E 篇《男女大脑的差异》、四川 C 篇《人们为什么要午睡》、浙江 C 篇《孩子需要充足的睡眠》、福建 C 篇《银行卡的功能、优点以及使用》、辽宁 D 篇《为什么南极鱼不会被冻死》、江苏 B 篇《太阳能》、山东 B 篇《手机短信警报系统》、江西 E 篇《太空旅馆》。

自然与环保：共 8 篇，占 10.5%。全国Ⅰ卷 B 篇《新型菠萝》、全国Ⅰ卷 C 篇《将鱼放生》、北京 B 篇《人与动物之间的影响》、湖北 E 篇《回收利用饮水瓶》、福建 D 篇《怎样节能降耗》、浙江 E 篇《从晾衣竿看环保》、山东 D 篇《9 岁女孩的环保组织》、江西 A 篇《独角兽》。

地理与旅游：共 4 篇，占 5.3%。陕西 A 篇《大峡谷游记》、陕西 D 篇《丝绸之路——连接东西方的纽带》、四川 D 篇《大峡谷旅游注意事项》、辽宁 A 篇《世界各地的指路方式》。

体育与职业：共 5 篇，占 6.6%。四川 B 篇《家务活》、浙江 D 篇

《慢跑》、福建 A 篇《残疾运动员》、安徽 B 篇《招聘广告》、安徽 C 篇《登山运动》。

饮食与保健：共 7 篇，占 9.2%。全国Ⅱ卷 D 篇《巧克力治咳嗽》、北京 E 篇《减肥食品对健康的影响》、湖北 C 篇《被黄蜂蜇伤后求救》、湖北 D 篇《工作与休息要平衡》、湖南 C 篇《从打哈欠的传染说起》、福建 E 篇《防晒霜与皮肤癌》、江西 B 篇《特色餐馆开业》。

以上统计了全国Ⅰ卷、全国Ⅱ卷、北京卷、天津卷、湖北卷、浙江卷、福建卷、四川卷、安徽卷、陕西卷、江西卷、辽宁卷、湖南卷、江苏卷、山东卷、宁夏卷、广东卷，共 17 套题。其中湖南卷、江苏卷、山东卷、宁夏卷每卷 4 篇，广东卷 3 篇，宁夏卷 4 篇中有 3 篇与全国Ⅰ卷相同，故只计 1 篇，其余试卷均为 5 篇，累计 76 篇文章。标题是笔者加的。

表 7.11　2008 年高考其他地区卷与 2006—2008 年高考重庆卷话题模块比例对照表

	社会	语言	文学艺术	文化娱乐	教育	科技/思维	自然/环保	地理/旅游	体育/职业	饮食/保健
其他地区卷	19.7%	1.3%	7.9%	10.5%	15.8%	13.2%	10.5%	5.3%	6.6%	9.2%
重庆卷	13.3%	0	6.7%	6.7%	13.3%	26.7%	13.3%	20.0%	0	0
比较	6.4%	1.3%	1.2%	3.8%	2.5%	−13.5%	−2.8%	−14.7%	6.6%	9.2%

表 7.11 显示，从绝对数字来看，其他地区卷最重视“社会”，其次是“教育”“科技/思维”“自然/环保”和“文化娱乐”，再次是“饮食/保健”“文学艺术”“体育/职业”“地理/旅游”等话题模块，对“语言”不太重视。重庆卷最重视“科技/思维”“地理/旅游”，其次是“社会”“教育”“自然/环保”，再次是“文学艺术”和“文化娱乐”。

其他地区卷话题分布广泛，较为均衡，而重庆卷未涉及“语言”

“体育/职业”“饮食/保健”，“科技/思维”“地理/旅游”比重过大。

表 7.12 课本与高考其他地区卷话题模块比例对照表

	社会	语言	文学艺术	文化娱乐	教育	科技/思维	自然/环保	地理/旅游	体育/职业	饮食/保健
课本	16.4%	6.9%	10.3%	15.5%	5.2%	8.6%	13.8%	12.1%	4.3%	6.9%
高考其他地区卷	19.7%	1.3%	7.9%	10.5%	15.8%	13.2%	10.5%	5.3%	6.6%	9.2%
比较	-3.3%	5.6%	2.4%	5.0%	-10.6%	-4.6%	3.3%	6.8%	-2.3%	-2.3%

表 7.12 显示，从接近度来看，“体育/职业”和“文学艺术”“饮食/保健”模块课本与高考其他地区卷最为接近。高考其他地区卷比课本更重视“教育”“科技/思维”和“社会”等方面，而对“地理/旅游”“语言”“文化娱乐”“自然/环保”等方面的重视程度不及课本。

四、思考与建议

（一）对教师的建议

（1）根据以上分析我们可以得知，全国各地高考卷最重视“社会”“教育”“科技/思维”“自然/环保”和“文化娱乐”。但从课本与高考卷之间的比较来看，关于“教育”和“科技与思维”课本所占的篇幅太少。教师在教学过程中应该注意到这种失衡，适当补充这两方面的材料，以拓宽学生的知识面，跟上高考的命题趋势。

（2）对于那些较冷的话题，比如“语言”“地理/旅游”“体育/职业”等，教师在教学中也不能忽略，应始终以大纲、考纲和课本为教学的依据，全面构建学生的知识系统。

（3）打破传统的复习教学模式，采用话题模块式复习。

一直以来，受应试教育的影响，很多地区高三英语教学与复习被禁锢在传统的复习教学中。传统复习教学模式的弊端体现在：课堂单调枯燥,教学高耗低效,学生"高原停滞"与学习能力残缺。教师只一味要求学生机械记忆,而授课模式又如此单一,必然令人生厌;"蜻蜓点水""走马观花""吃夹生饭"的现象比比皆是,学生不能透彻理解知识点,不能真正掌握该掌握的基础知识和技能,甚至出现刚讲过的原题做不对或者干脆不会做的情况,白白耗费学生宝贵的光阴,浪费大量人力、物力、财力。"题海战术"式的做题似乎可以短时生效,但绝不可能持久,尤其对于基础好的学生而言收益不大。

模块教学主要有以下优点:

(1)模块教学中学生是学习的主人,教师是学生学习的指导者。模块教学始终把学生的需要放在第一位,强调学生是学习的主人。教师对学生的指导主要是帮助学生明确自己想要学习什么和需要学习什么,帮助学生安排适宜的学习材料和活动情境,指导学生完成学习任务、达到学习目标。

(2)模块教学强调学生学习的个性化。它承认学生个体差异的客观性,树立起"尊重差异、追求个性、宽容另类"的现代教学观念,大力培养学生的个性品质,培养学生的创新精神。它有意识地为每一个学生提供学习和展示自己的机会,给后进生特别的关注,使每一个学生都能分享到探求的艰辛和成功的喜悦。

(3)模块教学具有很强的实践性。这种教学紧紧围绕学生的需求安排和调整教学内容,综合运用各种教学方法、教学手段,培养学生的能力。

具体操作:

引导学生进行模块归类→激活模块词汇,构建模块磁场→激活模块句型,构建模块句式→激活模块篇章,收集模块文章→写作。

(二)对命题人员的建议

我们都知道,语言测试是语言教学中不可分割的一个环节,其目的一是了解学生的实际语言能力,为教学提供反馈信息,二是反作用于教学,即反拨作用。反拨作用有正面和负面两种。测试如果遵循语言测试的规律、测试内容与方法,体现教学目标和要求,就能产生正面作用；反之，就会产生负面作用。考试作为教育发展与社会需求之间紧密联系的重要一环，对实际的教育过程——教学活动——发挥着巨大的、潜移默化的导向作用，即人们常说的指挥棒作用（包天仁，2004）。

尽管高考有局限性，教育考试内容与学校教育的内容不可能完全一致（雷新勇，2006），但是，人教版高中英语课本是按照大纲要求编写的，其内容是与大纲要求一致的。2000 年版《九年义务教育全日制初级中学英语教学大纲》（试用修订版）明确提出的 16 个话题中含有“健康”与“职业”，而 2006—2008 年高考重庆卷都没有涉及这些内容，这是不是会对教学引起负面效应呢？这个问题值得命题人员深思。

第四节　高考英语具体信息类阅读试题研究

2019 年教育部考试中心颁布的《考试大纲》对阅读的要求是：能读懂书、报、杂志中关于一般性话题的简短文段以及公告、说明、广告等。考生应能：①理解主旨要义；②理解文中具体信息；③根据上下文推断单词和短语的含义；④做出判断和推理；⑤理解文章的基本结构；⑥理解作者的意图、观点和态度。

本文研究其中的第二种能力——理解文中具体信息的能力。

一、具体信息题的概念

具体信息题也称为“细节理解题”（Locating the specific information）。具体信息题，通俗地说就是指那些根据文章的某个具体的信息就能确定答案的题。具体信息题考查考生使用寻读（Scanning）这种阅读技能获取信息的能力。严格说来，“Scanning”是指迅速定位需要的信息，对于不需要的信息则忽略不看。比如，现实生活中看广告、浏览网页等，我们就是运用“Scanning”的技能。在高考中，对“Scanning”的要求更高。高考中，具体信息题通常以“什么”

“为什么”和“怎么样”的形式提出，要求考生对阅读材料中的某一具体事实和细节进行理解。

下面以 2019 年高考英语三套全国卷试题为例，从题型分类、题型特点、干扰项特点等方面进行分析。

二、具体信息题题型分类

（一）What（什么）

问句式：What is special about...? /What is the age range...? /What do the researchers expect of...? /What kind of book is...? /What can we learn about...? /What are the statistics about...? /What do we know about...? /What can we learn about...? /What does sb. say about...? /What can we say about...? /What do... do...? /What did sb. find about...?

（二）Which（哪个）

问句式：Which program favors...? /Which of the following tells...? /Which of the following best describes...?

（三）Who（谁）

问句式：Who were... targeted at?

（四）Why（为什么）

问句式：Why does the author like doing...? /Why does sb. prefer to do...?

这类问题有时不直接用“Why”型特殊疑问句，而用含“reason, purpose, aim”等词语或“nervous”之类表情绪的词语的问句来提问。比如：“What is the purpose of...? /What made... nervous?”等。

（五）How（怎么样）

问句式：How did the monkeys get their reward?

三、具体信息题题型特点

(一)重点考查“什么”和“哪个”

表 7.13 2019 年全国卷三套试题阅读理解中的具体信息题考点分布

分类	什么	哪个	为什么	谁	怎么样
设问	What	Which	Why	Who	How
数量	13	5	1	2	1
比例一	59.1%	22.7%	4.5%	9.1%	4.5%
比例二	50.0%	22.7%	13.6%	9.1%	4.5%

从表 7.13 可以看出,具体信息题问“什么”占的比重很大,占了 59.1%。其次是问“哪个”,占 22.7%。如果将“What made...nervous?/What is the purpose of...?”算在“为什么”这一类,那么“What”类问题减去两个,“Why”类问题加上两个,这样“What”类问题占比 50.0%,“Why”类问题占比 13.6%。

(二)具体信息题在阅读理解中有增加的趋势

表 7.14 2017—2019 年全国卷三套试题阅读理解中的具体信息题题数统计

年份	Ⅰ卷			Ⅱ卷			Ⅲ卷		
	题号	题数	占比	题号	题数	占比	题号	题数	占比
2017	21、22、25、26、28、32、34	7	46.7%	21、23、24、29、32	5	33.3%	21、22、23、25、32、33	6	40.0%

续表

年份	Ⅰ卷			Ⅱ卷			Ⅲ卷		
	题号	题数	占比	题号	题数	占比	题号	题数	占比
2018	21、22、23、25、30、33、34	7	46.7%	21、22、23、24、25、31、32、33、34	9	60.0%	21、22、23、25、26、29、30、31、32	9	60.0%
2019	21、22、23、24、30	5	33.3%	22、23、26、27、28、30、32、33、34	9	60.0%	21、22、23、24、28、30、32、33	8	53.3%

从表7.14可以看出，具体信息题全国Ⅰ卷2017年和2018年一样多，2019年有所减少。全国Ⅱ卷和Ⅲ卷2019年比2017年有所增加。全国Ⅱ卷2017年到2018年增加了26.7%。全国Ⅲ卷由2017年的40.0%到2018年的60.0%，增加了20%。全国Ⅱ卷和全国Ⅲ卷增幅较大。

（三）题干、答案是原文“释义”的结果

尽管是获取具体信息（Locate the specific information），但不一定是直接在原文中寻找答案，而是要经过释义（Paraphrase）和判断才能获取信息，因为题干、答案与原文的措辞通常是不一样的。

四、具体信息题干扰项特点

分析发现，全国卷具体信息题的干扰项有如下几个特点：

（一）貌合神离

干扰项与原文的内容极其相似，只是在程度上有些变动。要特

别注意中心名词的限制词语，如有无定语、状语，定语、状语是否一样，以及时态是否与原文一致等。

【例 1】（2019 年全国Ⅱ卷）33. What is the purpose of the HUNCH program?

A. To strengthen teacher-student relationships.

B. To sharpen students' communication skills.

C. To allow students to experience zero gravity.

D. To link space technology with school education.

问："HUNCH"项目的目的是什么？

原文：根据第 2 段第 1 句"HUNCH is designed to connect high school classrooms with NASA engineers."可知，"HUNCH"项目的目的是把航天技术与学校教育结合起来。

A 干扰项具有"貌合神离"的特点。原文中的"connect... with..."与 A 选项中的"relationship"意思很接近。原文中的"school classrooms"与 A 选项中的"teacher-student"十分相关。但只有 D 选项才与原文意思最为接近。原文中的"connect... with..."与 D 选项中的"link... with..."意思完全相同。原文中的"high school classrooms"就是指代 D 选项中的"school education"，原文中的"NASA engineers"与 D 选项中的"space technology"十分吻合。因此选 D。

（二）大相径庭

干扰项在意思上与原文大相径庭甚至完全相反。

【例 2】（2019 年全国Ⅱ卷）34. What do the NASA engineers do for the students in the program?

A. Check their product.　　B. Guide project designs.

C. Adjust work schedules.　　D. Grade their homework.

根据原文第 3 段最后两句"Engineers come and really do an in-person review, and... it's not a very nice thing at times. It's a hard business review of your product."可知，美国国家航空航天局的工程师们会亲自审查学生们制作的产品。由此判断选 A。

B、C 和 D 三个选项与原文大相径庭。B 选项意思是“指导项目设计”,C 选项意思是“调整工作安排”,D 选项意思是“给他们的家庭作业打等级”,而正确答案的意思是“审查他们的产品”。

（三）无中生有

干扰项是原文根本没有的信息,但问与答有一定的逻辑性和可能性,所以这类选项干扰力很强。

【例 3】(2019 年全国Ⅲ卷)32. What did the researchers do to the monkeys before testing them?

A. They fed them.　　　　B. They named them.

C. They trained them.　　　　D. They measured them.

原文：A team of researchers trained three Rhesus monkeys to associate 26 clearly different symbols consisting of numbers and selective letters with 0-25 drops of water or juice as a reward. The researchers then tested how the monkeys combined—or added—the symbols to get the reward.

这道题的正确答案为 C。

给出的这句话中根本没有“fed”“named”“measured”这样的信息,整篇文章的其他地方也没有这样的信息,因此干扰项纯粹是无中生有。然而,“研究人员在测试猴子之前,给猴子喂食”;“研究人员在测试猴子之前,给猴子命名”;“研究人员在测试猴子之前,量一量猴子的尺寸”,这些都很符合逻辑,也都是有可能发生的事情。

五、讨论与建议

以上特点导致考生在做这类试题时,要么定位不准,要么理解错误。因此,我们建议教师有意识地加强定位的训练、释义的训练和抗干扰的训练。

（一）加强定位的训练

确定特定信息的位置是答对具体信息题的先决条件。我们可以通过寻读的阅读方法来达到目的。

寻读的策略：

1. 明白要寻找什么样的信息。

2. 想一想该信息可能以什么样的形式出现，是数据、日期、名词，还是表格等。

3. 分析内容的组织结构。

4. 运用标题、副标题确认必要的信息可能出现在哪个部分。

5. 以一目十行的速度寻读短文。

6. 不相关的部分忽略不看。

7. 当你找到了这条必要的信息时，读全句，理解上下文的意思。

以上七条，我们可以简化为"带着问题，找到关键，分析原文，判断答案"十六字策略。

【例 4】（2019 年全国 I 卷）30. What do the researchers expect of the smart keyboard?

A. It'll be environment-friendly.　　B. It'll reach consumers soon.

C. It'll be made of plastics.　　D. It'll help speed up typing.

原文：In a study describing the technology, the researchers had 100 volunteers type the word "touch" four times using the smart keyboard. Data collected from the device could be used to recognize different participants based on how they typed, with very low error rates. The researchers say that the keyboard should be pretty straightforward to commercialize and is mostly made of inexpensive, plastic-like parts. The team hopes to make it to market in the near future.

根据题干中的关键词"researchers"和"keyboard"，我们以一目十行的速度搜索发现，全文有 3 个"researchers"、7 个"keyboard"，同一句子含有"researchers"和"keyboard"的只有 3 个。第 1 句是"Researchers from Georgia Tech say that they have come up with a low-cost device（装置）that gets around this problem: a smart keyboard."第 2 句是"In a study describing the technology, the researchers had 100 volunteers type the word 'touch' four times using the smart keyboard."

第3句是“The researchers say that the keyboard should be pretty straightforward to commercialize and is mostly made of inexpensive, plastic-like parts.”再进行第二次筛选,发现第3句中的“should”表示“研究人员期待”的内容。因此,我们锁定这个句子及上下文,再进行第三次筛选,发现第3句的下句恰好与B选项意思一致。“The team”就是“the researchers”,“hope”与题干中的“expect of”同义,“it”指代“the smart keyboard”,“make it to market”与“reach consumers”同义,“in the near future”与“soon”同义。但很多考生没有注意第3句的下文,只关注第3句,造成失误。

(二)加强释义的训练

在日常英语阅读教学中我们发现,学生寻读的能力还是不错的,能够找准特定信息的位置,但是在筛选答案时,往往容易判断错误。这种现象普遍存在。要避免这种现象,建议运用“Paraphrase”的教学方法来提高学生获取具体信息能力。

从上例错题分析可以看出,具体信息题实际上是考查考生“Paraphrase”的能力。学生的薄弱环节是对某个具体细节或某个句子不能正确“Paraphrase”。

什么叫“Paraphrase”呢? 根据《朗文当代英语词典》(Longman Dictionary of Contemporary English),它是指“to express what sb. has said or written using different words, especially in order to make it easier to understand”。它包含两个方面:一是用不同的词表达与原文相同的意思,二是用来重新表达的词要更简单易懂。“Paraphrase”的过程,是一个语言意义从较为复杂到较为简单的重组过程,包括词汇的释义、短语的变化、句子形式的转换、寓意的变化及语体的变化等。简单地说,“Paraphrase”就是用更浅显、更明白的方式解释词语或句子,包括三个层面:词汇层面、句法层面和比喻层面。即使最简单的题也要求考生具有“Paraphrase”的能力。

训练“Paraphrase”的途径很多。教师在教单词时,可尽量使用英语解释生词词义,同时采取下列方法让学生养成用英语解释生词词义的习惯。

1. 同义词替代法

英语中有许多同义词或近义词。教师在上课时要求学生用同义词做改写句子的练习，这就是“Paraphrase”的基础练习。比如，教“awkward”时，教师可让学生改写下列句子：

There was an awkward silence. 改写为：There was an embarrassing silence.

Don't ask awkward questions. 改写为：Don't ask difficult questions.

2. 关系密切词借用法

当甲事物与乙事物有密切关系的时候，可以利用这种关系，以乙事物代替甲事物，这种现象在修辞学中叫借代。比如，“kettle”与“water”关系很密切，所以我们说“The kettle boils.”实际意思是“The water boils.”

3. 省略补充法

具体语境中，在不影响读者的理解的情况下，作者可以省略某些部分。那么在处理这种句子的时候，可以要求学生补全被省略的部分，以达到考查学生是否理解句义的目的。比如例 4 中的“the team”其实就是“the team of researchers”的省略。

4. 句型转换法

英语中同一个意思可以用多种句型来表述。平常的同义句转换练习就是“Paraphrase”的基本练习方式。这种练习可以是一句转换为一句，也可以是一句转换成多句；可以是并列句转换成复合句，也可以是简单句转换成复合句。比如，“He arrived safe.”可以转换成“When he arrived, he was safe.”也可以转换成“He arrived and he was safe.”

（三）加强抗干扰的训练

很多时候考生感觉文章都读懂了，但就是答不对题，其实问题出在其抗干扰能力差。在平常的阅读教学中，教师要根据“Post-reading”的问题，自己编出具有较强干扰力的选项，让学生熟悉干扰选项的特征，找出干扰选项的错误。比如，在处理“Wildlife and Garden Roses”一文时，笔者根据文后的问题“What did Mendel observe in his experiments with peas?”设计了这样 4 个选项：

A. There was no influence of environment on plants.

B. His love for nature was based on the experiment.

C. Many characteristics of environment were passed on.

D. The new science of genetics was given birth to.

学生很快都能找到具体信息的范围，知道要根据课文的第 4 段选择答案。第 4 段原文如下：

During the 1840s and 1850s Gregor Mendel continued his experiments with flowers and peas. Mendel's attraction to research based on his love of nature. Although his experiments were designed to support the idea concerning the influence of environment upon plants, he found many characteristics were passed on from one generation to the next, without influence by the environment. His research gave birth to the science of genetics.

本题正确答案 A，但是选 A 的学生只有 16.5%，错选 C 和 D 的学生占 72.5%，错选 B 的占 11%。

B 是无中生有。C 和 D 干扰力最强。D 与原文意思一致，但答非所问。C 选项属于貌合神离的干扰特征。与原文相比，它只是在“characteristics”后多加了“of environment”作定语，其他完全一样，但这个定语改变了原文的意思。这道题实际只需抓住这句话就可以解决问题：“Although his experiments were designed to support the idea concerning the influence of environment upon plants, he found many characteristics were passed on from one generation to the next, without influence by the environment.（虽然他的实验目的是验证环境对植物有影响，但结果他却发现许多特性是代代相传的，并不受环境的影

响。)”关键词语:“although”和“support”,学生只要抓住这两个关键词就可以知道实验结果与预想相反。

作为教师,我们应该对具体信息题的提问方式、题型特点以及干扰项特点了如指掌,并能运用这些特点独立命题,有针对性地训练学生,同时将“信息定位”和“释义”的方法交给学生。这样长期不懈地坚持下去,让这些方法内化为学生的阅读习惯,学生获取具体信息的能力定会有较大提高。

第五节 高考英语推理判断类阅读试题研究

本文将 2019 年教育部《考试大纲》在阅读方面要求的第四种能力和第六种能力,即“做出判断和推理”以及“理解作者的意图、观点和态度”,合为“推理判断能力”,并对其进行研究。

一、推理判断类阅读理解的定义

推理判断类阅读理解,简称推断(Infer),《牛津高阶英汉双解词典》中该词的解释是“to reach an opinion or decide sth. is true on the basis of the information that is available”。这类题主要考查学生是否具有一般性逻辑思维能力。

高考英语阅读理解中的推理判断题就是考查考生根据文章字面意思、语篇逻辑关系及细节暗示来推敲作者的态度、理解文章寓意的能力。

下面以 2019 年高考英语全国Ⅰ~Ⅲ卷、浙江卷、北京卷为例,从题型分类、题型特点、选项特点等方面进行分析,并提出教学建议。

二、推断题题型分类

（一）细节推断题

这类题要求考生根据语篇描述推断出诸如时间、地点、人物关系、人物身份、行为结果、事件、行为方式等具体细节。2019 年这五套题以考查人物身份、行为结果、事件这三方面为主。提问方式如下：

1. 推断人物身份

（2019 年全国Ⅱ卷）21. Who does "I" refer to in the text?

2. 推断行为结果

（2019 年全国Ⅲ卷）29. What did street sales mean to newspapers?

（2019 年浙江卷）25. What did Bridges want to show by mentioning the bride?

3. 推断事件

（2019 年北京卷）44. What can we learn from the passage?

（二）意图推断题

行为总是有意图的。意图推断题有两类，一类是行为目的，一类是写作目的。提问方式如下：

1. 行为目的

（2019 年全国Ⅰ卷）26. We can infer that the purpose of Whaley's project is to ________.

2. 写作目的

（2019 年北京卷）45. What is the main purpose of the passage?

（三）因果推断题

高考阅读测试中，要求考生根据已知结果推测未知原因或根据已知原因推断未知结果的题称为因果推断题。考生只有准确掌握文章的内涵，理解文章的真正含义，才能找准事物间存在的因果关系，从而推断出最符合逻辑的原因或判断出最可能导致的结果。提问方式如下：

（2019 年全国Ⅰ卷）29. What makes the invention of the smart

keyboard possible?

(2019 年浙江卷)28. Which of the following is well-intentioned but may be bad for big trees?

(四)态度推断题

高考阅读测试中,考查学生对文章作者的主导思想、人物语气、言谈话语中流露的情绪、性格倾向或文中人物的态度、观点等方面的理解的题称为态度推断题。提问方式如下:

(2019 年全国Ⅰ卷)27. Which of the following best describes Whaley as a teacher?

(2019 年全国Ⅰ卷)32. What sort of girl was the author in her early years of elementary school?

(2019 年浙江卷)22. What did Zac realize when Adeline drove to meet him?

(2019 年北京卷)34. How did Moore react to her dad's warning?

(2019 年北京卷)38. How does the author feel about the solutions to the problem of robocalls?

(五)结论推断题

由具体到一般、对已知的事实进行归纳总结性推断的题称为结论推断题。提问方式如下:

(2019 年全国Ⅰ卷)31. Where is this text likely from?

(2019 年全国Ⅲ卷)35. In which section of a newspaper may this text appear?

(2019 年北京卷)37. What can we learn from Alice Moore's story?

(2019 年北京卷)40. What does the passage imply?

(2019 年全国Ⅰ卷)34. What did Dr. Prinstein's study find about the most liked kids?

(2019 年全国Ⅱ卷)24. What can we infer about the parent from her reply in Paragraph 1?

其他常见的提问方式如下:"What can we conclude from the

recent study? /What does the author suggest about the arts in the last paragraph? /What do... have in common?"

三、推断题题型特点

（一）简单推断题比重较大，意图观点推断题比重较小

表 7.15　2019 年全国Ⅰ~Ⅲ卷、浙江卷、北京卷阅读理解中的推理判断题分类统计

	简单推断			意图、观点和态度		合计
	细节推断	因果推断	结论推断	意图推断	态度推断	
题数	5	2	8	3	5	23
比例	21.7%	8.8%	34.7%	13.1%	21.7%	100%

按照推断考查的具体项目，我们把推断题分成五小类，即细节推断题、意图推断题、因果推断题、态度推断题和结论推断题。从表 7.15可以看出，2019 年全国Ⅰ~Ⅲ卷、浙江卷、北京卷考题中有细节推断题 5 道，因果推断题 2 道，结论推断题 8 道，意图推断题 3 道，态度推断题 5 道。结论推断题占整个推断题的 34.7%，比重最大。在《考试大纲》里，细节推断、因果推断、结论推断表述为"做出判断和推理"，即简单推断，占比 65.2%。意图推断、态度推断在《考试大纲》里表述为"理解作者的意图、观点和态度"，占比 34.8%。

（二）推理判断题题数大多为 4~5 题

表 7.16　2017—2019 年全国Ⅰ~Ⅲ卷、浙江卷、北京卷阅读理解中的推理判断题题数统计

年份	全国Ⅰ卷		全国Ⅱ卷		全国Ⅲ卷		浙江卷		北京卷	
	题号	题数	题号	题数	题号	题数	题号	题数	题号	题数
2017	23、24、27、30、33、35	6	22、25、30、34、35	5	24、27、30、31、34	5	24、25、27、29、30	5	58、63、66、67、70	5

续表

年份	全国Ⅰ卷		全国Ⅱ卷		全国Ⅲ卷		浙江卷		北京卷	
	题号	题数	题号	题数	题号	题数	题号	题数	题号	题数
2018	24、26、28、32、35	5	27、29、30	3	24、28	2	22、23、25、26、27、29	6	40、45、48、50	4
2019	26、27、29、31、32、34	6	21、24、29	3	25、29、31、34、35	5	22、25、28	3	34、37、38、40、44、45	6
合计	17		11		12		14		15	
平均	5.7		3.7		4		4.7		5	

从表 7.16 可知,2017—2019 年全国 Ⅰ ~ Ⅲ 卷、浙江卷、北京卷中的推理判断题,最多为 6 题,最少为 2 题,计算可得平均为 4.6 题。与前两年相比,2019 年浙江卷的平均数少 2.5 题。2019 全国 Ⅱ 卷与前两年平均数相比略有下降。其余的都有不同程度的增加。2019 年全国 Ⅲ 卷和 2019 年北京卷均比前两年平均数高 1.5 题,2019 全国 Ⅰ 卷比前两年平均数高 0.5 题。2019 浙江卷题数陡降。

(三)推理条件具有隐藏性和多重性

推断是根据作者陈述的事实,由此及彼地推测出作者没有陈述出来的新信息。作者陈述出来的事实或信息是我们推理的条件,但很多时候,作者展示给读者的推理条件不是那么容易被发现的,这就是推理条件的隐藏性。有时候,需要多个条件才能推断出新信息或新的事实,这就是推理条件的多重性。

【例 1】(2019 年全国 Ⅱ 卷)24. What can we infer about the parent from her reply in Paragraph 1?

A. She knows little about the club.

B. She isn't good at sports.

C. She just doesn't want to volunteer.

D. She's unable to meet her schedule.

这道题如果只根据第1段家长说的"You can use me as a last resort (选择), and if nobody else volunteers, then I will do it."这句话，很难推断出正确答案。结合第2段最后一句话"At this point the unwilling parent speaks up, 'Alright. Yes, I'll do it.'"中的"the unwilling parent",我们就能轻松选出正确答案C。

（四）命题措辞具有多样性

一般说来,结论性推断题通常用"infer, imply, indicate, suggest"等词来提问,但也有"say, learn from, point out, prove, show"及"What do A and B have in common?"等不同的问法,设问方式灵活多样。

四、推断题选项特点

（一）非模态命题为主

这里的"命题(Proposition/Statement)"是逻辑性术语。模态命题指含必然、可能、不可能等模态词的命题。模态推理是指根据模态判断间的关系而进行的推理,其前提和结论是模态判断。非模态命题(Non-modal proposition)是指不含有模态词的命题。诸如性质命题、关系命题、假言命题、选言命题、联言命题都属于非模态命题。高考英语阅读理解推断题以非模态命题为主,模态命题为辅。

研究发现,四个选项中如果有模态命题,又有非模态命题,模态命题很有可能是正确答案。如果有两个模态命题,则其中一个模态命题是正确答案。

【例2】(2019年全国Ⅰ卷)29. What makes the invention of the smart keyboard possible?

A. Computers are much easier to operate.

B. Fingerprint scanning techniques develop fast.

C. Typing patterns vary from person to person.

D. Data security measures are guaranteed.

这四个选项全是非模态命题。

【例 3】(2019 年北京卷)44. What can we learn from the passage?

A. Phytoplankton play a declining role in the marine ecosystem.

B. Dutkiewicz's model aims to project phytoplankton changes.

C. Phytoplankton have been used to control global climate.

D. Oceans with more phytoplankton may appear greener.

A、B、C 三个选项为非模态命题,D 选项为模态命题,因为 D 选项中有模态词“may”。答案为 D。

【例 4】(2019 年全国 I 卷)34. What did Dr. Prinstein's study find about the most liked kids?

A. They appeared to be aggressive.

B. They tended to be more adaptable.

C. They enjoyed the highest status.

D. They performed well academically.

A、B 选项中分别有模态词“appeared to be”“tended to be”,所以 A、B 选项为模态命题,而 C、D 选项为非模态命题。答案为 B。

(二)选项表达方式个性特征明显

推理判断类阅读理解题的选项表达方式有明显的个性特征。细节推断题、结论推断题、因果推断题的选项表达方式以陈述句为主,意图推断题的选项表达方式以不定式短语为主,态度推断题的选项表达方式以形容词为主,偶有动词短语现象。比如上面的例 2、例 3、例 4 分别为因果推断题、细节推断题、结论推断题,其选项均为陈述句。下面的例 8、例 9 为意图推断题,其选项均为动词不定式短语。例 6 为态度推断题,其选项为形容词。

五、讨论与建议

推理判断类阅读理解题一直是让考生感到头痛的题型之一。究其原因,是考生缺乏严密的逻辑思维。那么,在英语阅读教学中,我们可以从以下几个方面入手，训练学生的逻辑思维。

（一）语篇标志词表达的逻辑关系

为了使语篇中句子与句子、段落与段落连接自然，作者通常要运用表示连贯、衔接的词语，这些词语就是语篇标志词。语篇标志词本身就表达某种逻辑关系，读者抓住了语篇标志词就抓住了句子与句子之间或段落与段落之间的逻辑关系。常见的语篇标志词有以下 15 种：举例、列举、比较、转折或对比、原因、结果、方式、时间、地点、目的、条件、分类、补充、强调、结论。

【例 5】（2019 年北京卷）34. How did Moore react to her dad's warning?

A. She argued with him.　　　　B. She tried to find a way out.

C. She paid no attention　　　　D. She chose to consult dentists.

原文：On the outing, she was offered a candy bar. However, her dad reminded her that sugary treats were bad for her teeth. But Moore was sick of missing out on candies. So she desired to get round the warning.

"On the outing"为时间标志词，"However"和"But"为转折标志词，"So"为结果标志词。即使考生不理解"sick of missing out on"和"get round"，但只要抓住了这些语篇标志词，通过其逻辑关系就能够推断这两个短语的意思。我们这样理解这段话："在这次外出郊游的时候，别人给了她一块糖。然而，她爸爸提醒她过，吃糖对牙齿不好。但她____糖，所以她____她爸爸的提醒。"根据语篇标志词传递的逻辑关系，我们完全能猜到第一空应该填"很想吃"，第二空应该填"成功绕过"这类的词语。这样我们就能顺利推断出这道题的正确答案为 B。

（二）人物言行与人物心理的逻辑关系

俗话说，言为心声。在做推理判断类阅读理解题时，我们首先要找到表达"心声"的言行，然后运用逻辑推理，推测人物的"心声"，即我们常说的态度。表达态度的词语有两种，一是表示感情色彩的词语,二是描述人物言行的词语。这些词语往往是读者推断人物内心活动的主要依据。

【例 6】(2019 年北京卷)38. How does the author feel about the solutions to the problem of robocalls?

A. Panicked. B. Confused. C. Embarrassed. D. Disappointed.

原文: Unfortunately, it's too little, too late. By the time these "solutions"(解决方案) become widely available, scammers will have moved onto cleverer means.

通过这两句话,我们能够推断出作者很失望(disappointed)。"Unfortunately""too little, too late"这些富有感情色彩的词语本身就透露出作者"失望"的语气。第 2 句作者说诈骗分子将改用"cleverer"的方法,含有"道高一尺,魔高一丈"的意思,这也透露了作者"失望"的语气。这是通过语言分析心理活动的典型例子。

【例 7】(2019 年浙江卷)22. What did Zac realize when Adeline drove to meet him?

A. She was very impolite.

B. She was serious about the medal.

C. She suspected his honesty.

D. She came from a wealthy family.

原文: Through the Internet, Zac tracked down Corrado's sister Adeline Rockko. But when he finally reached her, the woman flooded him with questions: "Who are you? What antique shop?" However, when she hung up, she regretted the way she had handled the call. So she called Zac back and apologized. Soon she drove to meet Zac in Watertown, N.Y. "At that point, I knew she meant business," Zac says. "To drive eight hours to come to see me."

这道题是考查考生能否正确推断当艾德琳驱车去见扎克时,扎克的心理活动。这是通过人物行为分析人物心理活动的典型例子。首先我们找出富含感情色彩的词语:"flooded""regretted" “apologized”,然后理清这三个关键词的逻辑关系。“flooded him with questions”可以翻译成“像机关枪一样问了他一连串问题”,这里暗示问话的人粗鲁无礼,因此导致她“regretted”,决定回电话去“apologized”,然后驱车八小时去见扎克。这一系列行为无不说明“She was serious”,所以答案为 B。

(三)行为与目的的逻辑关系

甄别行为目的时,应重点抓住表达目的的不定式及其宾语,然后进行分析、判断、推理,从而推断出最符合逻辑的目的。行为分为一般性行为和写作行为,写作意图推断题就是推断作者写作目的的试题。这类题必须根据全文的主题思想进行推断。因此,这类题的干扰选项与主题思想无关。

【例 8】(2019 年全国 I 卷)26. We can infer that the purpose of Whaley's project is to ________.

A. help students see their own strengths

B. assess students' public speaking skills

C. prepare students for their future jobs

D. inspire students' love for politics

原文:Whaley got the idea of this second-grade presidential campaign project when he asked the children one day to raise their hands if they thought they could never be a president. The answer broke his heart. Whaley says the project is about more than just learning to read and speak in public. He wants these kids to learn to boast(夸耀)about themselves.

这是考查行为目的的典型例子,考查考生能否推断威利发起这个项目的目的。第 1、2 句告诉我们,威利发现学生缺乏自信。第 3、4 句告诉我们,威利发起这个项目的目的就是要帮助学生看到自己的优点,帮助学生找到自信。因此,我们在选项中寻找“help”这一关键词。选项 A 含有这一关键词,故为正确答案。

【例 9】(2019 年北京卷)45. What is the main purpose of the

passage?

A. To assess the consequences of ocean color changes.

B. To analyse the composition of the ocean food chain.

C. To explain the effects of climate change on oceans.

D. To introduce a new method to study phytoplankton.

这是考查写作目的的题。根据文章第 1 段“By the end of the century, if not sooner, the world's oceans will be bluer and greener thanks to a warming climate, according to a new study.”我们可以概括出本文的主题思想是气候变暖将使海洋变得越来越蓝、越来越绿。气候变暖与海洋变蓝变绿是因果关系。原因是全球变暖,结果是海洋变蓝变绿。C 选项意为:解释气候变化对海洋的影响。因此,这道题的正确答案为 C。

(四)观点与例证的逻辑关系

写作时,作者要么先提出观点,然后举例来证明这一观点,要么先列举实例,然后根据实例归纳出自己的观点。阅读时,弄清这一关系,就很容易弄清作者的观点。

【例 10】(2019 年浙江卷)25. What did Bridges want to show by mentioning the bride?

A. Women tended to be more sociable.

B. The activity attracted various people.

C. Economic problems were getting worse.

D. Young couples needed financial assistance.

原文:“People of all ages, races, and socio-economic(社会经济的)backgrounds gave and took,” said Tyler Bridges of The Toolbox, which created the project. “We even had a bride in her wedding dress come up to the board and take a few dollars.”

根据“People of all ages, races, and socio-economic backgrounds gave and took”可知,这项活动吸引了各种各样的人,下文提到的那位新娘是支撑上面说法的例证,因此选 B。

（五）出处与主题语境的逻辑关系

文章出处通常与主题语境相关。比如，日记(Diary)通常与“人与自我”的主题语境相关。这一主题语境下包含生活、学习、做人与做事的内容。旅游手册(Guidebook)通常与旅游、自然、地理等内容相关。小说(Novel)是文学范畴，通常与文学相关。杂志(Magazine)包罗万象，可以说任何内容都有可能放在杂志上，不然为什么称为“杂”志呢？因此，命题人为了严谨，通常会问选文“最有可能”出自哪里。

【例 11】(2019 年全国 Ⅰ 卷) 31. Where is this text most likely from?

A. A diary.　　B. A guidebook.　　C. A novel.　　D. A magazine.

本文是一篇说明文，介绍一种防止个人身份和数据在电子空间被盗的高科技智能键盘，由此可推断本文最有可能出自科学杂志上，因此选 D。

推理判断类阅读理解题，是英语阅读理解试题中重要的部分，也是学生最容易丢分的部分。在平常的阅读教学中，我们不仅要教学生学习英语语言知识，更要引导学生探究命题规律，运用逻辑常识正确推理判断，发展学生的思维品质。只有这样，我们才能落实《2017年版课标》提出的英语学科核心素养，提高英语教育教学质量。

第六节　高考英语主旨大意类阅读试题研究

一、归纳主旨大意的常见考题

主旨大意就是作者在文章中表达的中心思想，是文章的灵魂。只有了解了文章的主旨大意，才能读懂文章。抓住主旨大意是解答其他问题的基础和前提。因此，归纳主旨大意是近年来高考阅读理解题中的重点考查内容。高考阅读理解试题中涉及归纳主旨大意的试题主要有三个方面：文章标题、中心思想、段落大意。

（一）文章标题

1. The best title of this passage is ________.
2. Which title best gives the main idea of this passage?
3. What is the main topic of this passage?
4. The best headline for this story is ________.
5. This passage centers on ________.
6. The main subject of the passage is ________.

（二）中心思想

1. The story mainly tells us ________.
2. What's the main idea of this passage?
3. What's the author's main point?
4. Which of the following sentences best expresses the main idea?
5. From the passage we know ________.

（三）段落大意

1. The second paragraph is mainly about ________.
2. The last paragraph informs us ________.
3. What does the third paragraph mainly discuss?

二、归纳主旨大意的方法

归纳主旨大意常用的方法有：文章结构分析法、逻辑推理归纳法和假定验证法。

（一）文章结构分析法

要归纳主旨大意，首先要从文章的结构入手。大多数文章是由主题段、辅助段和结论段组成。如果选文为一段，就是由主题句、辅助句和结论句组成。

主题句/段是一段文章的“统帅”，起支配的作用。辅助句/段围绕主题句展开，说明主题的各种细节或缘由等情况，是为主题句服务的。结论句/段是根据主题句或辅助句所得到的结论，它具有深化主题、发人深省的功能。

我们先看例 1,领悟什么是主题句,什么是辅助句,什么是结论句。

【例 1】Sometimes an animal has a plant partner. The relationship develops until the two partners cannot manage without each other. This is so in the corals of the sea. In their skins they have tiny plants which act as "dustmen", taking some of the waste products from the corals and giving in return oxygen which the animals need to breathe. If the plants are killed, or are even prevented from light so that they cannot live normally, the corals will die.

第 2 句为主题句。第 3、4 句为辅助句,解说二者的依附关系。第 5 句为结论句,深化主题。第 1 句为过渡句,帮助进入主题。根据以上分析我们可以得知,该段的主题为:"Some animals and plants depend on each other for existence."

接着我们看例 2,领悟什么是主题段,什么是辅助段,什么是结论段。

【例 2】(1) Some people take lots of exercise. Others keep to strict diets. But according to recent research, the best way to live a long and happy life is simple: Get a dog.

(2) "We have known for many years that the company of a pet can increase well-being in a number of ways," says Dr. Bonnie Beaver, an animal behavior specialist at Texas University. "For example, the survival rates of heart attack victims with pets are much greater than those of people without pets."

(3) According to Dr. Beaver, pet owners are less likely to need a doctor. They recover more quickly when they do get ill. They have lower blood pressure, take more exercise and are more socially active.

(4) Above all, they are happier. Seventy percent of the families Dr. Beaver surveyed said their family environment was happier after they got

a pet. And this is what Dr. Beaver and other researchers are trying to achieve. They want to find a scientific link between human happiness and a long life.

(5) There is no answer to this question yet, but it seems to have something to do with emotional ties. People with someone or something to love live longer. "There are many forms of animals-human relationship and some are very helpful," says Dr. Beaver. It seems that the more lovely an animal is, the more it benefits our health. As the saying goes, "If you want to be loved, get a dog."

(6) Pet ownership benefits men and women equally. Other life experiences divide the sexes. "Women are more sensitive to bad marriages than their husbands because they work harder at their relationships," says Dr. Janice Glaser of Ohio State University.

(7) The message seems to be that a woman is better off with a good dog than a bad husband. Yet in some ways, men are similar to dogs. They like getting dirty and making a mess. They forget birthdays. They can disappear for days on end. How can they be better trained?

本文第 1 段就是主题段。作者用两个人们熟悉的观点开启文章,然后用一个连词"But"导出他要阐述的观点,即主题句。只要读懂第 1 段我们就知道:要幸福长寿,就养狗。

第 2、3、4、5、6 段是辅助段。第 2 段用一个养宠物的人比没有养宠物的人得心脏病的可能性要小的例子来说明主题;第 3 段是说养宠物的人不必经常看医生;第 4 段说 70% 的家庭养宠物后更加幸福了。第 5、6 两段则分析其原因。

第 7 段为结论段:"从以上信息来看,好像一条好狗比一个坏丈夫对女人更有利。然而,在某种程度上男人与狗有相似之处——不爱干净,不爱整洁,容易忘掉生日,可以连续消失几天。怎样才能把男人训练得更好呢?"文章最后的问题耐人寻味,发人深省,深化主题。

有的主题句在段首，有的主题句在段中，有的主题句在段尾。我们要养成先读文章的首段、再读尾段、最后读中间的习惯。只有这样才更容易把握主题，弄清文义。

找到主题句后，对主题句进行提炼就可得到主题。提炼主题可用剔枝突干法。所谓剔枝突干法，是把主题句的状语、同位语、插入语等次要成分剔除，保留主语、谓语、宾语、定语等主要成分，以得到主题的一种方法。例如：

Although there is a higher percentage of women of childbearing age in this Dragon Year than last year and although the Year of Dragon is a traditional luck period for newborns, fewer babies are expected to be born in Beijing, said Xiong Cunfang, an official of Beijing Family Planning Commission(委员会).

把"Although there is a higher percentage of women of childbearing age in this Dragon Year than last year and although the Year of Dragon is a traditional luck period for newborns"这两个状语从句、插入语"said Xiong Cunfang"和同位语"an official of Beijing Family Planning Commission"剔除，就只剩下"fewer babies are expected to be born in Beijing"了。据此，我们就可以得到其主题："Fewer babies to be born in Beijing in the Year of Dragon"。

提炼出来的主题，可用句子或词组表示。无论是什么形式，它应当具备以下三个特征：

(1) 话题明确；

(2) 内容覆盖全文；

(3) 有限定性。

再看例 1 的主题句。话题是"The relationship"，"between some animals and plants"是对话题的限定。有了限定词语，主题就不偏不倚，且覆盖全文。辅助句和结论句无不在谈此话题。如果我们把该段的主题归纳为"Some animals live better together"，那么话题就成了"Some animals"，就偏题了。

（二）逻辑推理归纳法

有时高考题的选文几乎没有明显的主题段和结论段。但是，没有主题段和结论段，并不等于没有主题和结论。这就要求考生自己去提炼主题或做出结论。

归纳提炼的方法是：先整体，再部分，再整体。即快速浏览全文推测大意，再逐段归纳各段的主题，最后根据每段的主题归纳出全文中心。提炼时必须以事实、线索或逻辑联系为思维活动的依据，以作者的写作目的为准绳。请看例3：

【例3】(2002年上海卷)

婚礼的举行

① The wedding took place in a Birmingham hotel. The bride and her father arrived in a new black American sports car. Her father looked nervous and uncomfortable in front of the cameras. The bride wore a silk wedding dress. She smiled nervously at the waiting photographers and went to a room on the first floor where she met her future husband for the very first time.

新郎新娘的结识

② Carla Germaine and Greg Cordell were the winners of a radio station's competition. The aim of the competition was to find two strangers prepared to marry without having met each other. Miss Germaine, 23, is a model. Mr. Cordell, 27, is a TV salesman. They were among the two hundred people who entered for a peculiar "experiment" organized by BMRB radio in Birmingham, England. Greg and Carla were among eight finalists who were interviewed live on radio. They took a lie detector (测谎仪) test and the station also spoke to their friends and families about their personalities. The competition judges included an astrologer (占星家) who declared that they were suited.

亲人对该婚姻的态度	③ The couple celebrated their wedding with a wedding breakfast and a party for 100 guests in the evening, but not everyone shared their joy. Miss Germaine's mother looked anxious throughout the wedding and Mr. Cordell's parents are reported to be less than delighted.
社会对该婚姻的态度	④ Organizations, including the marriage guidance service Relate, have criticized the marriage. As one person put it, "We have enough problems getting young people to take marriage seriously without this. Marriage should always be about love."
新郎新娘度蜜月	⑤ The couple are now on a Caribbean honeymoon followed by journalists. Their other prizes include a year's free use of a wonderful apartment in the center of Birmingham, and a car. But will it last?

全文共5段,没有主题段和结论段。根据上述方法,阅读时可按如下步骤进行:

(1) 快速浏览全文,重点抓住每一段的首句,因为首句很可能就是主题句(本篇就是如此)。

(2) 用铅笔画线,仔细阅读。

(3) 归纳段意。

① Where the wedding took place.

② How the two strangers became husband and wife—the couple were winners of the competition.

③ How their parents felt about their wedding.

④ How the organizations like the wedding.

⑤ The couple are on a honeymoon.

(4)提炼主题。根据各段大意不难看出,"Two strangers and a

wedding”是其主题。

（三）假定验证法

阅读题中，出题者往往要给出四个标题让我们选择。选择时我们可以先假定某选项为正确的，然后根据文章写作的方法去推断按该选项文章该如何展开，最后对照文章行文。这就是假定验证法。假定主题时注意不要太大，也不要太小，要合适。阅读下文，判断哪一项为最佳选项。

【例 4】

The eastern Indonesian island of Komodo is proving a hit with adventurous tourists eager to catch a glance of the world's largest lizard species. The island is the home of the huge lizard called the Komodo dragon.

A later species of the Jurassic period dinosaurs 130 million years ago, the Komodo dragon is in danger and has been placed under protection by the Indonesian government.

The huge lizard is called “Buaya Darat” by the local people who show great respect for the species. Tales handed down over generations of islanders speak of the dragon warning people getting close to crocodiles.

The animal can reach a length of three meters when fully grown, gain a weight of about 135 kilograms and may live to an age of about 100 years. It digs a hole in the ground as deep as 9 meters and lay eggs—up to 30 at a time—that hatch in April or May. The newly hatched lizards, about 45 centimeters long, live in trees for several months.

Komodo dragons have been known to eat smaller members of the species and sometimes even other grown-ups. The Komodo dragon was first discovered in 1912 by a group of fishermen who protected themselves from a storm in the Banda Sea on the island.

Various species of the Komodo dragons are also found in Asia, Australia and Africa, but it is only on Komodo and the western tip of the neighboring island of Flores that they grow up to three meters long.

This passage is mainly about ________.

A. the largest crocodile in the world

B. the story of a dragon in Indonesia

C. a kind of dragon—the Komodo dragon

D. how the Komodo dragons were found and protected

假定 A 为正确答案,那么文章就会以该动物的大小为中心展开,而事实上,文章只用了一段的篇幅描述了该动物的大小,而且也未说是世界上最大的鳄鱼。假定 B 为正确答案,那么文章应该讲述有关该动物的故事,比如,有一次它救了一个人什么的,但文章没有这样去展开。假定 D 为正确答案,那么文章就会以怎样发现和保护该动物为中心去展开,但文章只用了两句话轻描淡写地提了一下,选 D 就会犯以点带面的错误。假定选 C,那么文章就会描写该动物的生长环境、体重、体长、吃什么等,本文刚好是这样展开的,所以 C 为最佳选项。

第七节　高考英语“七选五”阅读试题研究

任何符合逻辑的语篇中,句子与句子之间在结构上和意思上都存在一定的逻辑关系,这种关系就是句际关系。笔者认为,句际关系主要有对应关系、顺接关系、转折关系、解释关系、因果关系和比较关系六种关系。高考英语“七选五”就是考查考生分析句际关系能力的试题。下面,笔者将详细阐述六大句际关系的概念,具体分析 2019 年全国卷中的“七选五”试题是如何体现“六大句际关系”的,并给出运用“六大句际关系”解答高考英语“七选五”试题的技巧,以期能抛砖引玉。

一、“六大句际关系”的概念

（一）对应关系

对应关系指两个或两个以上句子的部分词语在概念上相互对应，这种对应关系主要依靠词的复现建立。复现包括原词复现、指代复现、同义词复现、反义词复现、上下义词复现。

1. 原词复现

原词复现是句子与句子之间的重要衔接手段。抓住原词复现的规律，是做“七选五”的重要策略。原词还包括同根词。由于英语单词在不同的语境中要做相应变化，因此，同根词也看作原词。比如“set”与“setting”，“do”与“done”，“mouse”与“mice”，“good”与“better”等，每组分别都可看成原词复现。

2. 指代复现

指代复现是用人称代词、物主代词、指示代词、反身代词、连接代词、关系代词等代替上文的人、事物或事件。英语中为了避免重复上文提到的人、事物或事件，通常会使用不同的代词代替它们。这种现象十分普遍，在高考“七选五”中占比很大。

3. 同义词复现

同义词复现是指句子与句子之间通过同义词实现衔接。这里说的同义词是广义的同义词，包括近义词，同时词性也不要求相同。比如“people”与“crowds”，“flexible”与“change”，在一定的语境中可以视为两对同义词。

4. 反义词复现

反义词复现是指上下文之间存在意义相反或相对的语义关系的再现。比如，在“Chemical fertilisation, for example, helps to produce better crops, but is harmful to the environment. New techniques should increase agricultural production but also be friendly to the environment.”这两个句子中，“harmful to”与“friendly to”具有反义关系，属于反义词复现。

5. 上下义词复现

上义词是对事物的概括性、抽象性说明。下义词是事物的具体表现形式或为更具体的说明。上下义词的关系是内包关系。上下义词的作用在于,在语篇主题保持、发展和转换的过程中,作者可运用上义词和下义词使语篇成为一个有机的整体,更有逻辑。比如,“fruit”相对于“apple”为上义词,“apple”相对于“fruit”为下义词。上义词往往出现在语篇的开头。一篇文章中,上义词往往出现在第1段。如果是一段短文,上义词往往出现在段首,下文再用具体的词语对上义词进行具体叙述。当然,也有出现在其他位置的情况。

（二）顺接关系

顺接关系指两个或两个以上的句子具有同等、并列的关系,或者两个或两个以上的句子表示动作、状态先后发展的顺序关系。作者常用“also, besides, in addition to, apart from”等表示并列或递进关系的语篇衔接词来表示并列关系。有时作者不用明显的衔接词,而用动作发生的先后顺序来表示顺序关系。比如,“A team of researchers trained three Rhesus monkeys to associate 26 clearly different symbols consisting of numbers and selective letters with 0-25 drops of water or juice as a reward. The researchers then tested how the monkeys combined—or added—the symbols to get the reward.”第1句话中的“trained”与第2句话中的“tested”具有先后关系。

（三）转折关系

句子与句子之间存在着的语意相反的关系就是转折关系,通常由表示转折的词语连接。常见的表示转折的词语有:“however, but, although, though, while, on the contrary, instead”等。

（四）解释关系

解释关系指后面的句子对前面的句子做解释、引申、例证,使意义更加具体、明了。比如,“On one part of the screen, a symbol would appear, and on the other side two symbols inside a circle were shown.

For example, the number 7 would flash on one side of the screen and the other end would have 9 and 8."第 2 句话以例证的形式对前面一句话进行了阐述和解释。

（五）因果关系

原因和结果是揭示客观世界中普遍联系着的事物之间先后相继、彼此制约的一对范畴。原因是指引起一定现象的现象，结果是指由于原因的作用而引起的现象。因果关系是指前后两个句子互为因果，要么前因后果，要么前果后因。

（六）比较关系

表示比较异同或表示比较等级的句子关系是比较关系。说明前后内容相同时，可能出现"similarly, like"等衔接词；说明前后内容不同时，衔接词通常用"as a contrast, on the contrary, on the one hand... on the other hand"等。比较等级就是我们常说的比较级、最高级以及原级比较。

下面笔者以"六大句际关系"为考点，分析 2019 年三套全国卷中的"七选五"试题的命题倾向。

二、从"六大句际关系"看 2019 年全国卷中的"七选五"试题

运用"六大句际关系"分析 2019 年高考英语全国卷三套试题发现，考查最多的是对应关系，其次是顺接关系，转折关系、解释关系和因果关系各考查一题，比较关系未涉及。对应关系的五种复现中，考查最多的是原词复现，其次是指代复现。上下义词复现占 3 道题，同义词复现占两道题，反义词复现未涉及。同时还有一个特征：大多数题都含有两种甚至三种句际关系。具体情况如表 7.17 所示。

表 7.17　2019 年高考英语全国卷“七选五”试题考点分析

考点		卷区及题号		
		Ⅰ卷	Ⅱ卷	Ⅲ卷
对应关系	原词复现	36、37、38、40	36、37、38、39、40	36、37、39
	指代复现	38	37、38、39、40	38
	同义词复现	40	39	—
	反义词复现	—	—	—
	上下义词复现	38、39	—	36
顺接关系		36	—	39
转折关系		—	40	—
解释关系		37	—	—
因果关系		—	—	40
比较关系		—	—	—

根据以上分析，我们做“七选五”时，一是依据句际关系的考点分布情况，首先要考虑原词复现和指代复现，再考虑其他关系。二是依据多重句际关系的特点，不能只考虑一种句际关系就得出答案，要多角度分析句际关系，这样才能提高试题的答对率。下面以历年全国卷的“七选五”试题为例，看看如何运用“六大句际关系”解答“七选五”试题。

三、运用“六大句际关系”解题技巧详述

【例 1】（2019 年Ⅰ卷第 36 题）

We all grew up hearing people tell us to “go out and get some fresh air.” __36__ According to recent studies, the answer is a big YES, if the air quality in your camping area is good.

E. But is fresh air really as good for you as your mother always said?

这道题的答案句与空格前、后句具有两种句际关系。一是对应

关系中的原词复现。答案句中的“Fresh air”对应空格前句中的“fresh air”以及空格后句中的“air”，属于对应关系的原词复现。二是顺接关系。根据空格后面的“the answer is a big YES”，推测前面一定为一般疑问句，因为只有一般疑问句才能用“YES”来作答。这一问一答即顺接关系。

【例 2】(2019 年 I 卷第 37 题)

… __37__ If the air you're breathing is clean—which it would be if you're away from the smog of cities—then the air is filled with life-giving, energizing oxygen.

A. Fresh air cleans our lungs.

这道题的答案句与空格后句具有两种句际关系。首先答案句与空格后句具有对应关系，空格后句中的“the air”指的就是答案句中的“Fresh air”，属于对应关系中的原词复现。其次，答案句与后句还具有解释关系。答案句意思为“新鲜空气可以洗肺”。后面一句话具体解释“新鲜空气洗肺”的功能：“如果你呼吸的空气清洁——倘若你远离城市的雾霾，空气就应该是清洁的——那么空气里全是让人充满活力与生命力的氧气。”

【例 3】(2019 年 I 卷第 38 题)

… __38__ In these places patients can go to be near nature during their recovery.

G. All across the country, recovery centers have begun building Healing Gardens.

这道题的答案句与空格后句具有三种复现对应关系：(1)原词复现。答案句与空格后句中均出现了“recovery”，因此这两句话运用原词复现实现句子与句子之间的衔接。(2)指代复现。空格后句中的“these places”指代答案句中的“recovery centers”，答案句与空格后句具有指代关系。(3)上下义词复现。空格后句中的“places”相对于答案句中的“recovery centers”互为上下义词关系。

【例 4】(2019 年 I 卷第 39 题)

... Hospital patients who see tree branches out their window are likely to recover at a faster rate than patients who see buildings or sky instead. __39__

C. Being in nature refreshes us.

这道题的答案句与空格前句具有上下义词复现的对应关系。"nature"是对"tree branches"的高度概括,"tree branches"是对"nature"的具体说明,因此,它们互为上下义词。

【例 5】(2019 年 I 卷第 40 题)

__40__ While the sun's rays can age and harm our skin, they also give us beneficial Vitamin D.

D. Another side benefit of getting fresh air is sunlight.

这道题的答案句与空格后句具有两种对应关系:(1)原词复现。答案句中的"benefit"与空格后句的"beneficial"可以视为原词复现。(2)同义词复现。答案句中的"sunlight"与空格后句中的"the sun's rays"为同义词。

【例 6】(2019 年Ⅱ卷第 40 题)

... For example, you may want to be a pilot but can't become one because your eyesight is not good enough. __40__ You should reassess your goals, and motivate yourself to set a fresh goal.

C. However, this should not discourage you.

这道题的答案句与空格前、后句具有三种句际关系:(1)原词复现。答案句中的"you"与空格前、后句中的"you"为原词复现。(2)指代复现。答案句中的"this"为指示代词,指代前面的因为视力不好不能成为飞行员这一情况。(3)转折关系。之前讲的是个人情况对目标的影响,比如视力不好决定了你当不了飞行员。答案句用了"However"表示转折,"这不应该让你泄气"。前后语义相反。

【例 7】(2019 年Ⅲ卷第 39 题)

... If you are in need of a deadline extension, simply explain the situation to the professor. ___39___

C. If more information is needed, they will ask.

这道题的答案句与空格前句有两种句际关系:(1)对应关系的原词复现。答案句中的"needed"与前句中的"need"可以视为原词。(2)顺接关系。答案句中的"If more information is needed, they will ask."可以改写成"If they are in need of more information, they will ask."这样"If they are in need of more information, they will ask."与"If you are in need of a deadline extension, simply explain the situation to the professor."具有同等、并列的关系。

【例8】(2019年Ⅲ卷第40题)

Don't openly express annoyance at a professor or class. ___40___

F. Everyone has taken a not-so-great class at one time or another.

答案句与空格前句具有因果关系。空格前句"Don't openly express annoyance at a professor or class."与答案句"Everyone has taken a not-so-great class at one time or another."互为因果关系。意为"不要公开对老师或班级不满,因为每个人都可能上过不太满意的课"。

【例9】(2016年Ⅲ卷第40题)

There are many common methods used to cook fish. ___40___

B. The easiest is to steam it.

答案句与空格前句具有比较关系。答案句中的"The easiest"是指空格前句提到的"many common methods"中的"最容易的"烹鱼方法,在与前句的"many common methods"进行比较。

高考英语"七选五"试题旨在运用英语知识考查考生分析问题、解决问题的能力。句际关系是复杂的,句子与句子之间大多存在多重关系。一个句子,由于在语篇中的位置不同,可能与前句是这种关系,与后句是另外一种关系,甚至与前句或后句存在两种甚至三种关系。因此,教师在教学过程中要引导学生多角度地分析语篇中的句际关系。比如2019年全国Ⅱ卷第40题,可以从原词复现、指代复现和转折关系三个角度分析句际关系。这样,既培养了学生的英语语言能力,又发展了学生的思维品质。

第八节　高考英语阅读理解中的熟词生义研究

调查表明,阅读理解中的熟词生义比生词本身的障碍要大得多。原因有三：其一,高考对生词的数量有量的规定,不得超过3%;其二,熟词生义很容易引起考生的误解;其三,熟词生义的数量没有限制。如果这种现象在一篇文章中出现较多,那就更难理解了。为了更好地克服这一现象,下面我们从高考阅读理解题中选出一些含有生义的熟词,以供研究。

注：题后括号中第一个字母N代表全国高考题,S代表上海高考题,B代表北京高考题;数字代表年份;最后的字母代表篇目。

1. Many of the problems are of college level and these pupils can figure them out. (N1997A)

   A. work them out　　B. add them up

   C. guess them　　D. study them

【答案与解析】我们熟悉的"figure"是作名词,意思是"画像;塑像;数字";此处是动词,意思为"描绘;塑造;计算"。"figure out"是固定词组,意思是"计算出;领会到"。因此,正确答案为A。全句可译为："很多题都是大学水平,这些小学生都能做对。"

2. Named after China's most famous mathematician, Hua Luogeng, the contest started in 1986, one year after his death. (N1997A)

   A. Known by name　　B. Called back

   C. Given the same name as　　D. Called by

【答案与解析】我们熟悉的"name"是作名词,意思是"名字;姓名";此处是动词,意思是"给……取名"。"name sb. after sb."是固定词组,意思是"以某人的名字命名"。因此,正确答案为C。全句可译为："这次竞赛是以中国最著名的数学家华罗庚的名字而命名的,在其逝世一周年后,即1986年,开始举办。"

3. He always had an interest in word games and so, to fill his time, he planned a game which he called "Lexico". (N1997B)

A. to make himself famous

B. to make spelling simpler

C. to pass his time

D. to make his life important

【答案与解析】选C。"fill one's time"这个短语,我们很容易望文生义,理解为"填时间",实际上其含义是"消磨时间"。注意其他与"time"搭配的动词短语:"kill time"消遣,"take time off"休假,"save time"节省时间,"waste time"浪费时间。

4. However, he was not completely satisfied with the game, so he made a number of changes to it and, in time, changed its name from "Lexico" to "Alph" and then to "Criss Cross". (N1997B)

A. early or soon enough to do something

B. enough time to get ready

C. after a particular period in history

D. later

【答案与解析】我们熟悉的"in time"意思是"及时",此处意思是"后来"。如,"Don't worry—I'm sure things will get better in time." "不要着急——我相信形势过一阵子会好起来的。"因此,正确答案为D。

5. "Most people don't seem to mind Allan," says Birgitta, who thinks he is wonderful. (N1997C)

A. be angry about　　B. object to

C. take care of　　D. love or like

【答案与解析】选D。我们熟悉的"mind"的意思是"当心(be careful)"或"介意(be not willing to)",但它还有"在乎(feel something is very important so you are interested in and worried about it)"和"照管(take care of)"的意思。此处为"在乎"的意思。

6. Birgitta and Allan live in Sweden, a country where everyone ① is expected to lead an orderly life according to rules ② laid down by the government, which also provides a high level of ③ care for its people. (N1997C)

① A. is likely to　　B. wants to
　C. wishes to　　D. is demanded to

② A. officially given　　B. put down
　C. killed　　D. slept down

③ A. carefulness with　　B. looking after
　C. liking　　D. being careful of

【答案与解析】①选 D。"be expected to do sth."可以看成"expect sb. to do sth."的被动形式。此结构有两个意思：其一是"认为……可能做……(be likely to)";其二是"要求……做……(demand... to)"。此处根据下文可判断为第二个意思。

②选 A。我们熟悉的"lay down"的意思是"放下",而对"规定,制定"不熟悉。如："It is laid down in the regulations that all the members must carry their membership cards all the time.(章程规定所有会员必须随时携带会员卡。)""according to rules laid down by the government"的意思是"根据政府的规定"。

③选 B。"care for"的常用意思为"喜欢;要",如："Would you care for a drink?"但此处是"照顾,照管"的意思,如："She cared for her father all through his illness."

7. From the text it can be inferred that in Sweden people care much about dogs. (N1997C)

A. mind about what happens to dogs because they like or love them very much

B. look after dogs very well

C. feed many dogs

D. like keeping dogs

【答案与解析】选 A。此处意思是"关心，担心，喜欢"。例如：I care about him, and hate to see him hurt like this. 我关心他，不想看到他受这样的伤害。

8. The aging of the population will affect American society in many ways—education, medicine, and business. (N1997E)

A. counting the number of years someone lives

B. the numbers of years someone lives

C. becoming older

D. making someone looking older

【答案与解析】选 C。我们熟悉的是"age"作名词用，当"年龄"的意思讲，而此处是动词，意思是"老化"。

9. No one says "act your age" any more. We've stopped looking with surprise at older people who act in youthful ways. (N1997E)

A. be active when they are old

B. do the right thing at the right age

C. show respect for their parents young or old

D. take more physical exercise suitable to their age

【答案与解析】选 B。画线部分是个习惯用语，意思是"don't do things like a child(行为举止不要像个小孩子，要符合自己的年龄特征)"。

10. What is the main point the writer is trying to make in the last paragraph? (N1998A)

The last paragraph: Merlin succeeded beyond expectation.

A. as expected　　B. better than he expected

C. though he didn't plan to　　D. and surprised himself

【答案与解析】"beyond"有"在那边(on the further side of something)""迟于(later than)""超出(outside the range or limits of)"的意思。此处"beyond expectation"可解释为"出乎意料地"，因此选 B。类似词组还有："beyond belief/doubt/recognition"。例如：

The town had changed beyond recognition. 这座城镇变得都认不出来了。

11. Most of us tell much the same white lies, harmless untruths that help to save trouble. (N1998C)

A. avoid B. not waste

C. keep D. collect

【答案与解析】"save"有"救(make… safe from danger)""节省(do not waste)""避免(avoid)""储蓄(keep… in order to use later)"的意思,此处为"避免"的意思,因此选A。全句可译为:"我们大多数人都经常说着同样的善意谎言,这样可以避免一些不必要的麻烦。"例如:

If you could lend me a stamp, it would save me a trip to the post office. 如果你能借给我一张邮票,我就可以不去邮局了。

12. The French philosopher (哲学家) Vauvenarges, writing in the eighteenth century, ① touched on the truth when he wrote, "All men are born truthful and ② die liars." (N1998C)

① A. put a hand on B. affect

C. mention D. keep silent about

② A. stop liars living

B. are liars when they die

C. liars disappear

D. liars become gradually weaker and finally stop

【答案与解析】①选C。"touch on"是一个动词短语,意思是"顺便谈到,顺便写到(mention or deal with a subject briefly when talking or writing)"。例如:

The president only touched on the issue in the speech. 总统在报告中只顺便提了一下这个问题。

②选B。一般来说,"die"作不及物动词,但此处作及物动词,意思是"死时是……"。例如:

She died a rich woman. 她死时很有钱。

13. No warship they had could match the Bismarck in speed or in firepower.(N1998D)

A. walk like soldiers with　　B. force... to walk

C. look good together with　　D. be as good as

【答案与解析】选 D。“match”是一个多义词,作名词有“比赛(game)”“对手”“火柴”等意思,作动词有“和……较量”“与……匹敌(be as good as)”“和……相配(look good together)”等意思。全句可译为:“他们的战舰在速度或火力方面都不能与俾斯麦号相比。”例如:

I'm good at tennis and I'm a match for many players, but I'm no match for an international player. 我网球打得好,可以与很多人较量,但不是国际运动员的对手。

14. It was a meeting that the German commander Luetjens did not want to see.(N1998D)

A. an event at which people meet to talk and decide things

B. a situation of two or more people meeting each other by chance or as arranged to

C. a situation of fighting against the enemy

D. a place of meeting

【答案与解析】选 C。“meeting”有“会议”“聚合”“会战”等意思,此处可译为“交锋”。

15. Which of the following is the immediate cause of the sinking of the Bismarck? (N1998D)

A. direct　　B. near

C. without delay　　D. existing now

【答案与解析】选 A。我们熟悉的“immediate”的意思是“立刻的”“马上的”,但此处为“直接的”。例如:

He is our immediate superior. 他是我们的顶头上司。

16. This chance discovery ended a 12-day search by the Library Company of Philadelphia for a historical treasure—a 120-page diary kept 190 years ago by Deborah Logan, "a woman who knew everybody in her day," James Green, the librarian told the magazine *American Libraries*. (N1999A)

A. likely B. not planned

C. possibility D. happening

【答案与解析】选 B。"chance"此处为形容词,意思是"偶然的"。全句可译为:"这次偶然的发现结束了费城图书馆公司长达 12 天的历史文物搜寻。这件历史文物就是 190 年前，一位熟知当年要人的妇女黛博拉·洛根所记的 120 页的日记,图书管理员詹姆斯·格林告诉《美国图书馆》杂志。""chance"是多义词,作名词意思是"机会""可能性",作动词意思是"碰巧"。例如:

It so chanced that I was in the country at that time. 当时我恰好在乡下。

17. Lampo boarded the last train and went back to the station. (S1999A)

A. a piece of wood B. got on

C. stayed in D. put a piece of wood on

【答案与解析】选 B。我们熟悉的"board"的意思是"木板",但此处是"上(飞机、火车、轮船等)",是及物动词;作不及物动词有"搭伙"的意思。例如:

I'm boarding with a friend. 我在与朋友搭伙。

18. The faithful dog would then take another train to Campiglia to spend time with his master, and then travel again to accompany Mivna home from school at 11:30. (S1999A)

A. happen at the same time as something else

B. explain

C. send

D. go with and look after

【答案与解析】选 D。“accompany”是由“company”派生而来的，“company”有“公司”“客人”“同伴”“交往”“陪伴”等意思。例如：

I am glad of your company.　有你的陪伴我很高兴。

We went in company.　我们一起去。

19. The author states that all glaciers ________. (S1999D)

A. are two miles thick　　B. form frozen lakes

C. are a million years old　　D. move and slide

【答案与解析】选 C。本题是一道阅读理解题。“state”作名词时是“状态”“国家”“州”的意思，作动词是“陈述”“阐明”的意思。例如：

He stated the facts of the case.　他阐明了案件的真相。

20. New York, 10 November—5:27 p.m., yesterday. Biggest power failure in the city history. (N2000A)

A. enough　　B. not passing

C. lack of　　D. lack

【答案与解析】答案 D。“failure”是“fail”的名词形式，有“失败(lack of success)”“失败者，失败的事(a person or attempt that fails)”“没有执行，失灵(the non-performance or production of sth. expected)”的意思。本句中的“power failure”可译为“停电”，如：“crop failure”庄稼歉收；“heart failure”心力衰竭。

21. I learned that lesson when I decided to treat Doug, my husband of one month, to a special meal. (N2000B)

A. act towards　　B. behave towards

C. buy/give something special　　D. deal with

【答案与解析】答案 C。我们熟悉的“treat”的意思是“对待(act/behave towards)”“处理(deal with)”“认为(consider)”，而在本句中其意思是“款待(give/buy sth. special)”。例如：

I'm going to treat myself to a vacation in the mountain.　我打算厚待自己，到山里去度一次假。

22. It looked like some unknown being from outer space.(N2000B)

A. a living thing　　B. a person

C. existence　　D. belonging to

【答案与解析】答案A。本句中"being"是名词,不是"be"的-ing形式。它有"存在(existence)""生命(life)""生物(a living thing)"等意思,此处是"a living thing"的意思。全句可译为:"它看起来像是从外星球来的一种不知名的生物。"

23. He told of different men and of strange civilization, broken up by long "dark ages" in between.(N2000D)

A. at a place between two ("dark ages")

B. between (each part of the book)

C. at a time between two ("dark ages")

D. among the ("dark ages")

【答案与解析】答案C。画线部分意思是"在……中间;每间隔;在……期间"。如:"It's somewhere in between Beijing and Tianjin.(在北京和天津之间的某个地方。)"全句可译为:"他讲述的是被漫长的'混沌时期'所隔离开来的另一类人和古怪的文明。"

24. Excused from recycling because you live in a high rise with a rubbish chute(垃圾道)?(N2000E)

A. Forgiven　　B. Given reasons

C. Freed　　D. Reasoned

【答案与解析】答案C。"excuse somebody from"="free somebody from",是"免除"的意思。如:"Can I be excused from football practice today?(今天我可以不参加足球训练吗?)"全句可译为:"你住在有垃圾道的高楼大厦里,就可以避免处理垃圾吗?"

25. As they made their bed on the hard floor, the older angel saw a hole in the wall and repaired it.(S2000春A)

A. put on the bed clothes and got ready to go to bed

B. did a bed with wood

C. repaired their bed clothes

D. picked up the bed clothes

【答案与解析】答案 A。“make the/one’s bed”是习惯用语，意思是“铺床睡觉”。不要望文生义。

26. Why did you watch out for the cow?（S2000 春 A）

A. look after　　　　B. take care of

C. keep looking and waiting for　　　　D. be careful of

【答案与解析】答案 A。“watch out for”是多义短语，此处为“look after”的意思。它还有“keep looking and waiting for”“be careful of”的意思，例如：

Watch out for a tall man in a hat. 密切注意一位戴着帽子的高个子男人。

You must watch out for the traffic along here. 你要当心这儿的来往车辆。

27. He refused to listen to the suggestion that he give up and said he would try, event by event.（B2000 春 B）

A. something important　　　　B. race or competition

C. happening　　　　D. if that happens

【答案与解析】答案 B。“event”有“大事（something important）”“偶然事件（happening）”“运动会的比赛项目（race or competition）”等意思。此处“event by event”是“一场接一场比赛”的意思。如：“The next event will be the 100-meter race.（下一个比赛项目是 100 米跑。）”全句可译为：“他没有听别人的建议——放弃不干——而是说他会一场接一场坚持不懈地参加比赛。”

28. Owens got his other name “Jesse” when his teacher took “J.C.” for “Jesse”.（B2000 春）

A. brought… for　　　　B. carried… to

C. accepted… as　　　　D. mistaked… for

【答案与解析】答案 D。“take… for”为短语，是“mistake… for”的

意思。如："He speaks English so well that he's often taken for a native.（他英语讲得特别好，因此很多人都认为他是英国本地人。）""for"可以换作"to be"。如："I took you to be an honest man."

29. Time has stood still for me.（B2000 春 B）

    A. Time has stopped

    B. Time is passing quickly

    C. Nothing has changed though time passed

    D. I can't bear time passing so fast

【答案与解析】答案 C。"time stands still"是习惯用语，意思是"nothing has changed although time passed"。例如：

Going home, it's as if time has stood still and I'm ten years old. 当我回到家，仿佛又回到了我十岁时的情景。

30. The United States: Fliers many want to have their tickets in hand before catching their planes, but the airline companies are doing everything they can to bring forward cost-saving ticket-less flight—no paper needed, just a ticket number and a photo ID.（B2000 春 E）

    A. make… happen ahead of time planned

    B. make… appear

    C. ask… to come in

    D. earn

【答案与解析】答案 B。"bring forward"有"提前（make… happen ahead of time planned）""推出（make… appear）""提出（建议等）"的意思，此处为"推出"之意。全句可译为："美国：乘客都想在乘坐飞机之前弄到机票，但航空公司正竭力推出一种节约成本的无票航班——乘坐这种航班不需要票（纸），只需要票号和一张带照片的身份证。"

31. When you give someone a tip, you're sort of being polite.（B2001 春 C）

    A. type of　　B. of a kind　　C. of a sort　　D. a little

【答案与解析】答案 D。我们熟悉的“sort of”的意思是“种类”，而此处为“有些，有点儿”，表示“有那么一点，但又无法用确切的词语来描述”的程度。如：“I sort of like him, but I don't know why.”

32. When you say “I'm sorry, I can't,” they feel a little put down. (B2001 春 C)

A. misunderstood　　B. defeated

C. hateful　　D. hurt

【答案与解析】答案 D。“put down”的意思很多，比如“责难”“写下”“镇压”，此处为“伤害”。

33. Studying carbon atoms(碳原子)① locked up in tooth enamel(珐琅质), two researchers argue against the ② widely held belief that hominids ate little more than fruits and leaves. (B2001 春 D)

① A. kept in a good place

B. made safe by locking the door

C. put in a safe place by using a lock

D. made safe by using a lock

② A. belief in the hands

B. belief kept in the minds

C. belief that many people believe to be true

D. view that most people think is important

【答案与解析】①答案 A。“lock up”有“锁起来”“把……关进监狱”等意思，而此处是“把……放在安全的地方密封起来”的意思。

②答案 C。“hold”是个多义词，最熟悉的意思是“握着，拿着”，而此处是“认为(believe something is true)”之意，后面可以跟名词或宾语从句。如：“It is widely held that the he will decide to go to America. (普遍认为他要去美国。)”此处“held”为过去分词作定语修饰“belief”，可译为“公论，定论”。全句可译为：“研究密封在牙齿珐琅质里的碳原子，两位研究人员为已成定论的观点争论不休——猿人只吃水果和树叶。”

34. This figure shoots up during holiday seasons like National Day, Labor Day, and New Year's Day, with some recording 100 percent rental. (N2001A)

A. quickly increases in number or amount

B. grows taller very quickly

C. injures or damages sb. or sth. by shooting them with bullets

D. takes illegal drugs by using a needle

【答案与解析】答案 A。"shoot up"有"(数字、数量)急增，暴涨""(儿童等)长大，长高""向……开枪射击"和"非法注射麻醉剂"等意思。

35. The major market force rests in the growing population of white-collar employees, who can afford the new service. (N2001A)

A. stops working　　B. supports an object

C. lies in　　D. leads to

【答案与解析】答案 C。"rest"有"休息""安心""静止，停止""被支撑""(视线)停留在……"等意思。注意其引申意义。又如："I rest in your words. (我相信你说话算数。)"全句可译为："主要的市场潜力在于不断增长的白领雇员，他们能负担新的服务。"

36. Underground systems are already in place. (N2002A)

A. instead of

B. in the correct or usual position

C. not suitable

D. in position

【答案与解析】答案 B。"in place"有"在适当的位置""适当"等意思。注意与"in the place of(代替)"的区别。

37. Organic produce is always better. (N2002B)

A. production　　B. product

C. food grown　　D. producer

【答案与解析】答案 C。我们熟悉的"produce"的意思是"生产，制造”,动词,而此处为名词,意思是“农产品”。“product”是工厂或自然产出的要出售的东西,如“coal, wood”等。“production”有两个意思:一是生产制造的过程;二是指文艺作品。“producer”是“制造商”的意思。

38. And more often than not it is locally grown and seasonal, so it is more tasty. (N2002B)

A. not more often than less

B. in most cases

C. not often enough

D. seldom

【答案与解析】答案 B。“more often than not”是习惯用语,意思是“在大多数情况下”。例如:

He is a fairly good runner. He wins more often than not. 他跑得相当棒,经常跑赢。

39. Gold is one of a growing number of shoppers ① buying into the ② organic trend, and supermarkets across Britain are ③ counting on more like him as they grow their organic food business. (N2002B)

① A. paying money to stop someone else causing trouble

B. buying something in large quantities

C. buying someone's shares of a business previously owned together

D. buying part of a business especially to control it

② A. growing interest in organic food

B. better quality of organic food

C. rising market for organic

D. higher prices of organic food

③ A. depending on　　B. considering

C. including　　D. recording

【答案与解析】①答案 D。“buy into”是一个习惯用语。全句可译为:“越来越多的人试图大规模地收购有机食品以控制该行业,高尔德是其中之一;全英国的超级市场正依赖于像高尔德那样的收购者来扩展其生意。”

②答案 A。我们熟悉的“organic”的意思是“器官的”,而此处是“有机的,有机物的”。“trend”有“倾向;趋势”等意思,但此处是“growing interest(增长的利润)”的意思。

③答案 A。“count on”是习惯用语,意思是“depend on”。例如:

If I got into trouble, I could always count on Mary. 如果我遇到麻烦,我总能指望玛丽。

40. But their knowledge of organic food is far from complete.(N2002B)

A. not near to B. near to

C. certainly not D. certainly

【答案与解析】答案 C。“far from”是一个多义词组,意思有“远隔,远离”“远远不,完全不”的意思等,此处为“远远不,完全不”的意思。例如:

Is he a good driver? Far from it. 他是个好司机吗?远非如此。

41. And about three quarters of organic food in Britain is not local but imported to meet growing demand.(N2002B)

A. see B. experience

C. satisfy D. touch

【答案与解析】答案 C。“meet”是一个多义词语,有“迎接”“碰到,遇到”等意思,而此处是“满足”的意思,其宾语往往是“demand, need, requirement”等。

42. Having a party at home usually requires a lot of ① running around on the part of the parents, and often the birthday boy or girl ② gets lost in wild excitement.(N2002E)

① A. moving quickly on foot around

B. control

C. continue

D. being busy with a lot small things

② A. doesn't feel confident about　　B. doesn't use properly
C. enjoys oneself in　　D. is forgotten because of

【答案与解析】① 答案 D。"run around"是一个习惯用语，意思是"忙得团团转"。

②答案 C。"get/be lost in"是一个多义词组，常见的意思有"对……茫然不知所措""迷路""沉浸于""陷入"。全句可译为："在家里开生日晚会常常是父母亲忙得团团转，而过生日的小寿星沉浸于狂欢之中。"

第九节 2020年高考英语浙江卷读后续写研究

线索指的是把文章的全部材料贯穿成为一个有机整体的脉络（杨永红，1998）。记叙文的线索有很多种，有人物线索、时空线索、情感线索。以作者或作品中主要人物的思想感情变化安排和组织文章的结构，称为情感线索。线索就像彩线，文章中的人、事、物、景就像珍珠，这根彩线能把颗颗珍珠串联成一条美丽的项链。读后续写是把原本完美的项链给剪断了，要求考生天衣无缝地接上这条美丽的"项链"。因此，只要我们把握住了给定材料中人物的情感脉络走向，就能确保续写部分与给定材料的逻辑连贯。

研究发现，浙江省英语新高考读后续写提供的材料一般为记叙文。破解记叙文的关键是理清线索。无论是读记叙文还是续写记叙文，我们都必须理清记叙文的线索。无论是人物线索、时空线索还是情感线索，都饱含作者情感，或作者都会赋予文章人物以情感，因此，在读中抓住"情感"、续写突出"情感"是非常关键的。

本文以2020年1月浙江卷读后续写为例，探讨如何理清情感线索和进行读后续写教学。

2020年高考英语浙江卷（1月选考）读后续写原题：

阅读下面短文，根据所给情节进行续写，使之构成一个完整的故事。

(1) "I'm going to miss you so much, Poppy," said the tall, thin teenager. He bent down to hug his old friend goodbye. He stood up, hugged his parents, and smiled, trying not to let his emotions (情绪) get the better of him.

(2) His parents were not quite able to keep theirs under control. They had driven their son several hours out of town to the university where he would soon be living and studying. It was time to say goodbye for now at least. The family hugged and smiled through misty eyes and then laughed.

(3) The boy lifted the last bag onto his shoulder, and flashed a bright smile. "I guess this is it," he said. "I'll see you back home in a month, okay?" His parents nodded, and they watched as he walked out of sight into the crowds of hundreds of students and parents. The boy's mother turned to the dog, "Okay, Poppy, time to go back home."

(4) The house seemed quiet as a tomb without the boy living there. All that week, Poppy didn't seem interested in her dinner, her favorite toy, or even in her daily walk. Her owners were sad, too, but they knew their son would be back to visit. Poppy didn't.

(5) They offered the dog some of her favorite peanut butter treats. They even let her sit on the sofa, but the old girl just wasn't her usual cheerful self. Her owners started to get worried. "What should we do to cheer Poppy up?" asked Dad. "We've tried everything."

(6) "I have an idea, but it might be a little crazy," smiled Mom. "Without anybody left in the house but us, this place could use a bit of fun. Let's get a little dog for Poppy."

(7) It didn't take long before they walked through the front door carrying a big box. Poppy welcomed them home as usual, but when she saw the box, she stopped. She put her nose on it. Her tail began wagging (摆动) ever so slowly, then faster as she caught the smell.

注意：

1. 所续写短文的词数应为150左右；
2. 至少使用5个短文中标有下划线的关键词语；
3. 续写部分分为两段，每段的开头语已为你写好；
4. 续写完成后，请用下划线标出你所使用的关键词语。

Para. 1：Dad opened the box and a sweet little dog appeared.

Para. 2：A few weeks later, the boy arrived home from the university.

这篇读后续写给定材料的主题是"人与动物"。材料以宠物狗"Poppy"对男孩(the teenager/boy)的"离别之伤—思念之苦"为线索，讲述宠物狗与男孩的悲欢离合。

一、读中理清情感线索

刘勰说："情者文之经，辞者理之纬，经正而后理成，理定而后辞畅，此立文之本源。"因此，我们在阅读中要理清文章的"经络"，即作者要表达的情感。按照情感线索，我们将本文分为"离别之伤(Poppy's hurt when parting with the boy)"和"思念之苦(Poppy's pains when living without the boy)"两个部分，进行剖析和解读。

第一部分(1～3段)：离别之伤(Poppy's hurt when parting with the boy)。

本文前3段描述了故事发生的时间、地点、人物与事件，字里行间无不渗透着故事人物的"离别之伤"。

故事人物是："the teenager/boy, Poppy/his old friend, his parents"，故事发生在开学的时候，故事发生地点是大学门口，事件是家人与宠物狗送男孩上大学，正在大学校门告别。故事人物的情感可谓：与君离别意，同是泪眼人。男孩与父母拥别，三人都强装笑脸，却暗暗吞下泪水，掩饰离别的忧伤。男孩微笑着，尽量不让忧伤流露出来(smiled, trying not to let his emotions get the better of him)。其父母却控制不住情感(not quite able to keep theirs under control)。一家人相互拥别，泪眼蒙眬，以笑掩饰离别的复杂心情(hugged and smiled through misty eyes and then laughed)。

【问题设计】

针对这一部分,笔者设计了以下问题链,以理清故事人物的离别之情。

(1) How many characters are there in the story? Who are they? What about their relationship? What were they doing?

There are four characters: the teenager or the boy, his parents and his pet dog—Poppy. They were saying goodbye.

(斜体部分为学生的回答,未做修改。下同。)

(2) When and where did the story happen?

They were saying goodbye at the gate of the boy's new university before the new school year began.

(3) How did the boy and his parents feel? Were they feeling happy? How do you think the dog felt?

They felt sad. They were not feeling happy at all. They pretended to be happy in order to cover their sadness caused by the parting. The dog felt just as sad as her owners.

(4) What details lead you to think so? What does the phrase "misty eyes" mean?

The boy tried not to let his emotions get the better of him. His parents were not quite able to keep theirs under control. They hugged and smiled through misty eyes and then laughed. All these details let us think that the boy and his parents pretended to smile or laugh in order to cover their sadness caused by the parting. The phrase means "eyes filled with tears".

(5) Why did the boy say goodbye to the dog first and then to his parents? What do the words the boy's mother said to Poppy imply?

It implies that the hero of the story is the dog—Poppy. The words his mother said to Poppy imply that it was hard for Poppy to tear herself away from the boy.

(6) What does this part mainly tell us about? Can you give this part a sub-title?

This part mainly tells us how the dog felt through her owners' feelings when the boy left for university. The sub-title might be "Poppy's hurt when parting with the boy".

【设计说明】

读记叙文,教师首先要引导学生弄清楚记叙文的基本要素:时间、地点、人物和事件。第(1)(2)组中的五个问题就是针对记叙文的基本要素而设计。第(3)(4)组中的五个问题是为了帮助学生梳理故事的情感线索。文章中明写男孩与父母的离别之伤,实则暗写男孩与"Poppy"的离别之伤。第(5)组问题是为了引导学生明确"Poppy"为故事的主角,这有助于引导学生理解文章的主题和把握续写的逻辑连贯。第(6)组的两个问题引导学生的归纳主旨大意。通过拟小标题,既训练了学生的归纳概括能力,又能帮助学生理清情感线索。

这个问题链层层推进,相互支撑。弄明白了这个问题链,就弄明白了故事的时间、地点、人物、事件以及故事发生的背景,理清了故事人物的离别之情。

第二部分(4~7 段):思念之苦(Poppy's pains when living without the boy)。

从第 4 段开始,文章描写了宠物狗"Poppy"回到家后对男孩的深深思念。一切景语皆情语。第 4 段第 1 句"The house seemed quiet as a tomb without the boy living there."烘托环境:没有男孩在家,家里死气沉沉,没有生机。这一烘托为渲染"Poppy"对男孩的思念打下伏笔。紧接着,作者描写"Poppy"对男孩思念的程度:无心饮食、无心玩耍、无心散步(Poppy didn't seem interested in her dinner, her favorite toy, or even in her daily walk.)。这正是"相思病"的症状。接着作者描述男孩父母的情感——"Her owners were sad, too."实则描述"Poppy"的情感。作者用"too"暗示"Poppy"的心情也是忧伤的

(sad)。

第5至7段描写如何"治疗""Poppy"的"相思病"以及"治疗"的效果。

【问题设计】

针对这一部分,笔者设计了如下问题链,以理清故事人物的思念之情。

(7) How did Poppy feel when she came into the house without the boy living there? How does the writer describe Poppy's feelings?

Poppy felt sad. The writer describes Poppy's feelings using details: "All that week, Poppy didn't seem interested in her dinner, her favorite toy, or even in her daily walk."

(8) What did the parents do to cure Poppy's "lovesickness"? Did it work?

The parents did three things to cure her "lovesickness": offering her peanut butter treats, letting her sit on the sofa, and getting her a little dog. The first two didn't work at all. The third seemed to work but it was hard to say.

(9) What does the sentence "Her tail began wagging ever so slowly, then faster as she caught the smell" imply?

It implies that it seemed that Poppy would get rid of the pains of her "lovesickness".

(10) What does this part mainly tell us about? Can you give this part a sub-title?

This part mainly tells us how Poppy felt when she lived without the boy. The sub-title might be "Poppy's pains when living without the boy".

【设计说明】

第(7)组问题是为了让学生读懂"Poppy"对男孩的思念之情。当"Poppy"回到家,对男孩的深深思念让她茶不思、饭不想。第(8)组问题是为了让学生了解男孩的父母如何"治疗""Poppy"的"相思病”。男孩的父母想尽一切办法,比如给她吃平常她最爱吃的花生酱点心、让她坐沙发等,都无济于事。男孩父母后来给她买来一只小狗,结果怎么样呢?试卷提供的材料到这里就“断”了,留给考生续写。

所给材料的最后一句话非常关键。所以,笔者设了第(9)问:“最后一句话暗示什么?”这句话本身体现了“Poppy”的情感变化:“她的尾巴开始慢慢摇摆,后来闻到了气味,她的尾巴摇得更快了。”摇尾巴的动作是狗的情感表现。“Poppy”摇尾巴的频率由慢到快,暗示她的情感由忧伤转为喜悦。因此,续写的第一段必须接应这一变化,否则续写就是失败的。

二、写中巧接情感线索

1. 找到情线接头，巧妙接线续写

第7段最后一句话暗示“Poppy”的情感变化——由忧伤转为喜悦。我们应该紧接“Poppy”的“喜悦”来写。“喜”从何来?“喜”从“box”里的“dog”而来。根据续写第1段的首句,我们应该写盒子里的小狗给“Poppy”带来了“喜悦”。考生有两种续写的方案:一是续写的第1段写“买来的小狗给‘Poppy’带来了喜悦,但未能治好她的‘相思病’”,第2段写“男孩从大学回来与‘Poppy’团聚,才真正治好她的‘相思病’”;二是续写的第1段写“买来的小狗治好了‘Poppy’的‘相思病’”,第2段写“男孩从大学回来后,看到多出一只狗,父母给他解释缘由”。

2. 根据情线走向，确定续写方案

根据阅读梳理的情感线索我们得知,第一部分写“Poppy”与男孩的离别之伤,第二部分写“Poppy”对男孩的思念之苦。由此,我们可以推断,本文的主题应该为“Poppy's Deep Feelings for the Boy”。

俗话说,解铃还须系铃人。“Poppy”的“相思病”是因男孩而起。因此,只有男孩回家与她团聚,才能治好“Poppy”的“相思病”。根据这一情感线索的走向,续写部分我们应该写“Poppy”与男孩的“团聚之乐”。这样,整个故事就构成了“离别之伤—思念之苦—团聚之

乐”的完美的情感线索。所以,第一个续写方案为最佳方案。

下面,我们选一篇学生习作展示如下:

Dad opened the box and a sweet little dog appeared. As soon as the **dog** came out of the **box**, **Poppy** went up to meet him in a hurry as if he were an old friend of hers. Soon she became as **cheerful** as before. As her owners **watched** them playing happily, they felt happy, too. But when Poppy found the little dog left his mess here and there and tore the little owner's treasured books, she broke away with him. She felt sad again. "What should we do?" asked Dad. "Nothing but to wait for our son to come **back** from the **university**," answered Mom.

A few weeks later, the boy arrived home from the university. Poppy was the first to meet him. She jumped to kiss him and her tail wagged faster than ever before. He was surprised to find she was much thinner and there was one more dog, which looked shy. He asked why and his **parents** told him everything. The **boy hugged** Poppy tight to his chest, tears welling up in his eyes. (续写词数:178。加粗单词为要求复现至少 5 个的关键词语,本续写全部复现。)

三、写后围绕情感线索赏析

上面展示的续写习作非常完美。理由如下:

1. 接“情”,天衣无缝

续写与给定材料的情感线索发展一脉相承,按照“离别之伤—思念之苦—团聚之乐”的线索发展,讲述宠物狗与男孩之间情深意切的感人故事。

上文提到,第 7 段最后一句暗示了“Poppy”由悲转喜。该生续写的第 1 段前两句用了三个/组动词(went up, to meet, became cheerful)及修饰词语和词组(As soon as, in a hurry, soon)来表达这一情感的转变。这两句话暗示“Poppy”很久没有“朋友”陪伴,现在来了一个“同类朋友”,自然很高兴。另外,给定材料最后一句话的“slowly, then faster”告诉我们,作者用由慢到快摇尾巴的方式表示情感上的由悲转喜。续写时学生也用动作描写的方式对接给定材料，而且描写动作的快慢速度恰当、得体。因此，续写部分与给定材料做到了接“情”自然，天衣无缝。

2. 写“情”，自然真挚

该生续写的每一句话都围绕故事人物的情感展开。比如，续写第1段中的“As soon as the dog came out of the box, Poppy went up to meet him in a hurry as if he were an old friend of hers.”这句话描述“Poppy”盼玩伴心切。用“as if”从句将新来的小狗比喻成“老朋友”，这暗指“Poppy”心中没有忘记男孩这位“老朋友”，仍然思念着“老朋友”。“As her owners watched them playing happily, they felt happy, too.”这句话回应了给定材料中的“Her owners were sad, too.”“Poppy”高兴，男孩父母也高兴了。“But when Poppy found the little dog left his mess here and there and tore the little owner's treasured books, she broke away with him.”这句话突出了主题——“人狗情深，忠贞不渝”。

该生续写的第2段描写了“Poppy”与男孩“团聚之乐”的情景。续写第2段的前两句描写“团聚之乐”时，用了三个动作：“first to meet”“jumped to kiss”和“wagged”。这三个动作将“Poppy”重见男孩的喜悦生动地展现在读者的面前。“first to meet”暗示“Poppy”盼男孩归来盼了很久，现在男孩终于回来，所以她第一个跑去迎接他。狗跳着亲吻（jumped to kiss）主人，这是非常热爱主人的表现。给定材料也用了“wagged”，但续写中的“wagged”程度不同，这次摇得比任何时候都快。这暗示“Poppy”比任何时候都更高兴。描写男孩对“Poppy”的“团聚之乐”时，续写也用了与给定材料相同的方式：拥抱。但这次拥抱的程度不同，这次拥抱“Poppy”时用了“tight to his chest”以加深程度。续写还用了“tears welling up in his eyes”，这比给定材料的“misty eyes”程度更强。续写作者用情感表达方式相同而程度不同的描写方式，将男孩与“Poppy”的情感淋漓尽致地展现了出来。

读后续写，读是写的基础，是写的先决条件，写是读的自然延伸。续写与给定材料要连贯，符合逻辑，要尽力做到浑然一体。读后续写，重在理情，读时理清情线，写时围绕情线，是克服续写不连贯的有效方法。

第十节　运用对偶式同构讲评高考英语试题

讲评高考英语试题是英语教学中的重要内容。然而，目前的试题讲评课堂中，许多一线教师过分注重词汇和语法知识，而忽略了语篇知识。《普通高中英语课程标准(2017 年版)》指出，"在使用语言的过程中，语言使用者不仅需要运用词汇和语法知识，而且需要将语言组织为意义连贯的语篇"(教育部，2018)。这就需要运用语篇知识。使语篇连贯需要运用语篇衔接方式。语篇的衔接方式有很多种，其中包括结构衔接。对偶式同构是结构衔接的一种。本文将介绍对偶式同构的概念及其分类，并从 2019 全国卷和省市卷中选用部分单项填空、阅读理解、七选五和完形填空作为实例，探讨如何运用对偶式同构讲评高考英语试题。

一、对偶式同构的概念

对偶式同构是指同一语篇中在句法结构、词性方面相同、相近，在语义方面相同、相近、相对或相反，在逻辑上相互关联的两个结构。它很像汉语中的对偶，但没有汉语的对偶那么严格。因此，笔者称这种同构为对偶式同构。对偶式同构是语篇衔接中的一种方式。对偶式同构的两个结构必须语义连贯，必须有逻辑联系，否则不能称为对偶式同构。

例 1：Nothing ventured, nothing gained.(刘道义，2007)

本句逗号前后形成对偶式同构，对仗十分工整。"Nothing"对"nothing"，"ventured"对"gained"。

二、对偶式同构的分类

(一)从语义上分类

1. 正对对偶式同构

正对对偶式同构是指对偶式同构中各个部分在语义上相同、相近、互补或相衬。

例 2：At midnight the sky became clearer and the stars grew brighter.

本句中“and”前后形成正对对偶式同构。“sky”对“stars”，“became”对“grew”，“clearer”对“brighter”，其语义互相补充，互相衬托。

2. 反对对偶式同构

反对对偶式同构是指对偶式同构中关键部分在语义上相对或相反。

例 3：What's a fact?... A fact is anything that can be proved. Then what's an opinion? An opinion is what someone believes is true but has not been proved.(刘道义,2007)

本句中的“fact”与“opinion”相对。这两个句子通过对偶式同构,使“fact”和“opinion”两个概念形成鲜明的对照,让读者一目了然。

例 4：At first the river is small and the water is clear and cold... After it leaves China and the high altitude, the Mekong becomes wide, brown and warm.(刘道义,2007)

“small”“clear”“cold”分别与“wide”“brown”“warm”相对,语义相反,说明湄公河“在起初”与“当流出中国、流出高地之后”截然不同的水文状况。

(二)从形式上分类

1. 显性对偶式同构

显性对偶式同构指通过连词、固定结构或其他明显的方式实现的对偶式同构。

(1)并列式对偶同构

并列式对偶同构是指用并列连词连接的对偶式同构。常见的连接对偶式同构的并列连词有"and, or, but, as well as, or else, both... and..., neither... nor..., either... or..., not only... but also..., not... but..."等。

例5：It seemed that she had been very busy in her chosen career, traveling abroad to study as well as writing books and articles. (刘道义，2007)

"traveling abroad to study"对"writing books and articles"。"as well as"前后内容的词性和作用必须保持一致。本句"as well as"的前后均用动词的现在分词作状语。

(2)主从式对偶同构

主从式对偶同构是指主句部分与从句部分形成对偶式同构。

例6：Freedom rings where opinion clashes. (刘道义,2007)

"where"前后对仗工整。"Freedom"对"opinion","rings"对"clashes"。

(3)动词固定句型要求的对偶式同构

常见的这类动词固定句型有"prefer... to..., would rather do... than do...,would sooner do... than do..."等。

例7：I prefer dancing to singing.

例8：I would rather die than ask him for his autograph.

例9：I would sooner die than marry you.

例7为"prefer... to..."动词固定句型,介词"to"前后的"dancing"与"singing"相对。例8为"would rather... than..."动词固定句型,其中的"die"对"ask him for his autograph"。例9为"would sooner... than..."动词固定句型,其中的"die"对"marry you"。

(4)原词重复式对偶同构

这种对偶式同构不需要连词,也不要求固定的句型,而是采取重复的方式来实现同构。常见的有以下几种:句首重复;句尾重复;句中重复;句首、句中、句尾都有重复。

句首重复指一个词、短语或句子部分连续出现在两个句子的开头。句尾重复指一个词、短语或句子部分连续出现在两个句子的尾部。句中重复指一个词、短语或句子部分连续出现在两个句子的中间。

例 10: I never see what has been done; I only see what remains to be done. (刘道义,2007)

2. 隐性对偶式同构

(1)语义复现式对偶同构

语义复现式对偶同构是指通过同义词或近义词复现而不是原词复现实现的同构。语义复现指一个词、短语或句子部分与相对应句子中的某个词、短语或句子部分的意思相同或相近。这种同构虽然结构上没有其他同构那么具有语言艺术,但在记叙文、说明文或议论文中大量存在。认识这种对偶式同构,有助于提高阅读理解的能力。

例 11: For forty years Jane Goodall has been outspoken about making the rest of the world understand and respect the life of these animals. She has argued that wild animals should be left in the wild and not used for entertainment or advertisements. (刘道义,2007)

第 2 句的"She"就是指第 1 句中的"Jane Goodall",虽然词性不同,但语义相同。"has argued"与"has been outspoken about"语义相近,"that wild animals should be left in the wild and not used for entertainment or advertisements"与"making the rest of the world understand and respect the life of these animals"语义相近,前者是名词性从句,具有名词的性质,后者是动名词,也具有名词的性质。因此,可以看成"She"对"Jane Goodall","has argued"对"has been outspoken about","that wild animals should be left in the wild and not used for entertainment or advertisements"对"making the rest of the world understand and respect the life of these animals"。这样分析句子结构有助于真正领会"has been outspoken about"的意义。

(2)省略式对偶同构

英语中为了避免重复,往往将前面已经出现的词语省略,在对偶式同构中也是如此。

例 12:Some parks are famous for having the biggest or longest roller coasters, others for showing the famous sights and sounds of a culture.(刘道义,2007)

"others"后省略了前面已经出现的"are famous"。"Some parks"对"others","are famous for"对"(are famous) for","having the biggest or longest roller coasters"对"showing the famous sights and sounds of a culture"。

(3)变形式对偶同构

英语中,尤其是在说明文、记叙文等文体中,为了丰富句型结构、表达流畅,作者往往不会机械地使用规则的对偶式同构,而用变形式对偶同构。变形式对偶同构是不规则的对偶式同构,但为了方便理解,读者可以通过仔细探究将变形式对偶同构还原为规范的对偶式同构。

例 13:If you have a juicer, you can simply feed in frozen bananas and some berries or sliced fruit. Out comes a "soft-serve" creamy dessert, to be eaten right away. This makes a fun activity for a children's party; they love feeding the fruit and frozen bananas into the top of the machine and watching the ice cream come out below.

这是 2018 年高考英语全国Ⅱ卷阅读 B 篇的最后一段。命题人设计了"What's 'a juicer' in the last paragraph?"的题目。这道题与其说是考查猜测词义,不如说是考查考生是否能识别变形式对偶同构。

第1句后半部分中,"feed in frozen bananas and some berries or sliced fruit"是"feed frozen bananas and some berries or sliced fruit into the top of the juicer"的变形。如果将第1句的后半部分改为"feed frozen bananas and some berries or sliced fruit into the top of the juicer",就很容易看出它与"feeding the fruit and frozen bananas into the top of the machine"为对偶式同构。"feed"对"feeding"("feed"前为情态动词,须用原形。"feeding"前为love,要求用动词的动名词形式。这里的词形不对称可以忽略),"frozen bananas and some berries or sliced fruit"对"the fruit and frozen bananas","into the top of the juicer"对"into the top of the machine"。这样就很容易推测出"a juicer"就是"a machine"。

三、运用对偶式同构讲评高考试题

(一)单项填空

【例1】(2019年天津卷)2. I ________ to send Peter a gift to congratulate him on his marriage, but I couldn't manage it.

A. had hoped　　B. am hoping

C. have hoped　　D. would hope

【答案与解析】根据连词"but"我们可以判断这是显性对偶式同构。"but"前面的分句与后面的分句形成反对对偶式同构:前面是虚拟的,后面是真实的。这是对过去的虚拟,所以用"had hoped to"表示。因此,本题答案为A。

【例2】(2019年天津卷)3. A study shows the students who are engaged in after-school activities are happier than ________ who are not.

A. ones　　B. those　　C. these　　D. them

【答案与解析】"than"前后的部分构成对偶式同构。"the students who are engaged in after-school activities"可以理解为"these students who are engaged in after-school activities"。"these"对"those","who are not (engaged in after-school activities)"对"who are engaged in after-school activities"。因此，本题答案为 B。

【例 3】(2019 年浙江卷) 4. ________ to think critically is an important skill today's children will need for the future.

A. Learn　　B. Learned

C. Learning　　D. Having learned

【答案与解析】"is"前后构成对偶式同构。因为"an important skill"是名词，所以前面只能用具有名词性质的成分。"Learning"是动名词，具有名词性质。因此，本题答案为 C。

（二） 阅读理解

【例 4】(2019 年浙江卷) 21. Where did Zac get a Purple Heart medal for himself?

A. In the army.　　B. In an antique shop.

C. From his mother.　　D. From Adeline Rockko.

【答案与解析】如果考生没有运用对偶式同构知识，这道题很容易出错。根据原文中的"His effort to reunite families with lost medals began with a Christmas gift from his mother, a Purple Heart with the name Corrado A.G. Piccoli, found in an antique shop."考生很容易错选 B。为什么不能依据这句话呢？因为"find"不能与"get... for himself"相对，"a Purple Heart with the name Corrado A.G. Piccoli"不能与"a Purple Heart medal"相对。这道题的正确依据是"Zac knows the meaning of a Purple Heart—he earned one himself in a war as a soldier."因为"he earned one himself in a war as a soldier"与"Where did Zac get a Purple Heart medal for himself?"才构成同构。"he"对"Zac"，"earned... himself"对"get... for himself"，"one"对"a Purple Heart medal"，"in a war as a soldier"对"Where"。因此，本题选 A。

【例 5】(2019 年浙江卷) 24. What does the expression "money with no strings attached" in Paragraph 1 mean?

A. Money spent without hesitation.　　B. Money not legally made.

C. Money offered without conditions.　　D. Money not tied together.

【答案与解析】要答对这道题，考生一定要抓住原文第 1 段的“Give What You Can, Take What You Need.(能捐多少捐多少，需要多少取多少)”这句话。这句话为对偶式同构。“Give”对“Take”，“What You Can”对“What You Need”。通过理解这一对偶式同构我们可知，人们可以“没有限制条件地”捐钱或者取钱。“no strings attached”意为“没有任何附带条件的”。因此，本题答案为 C。

【例 6】(2019 年浙江卷) 25. What did Bridges want to show by mentioning the bride?

A. Women tended to be more sociable.

B. The activity attracted various people.

C. Economic problems were getting worse.

D. Young couples needed financial assistance.

【答案与解析】原文第 2 段的“People of all ages, races, and socio-economic backgrounds gave and took”与下文“We even had a bride in her wedding dress come up to the board and take a few dollars.”构成变形式对偶同构。我们可以将“People of all ages, races, and socio-economic backgrounds gave and took”改为“We had people of all ages, races, and socio-economic backgrounds give and take”，这样就与下文的“We even had a bride in her wedding dress come up to the board and take a few dollars.”构成重复句首的显性对偶式同构。“We had”对“We even had”，“people of all ages, races, and socio-economic backgrounds”对“a bride in her wedding dress”。这样就不难看出，这项活动吸引了各种各样的人，下文提到的那位新娘是“各种各样的人”的具体例证。因此，本题选 B。

(三) 七选五

【例 7】(2019 年全国Ⅲ卷)

• __37__ Questions about subject content are generally welcomed. Before asking questions about the course design, read the syllabus (教学大纲) and learning management system information to be sure the answer isn't hiding in plain sight.

- Participate in discussion forums (论坛), blogs and other open-ended forums for dialogue...

A. That's what they are for.

B. Turn to an online instructor for help.

C. If more information is needed, they will ask.

D. Remember that online professors get a lot of emails.

E. Below are some common do's and don'ts for online learners.

F. Everyone has taken a not-so-great class at one time or another.

G. Ask questions, but make sure they are good, thoughtful questions.

【答案与解析】本题为带“ • ”段落的第 1 句。我们认真观察本题下一带“ • ”段落的第 1 句,会发现它是祈使句。因此,根据对偶式同构的特点,我们可以大胆推测第 37 空要选择的句子也应该为祈使句。所给七个选项中,只有 B、D、G 三个选项为祈使句,这样就大大缩小了选择范围,避免盲目地、大海捞针式地选择。再根据该空后的两句叙述,不难锁定答案为 G。

(四)完形填空

【例 8】(2019 年全国Ⅲ卷)

“Of course, we __42__ it when the sun is shining,” says Karin Ro, who works for the town's tourism office. “We see the sky is __43__, but down in the valley it's darker—it's like on a __44__ day.”

42. A. fear	B. believe	C. hear	D. notice
43. A. empty	B. blue	C. high	D. wide
44. A. cloudy	B. normal	C. different	D. warm

【答案与解析】“we __42__ it when the sun is shining”与“We see the sky is __43__”为正对对偶式同构。第 42 题所在句子中的“we”对应第 43 题所在句子中的“We”,“__42__”对应“see”,“it when the sun is shining”对应“the sky is __43__”。正对对偶式同构中各个相

对的部分在语义上相同、相近、互补或相衬。根据正对对偶式同构的特征，我们判断第 42 题应该选填与“see”意义相近的“notice”，第 43 题应该选填“blue”，因为“the sun is shining”与“the sky is blue”语义互补。第 43 题后接“but”，说明“the sky is __43__”与“a __44__ day”语义相反。因此，第 42 题选 D，第 43 题选 B，第 44 题选 A。

对偶式同构的提法是本文的大胆尝试。对偶式同构既有别于词汇衔接，又有别于汉语的对偶，也有别于修辞中的排比。对偶式同构是作为一种衔接形式而独立存在的语言形式。对偶式同构的种类繁多。显性对偶式同构可与汉语的对偶媲美，能达到形式美、音韵美的表达效果。运用对偶式同构讲评高考试题，不仅能提高学生的语言能力，还能提高学生的语篇能力，也是培养学生英语学科核心素养的新路径。

第八章　教师发展

第一节　高中英语教师专业素质现状分析与思考

教师专业发展已进入一个新时期,促进教师专业发展、提高教师专业水平已成为我国教育的焦点,提高高中英语教师专业素质成为这项工作的重要内容(寇尚乾,2010)。我区高中英语教师是否具备良好的专业素质?存在哪些问题?如何解决?要解答这一系列问题迫切需要我们开展关于教学一线真实情况的调查研究。为此,笔者在重庆市合川区教育科学研究所组织的系列教研活动中,通过对我区7所高中的英语教师进行听课、抽样调查和访谈等方式,了解他们专业素质的现状,并针对问题提出了相应的对策,旨在为我区高中英语教师培训提供参考。

一、高中英语教师专业素质构成

(一)专业技能

专业技能是指教师做好教育教学专业工作所需要的知识与技能,主要包括教育理论知识、学科知识、通识知识、前瞻性知识和现代教育技术(童云飞 等,2010)。高中英语教师的专业技能是指教师对高中英语学科"是什么""为什么""怎样做"和"做得怎样"的知晓度与达成度。

(二)专业情意

专业情意是指教师对教育事业的情感态度与价值观的融合,是教师职业道德的集中体现,也是教师专业持续发展的根本动力(童云

飞 等,2010)。高中英语教师的专业情意是指教师对高中英语教学价值和意义的深刻理解,以及在工作实践中形成的理想教学效果的思想境界。

(三)专业自我发展意识

专业自我发展意识是指教师为了获得自身专业发展而自觉调整、完善自身教育理念与行为的意识,即教师对自身发展的反省认知(童云飞 等,2010)。高中英语教师的专业自我发展意识是指教师对英语学科前沿文化有追求的自觉性,具备终身发展的意识,力求成为一个"自我学习引导者",以适应英语教学工作的需要。

二、高中英语教师专业素质现状分析

(一)高中英语教师缺乏课标研究

通过听课我们得知,我区部分高中英语教师对于高中英语新课标的理解有偏差,忽视语言知识和语言技能的教学,而热衷于搞形式上的"情感、态度、价值观"。教师对课文关键单词和句型的处理不到位,导致学生消化不良,难以有效表达;学生对所学知识似懂非懂,长此以往,问题积少成多,积重难返。高中英语新课标提出了语言技能、语言知识、情感态度、学习策略和文化意识五方面的目标,其中最核心的应是语言技能;没有对语言知识的熟练掌握,培养语言技能及语言运用能力只能是一句空话。阅读课上学生还未充分理解课文,教师就迫不及待地要求学生完成一些综合运用型任务,如编对话、写作等。出现这种情况有两种可能,一是教师有片面理解新课标之嫌,二是为了展示自己新的教学理念来迎合教研员。

(二)高中英语教师缺乏专业素养

从调查可知,我区高中英语教师专业素养不高,对选修课程的开设感觉难度极大。课程改革后高中英语实行模块化课程任务,选修课分为顺序选修和任意选修,其中任意选修包括《初级财经英语》《信息技术英语》《英语演讲与辩论》《英语影视欣赏入门》等课程,这些课程的开设对教师的要求相当高。英语教师必须具备丰富的民族文化、历史、地理、政治、经济和社会知识，才能使学生掌握语言这一工具，且还要具备流利、标准的英语口语，才能更好地培养学生的语感。高中英语教师普遍认为在短时期内承担任意选修模块的英语教学任务有些勉为其难。这表明我区高中英语教师的专业素质现状与社会发展的要求有一定的距离。

（三）高中英语教师缺乏文化意识

从调查可知，我区高中英语教师对跨文化交际知识了解甚少，缺乏对学生异国文化的培养，没有意识到英语作为一门语言，最终的目的是用来交流，忽略了英语和母语之间的文化差异，忽略了对学生语用能力的培养。究其原因，是由于受应试教育的影响，英语教师授课拘泥于教材，传授的知识面窄。教师跨文化交际能力欠佳原本就是“先天不足”，进入大学后往往又重视各类过级考试、忽视理论课程的学习，导致其跨文化交际能力较低，难以鉴别中外文化异同自然就在情理之中了。高中英语教师跨文化交际能力欠缺，需要加强自身跨文化交际能力的培养。

（四）高中英语教师缺乏科研能力

从调查可知，我区部分高中英语教师教育科研意识淡薄、专业化研究不足，只重视教学任务的完成，重视备课、上课、批改作业、课外辅导等教学常规工作，没有时间和精力搞教育科研，甚至把教育科研与课堂教学对立起来。不少教师每学期的教学总结流于形式，教学论文的写作也是敷衍了事。他们缺乏发现问题、确定课题的能力，缺乏查阅和整理文献资料的能力，缺乏通过观察、调查、访问、实验等方法收集资料、分析数据的能力，缺乏批判性反思与自我发展能力，更不用说开发课程资源的能力。这表明我区高中英语教师重教研、轻科研，没有意识到科研的重要性。

（五）高中英语教师缺乏创新精神

从访谈得知，我区部分高中英语教师的主要任务是教教材，而不是用教材教，缺乏对教材的处理能力。至于为什么要教这些、为什么要这么教、怎样教更好，他们没有进行深入思考，而是成了游离于教学过程之外的被动旁观者，成了教育行政部门的各项要求的机械执行者，成了教研部门提供的一些模式的盲目模仿者，成了各种教学参考资料的简单照搬者。他们的教育教学活动的自主权受到了限制。这说明高中英语教师专业自主名不副实，缺乏自主创新意识。

三、提高高中英语教师专业素质的思考

（一）强化课标研究，转变的教师的教学观念

目前我区部分高中英语教师对新课程理念存在片面理解，没有理解新课标的真正内涵，存在为了课标而课标的现象。基于此，笔者建议我区应加强高中英语教师培训力度，培训过程应以教师为本，培训中应有教师全过程的充分介入，建立平等、民主、和谐的相互关系，营造良好的学习、探究、合作氛围，以参培教师为主体，充分开发和利用教师自身的资源，交流经验，实践反思，共同参与新课程的开发和培训，且培训方式要灵活多样，可以采用专家讲座、问题探究、同行交流、案例教学、情境体验等多种方式。高中英语教师也应加强学习，了解新课标的性质，掌握新课标的理念、设计思路，研究课程目标和内容标准，明确实施途径，研究和掌握新的教材教法，把握新课标对具体教学内容的要求，以新课标的真正内涵为依据来进行教学，提高教学的针对性和实效性。

（二）采取多种形式，增强教师的专业素养

教师自己首先要重视并加强自身英语专业素养的提高，通过不断学习来填补专业素养方面的不足，教育行政部门也应为提高英语教师专业素养提供平台。因此，笔者建议从以下几方面入手，提高教师专业素养。首先，应着眼于更新和拓展高中英语教师的知识结构，让教师掌握英语学科发展的前沿动态，汲取最新科研成果。比如，中学研究员级教师五年一次学术休假，中学高级教师每四年、中学一级教师每三年进高校研修培训一次。其次，充分利用区内资源，发挥教研员、研究员级教师、特级教师、学科带头人的辐射引领作用，采取

"走出去、请进来"内引外联的工作举措,这些也是提高教师专业素质的有效方法。比如,我区组织校长、教师到北京师范大学学习,邀请魏书生作报告等,都是很好的方式。最后,充分挖掘校内资源,促进教师之间的交流学习。比如,可以采用"一课五研"的模式,即"磨课""诊课""推门课""观摩展示课""学后展示课",力争每一堂常规课都由英语备课组成员集体研磨而成,成为全组成员集体智慧的结晶。

(三)体验真实语境,激发教师的文化意识

语言学的研究成果表明,任何一种语言都具有社会性,其产生、发展都离不开使用这种语言的社会群体、客观社会环境和特定的文化背景。良好的语言环境和文化氛围,有益于学习者了解异国文化、增强语感、促进学习者对英语的理解和掌握(张丽薇,2019)。笔者认为,高中英语教师应实际体验跨文化语境,自觉学习和了解西方国家的科技、文化、政治等方面出现的新动向,不断更新知识,提升自身的知识层次,增强自身的跨文化意识,尽量多看英文原版电影,多听英语广播、英语故事和英美文化背景知识的讲座。英语教研组可探索开展英语课外阅读和英语技能竞赛活动,尽可能营造一个学英语、讲英语、用英语的"社会群体",以期对学生起到潜移默化的作用。

(四)立足校本教研,促进教师的科研水平

校本教研是以学校为基础的教学研究,它是"为了学校""在学校中""基于学校"的一种以学校为本位的教学研究。学校的教研工作应找准定位,以课程实施和推进中的各种实际问题为研究对象,以解决问题为研究目的,培养教师以研究者的眼光审视、分析和解决教学中的问题,提高课堂教学的效度。笔者建议高中英语教师多参与校本教研,有条件的学校还可以进行校本课程开发。开发校本课程时应注意准确理解国家课程标准,熟悉校本课程开发的范围和程序,精心设计校本课程结构和编写课程方案,开发丰富多彩的英语课程资源,且创造性地对课程资源加以整合。

（五）培养专业情意，提升教师的创新意识

关于教师创新能力，有研究者提出是指教师在现代教育观的指导下，能进行教育教学探索和科研实践活动，从而创造出符合教育规律且能产生积极效益的新理论、新方法的能力。它是教师专业素质的核心。笔者认为高中英语教师只有树立课改信心，形成正确的课程观、学生观、事业观，克服职业倦怠，建立对高中英语教育的情感依恋，才能形成自身专业发展的动力和源泉，才能对自己的教学工作产生专业认同感和投入感，才能致力于提高专业素质水平与专业服务水准，并长期保持专业发展的自觉状态，萌生自主创新意识。

第二节　高中英语教师课程意识调查与研究

《普通高中英语课程标准（实验）》（教育部，2003）明确要求高中英语教师必须具备相应的课程意识，能转变教育观念，创造性地探索促进学生全面发展的教学方法，努力使自己成为研究型教师。教师课程意识是指教师在教育实践中建构对课程的理解，在此基础上形成对课程系统的敏锐感知和自觉的、有目的的反应，包括课程理念意识、课程目标意识、课程实施意识、课程资源意识、课程评价意识五个方面（张影，2009）。重庆市实施高中新课程改革已逾十年，全面了解与把握重庆市合川区高中英语教师课程意识的现状，发现和解决教师在课程改革中遭遇的种种问题，对于当前新一轮高中英语课程的健康，对于持续推进和提升高中英语教师专业化水平，无疑具有十分重要的现实意义。

一、研究设计与过程

1. 研究问题

在交谈中，重庆市合川区高中英语教师向笔者讲述了新课程实施过程中遇到的一些情况。由此，笔者有如下思考：高中英语教师课程意识现状究竟怎样？影响高中英语教师课程意识的因素有哪

些？如何提升高中英语教师课程意识？

2. 研究对象

本研究调查对象为重庆市合川区7所高中的77名在职高中英语教师。从整体上看，研究对象的分布比较均匀，覆盖了我区各种层次的高中，教师年龄、教龄梯度较好。他们中有高级教师、中学一级教师、中学二级教师，有硕士研究生、本科生，这有利于全面呈现我区高中英语教师的课程意识。

3. 研究工具

本研究采用问卷调查和访谈的方法，将定性研究与定量研究相结合。调查问卷主要从课程理念意识、课程目标意识、课程实施意识、课程资源意识、课程评价意识五个方面进行设计；访谈问题主要围绕问卷展开，旨在对高中英语教师内心思想进行深度了解和把握，以期与定量研究中获得的数据互为参照和佐证。本次调查共发放问卷77份；收回问卷77份，回收率100%，有效问卷77份；共访谈高中英语教师14名。

4. 数据收集

笔者在重庆市合川区高中英语新课程研讨课活动现场进行问卷调查，问卷当场发放、当场填写、当场回收。对于调查所获取的数据，运用EXCEL进行数据录入及相关的统计与分析；在问卷调查之后进行访谈。

二、研究结果与分析

1. 课程理念意识

课程理念指引着教学过程和学习进程，在很大程度上保证了英语教学的成功。能否有效地领会和掌握课程理念直接影响课程的实施，教师只有遵循课程标准的理念，才能使自己的教学真正卓有成效（林立，2012）。

根据图8.1可知，在77位被调查的高中英语教师中，9.1%的教师选择了“非常了解”，33.8%的教师选择了“基本了解”，高达49.4%的教师选择了“不怎么了解”，还有7.8%的教师选择了“不了解”。

这说明我区高中英语教师的课程理念意识还不够理想，一半以上教师对课程理念没有清晰的概念，甚至不能完整说出新课标提出的六条基本理念。这应该引起高度重视。教师是新课程改革的中坚力量，教师拥有课程理念意识是课程改革顺利实施的前提。当然，教师的课程理念意识不是一朝一夕就能够形成的，需要教师用很长一段时间去了解、去适应、去消化，然后慢慢地使之成为自身行为的一种指导力量。我区高中英语教师也在经历着这样一个过程，教育研究部门有责任搭建平台促进这一过程的发展，缩短其酝酿过程。

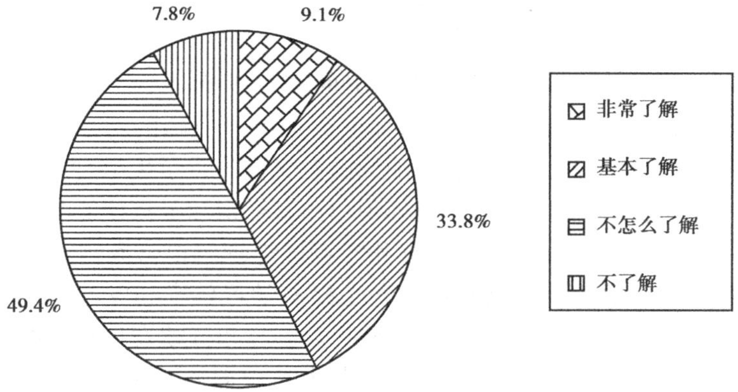

图 8.1 高中英语教师的课程理念意识

2. 课程目标意识

新课标提出的课程目标结构符合国际上先进的教学理念，涵盖了第二语言习得研究的全部课题，它是衡量教师教学质量的重要标志，也是学生素质提高的基本要求和标准，规定着教学活动的方向（林立，2012）。

根据图 8.2 可知，在 77 位被调查的高中英语教师中，42.9%的教师选择了"非常认同"，50.6%的教师选择了"基本认同"，仅有 6.5%的教师选择了"不怎么认同"。这说明我区大多数高中英语教师在思想上摒弃了传统教育中侧重知识和技能的传授的课程目标，接受了语言知识、语言技能、学习策略、文化意识、情感态度五维目标，树立

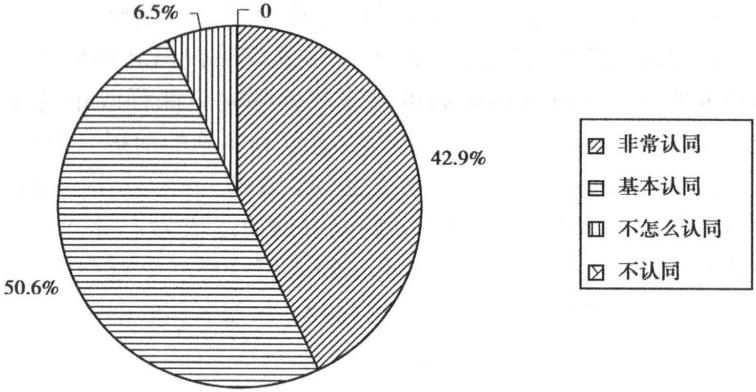

图 8.2 高中英语教师的课程目标意识

了全面的课程目标意识，这在与部分高中英语教师的访谈中得到了印证。一些教师清楚五维目标相辅相成，共同促进学生综合语言运用能力的形成与发展；一些教师能够说出语言知识和语言技能是综合语言运用能力的基础，文化意识有利于正确地理解语言和得体地使用语言，有效的学习策略能够帮助学生提高学习效率和发展自主学习能力，积极的情感态度有利于促进主动学习和持续发展；一些教师还明白五维目标体现了课程的工具性和人文性；一些教师已经有对课程目标进行创造性处理的意识，能够灵活地根据学生的认知状况来调整课程目标。从总体上来看，我区高中英语教师有较好的课程目标意识。

3. 课程实施意识

《普通高中英语课程标准（实验）》（教育部，2003）提到要改变课堂教学以教师为中心、单纯地传授书本知识的教学模式，教师应积极帮助学生发展探究知识的能力、获取信息的能力和自主学习的能力；教师要优化教育教学方式，使课堂教学活动的设计有利于学生充分利用、分享已有知识与经验；教师要鼓励学生学会合作，发展与人沟通的能力。

表 8.1 高中英语教师的课程实施意识(多选)

项目	教师讲授	动手实践	合作交流	自主探究
经常使用	76.6%	10.4%	28.6%	16.9%
比较常用	23.4%	24.7%	39.0%	22.1%
不太使用	0	57.1%	31.2%	37.7%
不使用	0	7.8%	1.3%	23.4%

根据表 8.1 可知,在 77 位被调查的高中英语教师中,76.6%的教师经常使用"教师讲授"的教学方式,分别有 10.4%、28.6%、16.9%的教师经常使用"动手实践""合作交流"和"自主探究"的教学方式。这说明随着新一轮课程改革的进一步推进与发展,我区部分高中英语教师的课堂教学方式发生了变化,开始尝试使用"动手实践""合作交流"与"自主探究"等教学方式,增添了课堂气氛,活跃了学生思维,促进了学生学习,提高了教学水平。但值得深思的是,"教师讲授"在目前高中英语教学中还占有相当大的比重,这意味着教师只负责教、学生只负责学的现象还比较严重,教学活动未能凸显交往互动的本质,教师的角色没有从知识传授者转变到学生发展的促进者,教师没有把课程目标意识转化为课程行动,进而不能运用多样化的教学方式进行教学。鉴于此,高中英语教师应逐步加强"动手实践""合作交流""自主探究"等教学方式的学习,逐渐强化自身的创新思维,积极参与各级各类英语说课、赛课活动,提高自身的课程实施意识。

4. 课程资源意识

积极开发多样性的课程资源并加以合理利用是英语课程顺利实施的有力保障,它可以使学生尽可能多地从不同渠道、以不同形式接触、学习和使用英语,亲身感受和直接体验英语及英语的运用,对促进学生个性的全面发展和提高英语教学的效果有至关重要的作用(重庆市普通高中新课程实验领导小组办公室,2012)。

表 8.2 高中英语教师的课程资源意识(多选)

项目	英语教辅	语音设施	报纸杂志	网络信息	跨学科课程	家长	学生
人数	77	71	39	45	7	16	36
百分比	100%	92.2%	50.6%	58.4%	9.1%	20.8%	46.8%

根据表 8.2 可知,在 77 位被调查的高中英语教师中,100%的教师使用英语教辅资源,92.2%的教师使用语音设施资源,50.6%的教师使用报纸杂志资源,58.4%的教师使用网络信息资源,46.8%的教师使用学生资源,20.8%的教师使用家长资源,仅有 9.1%的教师使用跨学科课程资源。这说明我区高中英语教师对课程资源的开发主要依赖英语教辅、语音设施等资源,对课程资源中的人力资源(家长、学生)的重要性的认识还不够,尤其缺乏对跨学科课程资源的开发与利用。出现这样的情况是由于教师对课程资源开发理解的角度单一,且在教学过程中教学方法单一,使得教师缺乏对课程资源进行多重开发的意识,很多有效的课程资源没有真正进入课堂。为此,高中英语教师应充分利用各种课程资源,丰富英语课堂,让课堂呈现生机与活力。当然,教师在开发课程资源时,不能以数量多少来衡量其价值大小,应注意选择,关键是让学生容易接受、容易理解,学有所获。

5. 课程评价意识

评价在教学实践中占据十分重要的地位。它能促进学生全面发展;它能使教师获得英语教学的反馈信息,对自己的教学行为进行反思和调整,不断提高教育教学水平;它能使学校及时了解课程标准的执行情况,改进教学管理,促进英语课程的不断发展和完善(林立,2012)。

表 8.3 高中英语教师的课程评价意识(多选)

项目	考试成绩	课堂表现	平时作业	记录袋	评语
人数	73	45	34	38	19
百分比	94.8%	58.4%	44.2%	49.4%	24.7%

根据表8.3可知，在77位被调查的高中英语教师中，94.8%的教师习惯于用考试成绩来评价学生，58.4%的教师喜欢用课堂表现的方式，44.2%的教师选择用平时作业的方式，49.4%的教师选择用记录袋的方式，还有24.7%的教师选择了评语的方式。这说明我区高中英语教师的课程评价意识已经悄然发生了变化，在选择评价方法时开始关注学生个体差异，把形成性评价和终结性评价相结合，并开始关注学生的表现性评价，做到了评价方式多元化、评价内容客观化。但也必须看到，甄别、选拔的评价观念在多数高中英语教师的脑海里仍根深蒂固，教师对课程评价的功能和作用还没有清晰的认识，这阻碍了评价的激励、诊断和发展功能的有效发挥，不利于促进学生的全面发展。当然，要转变教师的课程评价意识，光靠教师一己之力是无法改变的，需要教育评价体系的改革与发展，以及过程性评价的深度推进。

三、研究的影响因素

1. 教师影响因素

高中英语教师的教学观念、教学能力与新课标要求之间的差距是影响课程意识的一个重要因素，教师年龄、教龄、性别、学历水平、学校层次也对高中英语教师的课程意识有不同程度的影响。年轻教师思维活跃，容易接受新事物，课程意识明显好于年龄偏大的教师；教龄在15年以上的教师由于已经形成了自己稳定的教学风格，课程意识不如教龄相对较短的教师；部分女性教师由于天生的“求安”“求稳”心理，不愿意改变得心应手的教学方式，课程意识不及喜欢接受挑战的男性教师；研究生学历的教师由于接受了更好的教育，课程意识明显好于本科学历的教师；重点高中教师由于占有比较丰富的资源，课程意识普遍好于普通高中的教师。

2. 培训影响因素

目前高中英语教师的培训方式单一，多采用“端坐静听”单向灌输的方式，教师无法参与其中，缺少互动交流，且培训内容没有根据高中英语教师的需求来设定，缺乏针对性。笔者在与某校高中英语教研组长访谈中还了解到，现行的英语培训覆盖面虽大，但由于资金等原因，高端英语培训（如"出国培训""国培脱产置换培训"等）名额有限，主要是英语骨干教师参加，大多数英语教师没有机会参加高规格的培训，而是参加档次较低的培训，仅限于短期全员培训、通识培训或网络培训等，对英语教学的指导意义不大。

3. 引领影响因素

英语教研员的教学视导方式往往是专家导向型的、自上而下的鉴定式的指导方式，部分教研员缺乏与高中英语教师双向互动、平等交流的探讨，教研工作重心没有下沉，且原有的教学经验和教学能力上的优势呈弱化趋势，英语专业知识结构、英语教育理念、英语思维方式均亟须更新，示范引领作用较为有限。大学英语教授、专家到高中学校进行指导的次数有限，且某些高校专家常常讲一些深奥的理论，不能切实解决教学中的实际问题，这在一定程度上影响了高中英语教师的课程意识。

4. 评价影响因素

教育行政部门评估学校办学业绩仍以学校的"升学率"为主要指标，社会各界关注的焦点是哪个学校多少学生上了名校，家长最关心的是学生的考试成绩，高中英语教师处于矛盾之中。如果按照新课程改革理念中所倡导的评价方法和标准开展教学，学生成绩下降了怎么办？学校升学率下降了怎么办？为了提高本校的高考升学率，一些高中出现了一方面积极倡导新课程改革，一方面扎扎实实地开展应试教育的局面。他们不敢为了追求素质教育而丢掉升学率，也不敢拿学生的前途来做试验，处于极度矛盾的状态。这些因素也影响了教师的课程意识。

5. 保障影响因素

与新课程相配套的政策保障措施不到位，推进课程改革的体制不健全，教师待遇、教学设备、相关经费等保障措施与新课标的要求有一定差距，致使课程改革遇到了制度性和条件性障碍，制约了课程改革的步伐，也影响到教师的课程意识。

四、研究对策与建议

1. 进一步提高教师自身素质

高中英语教师应积极参与新课程改革，增强自身课程意识。首先，高中英语教师应明确新一轮课程改革的目的、意义和步骤等，使自己转变课程观念，真正从“课程执行者”转变为“课程参与者”。其次，高中英语教师应系统地读一些英语理论和实践方面的专著，特别是一些优秀的英语教学专业期刊，如《中小学外语教学》《中小学英语教学与研究》《基础教育外语教学研究》等，以提升自身的理论修养，并运用于教学实践中。最后，高中英语教师应经常互相观课议课，找出对方上课的优点与不足，创新听说课、读写课、语法课、词汇课、复习课等不同课型的教学方式。

2. 进一步提升教师培训质量

教育培训部门应在培训方式、培训内容和培训层次上下功夫，以增强高中英语教师的课程意识。在培训方式上，增加参与式培训，通过话题讨论、短剧表演、采访、沙龙等方式，让教师在小组活动中接受培训；在培训内容上，加强高中英语教师培训需求调研工作，注重理论与实践相结合，找出高中英语课堂教学中具有代表性的问题，可尝试推出“菜单式”培训，让教师自行选择培训内容；在培训层次上，以“国培”为重点，市级培训为阵地，区级培训为推手，校本培训为基础，自我培训为保障，分层次组织培训，让更多的高中英语教师参与培训。

3. 进一步加强专家学者引领

教育研究部门应经常亲临学校，为高中英语教师提供专业引领。首先，要充分发挥英语教研员在课程改革中的作用，尊重教研工作的独立性和专业特点，要保证英语教研员把主要时间和精力都投入到教研工作中去（梁歆 等，2010）。其次，大学英语教授、专家应走出象牙塔，走进高中英语课堂、走近高中英语教师，改变理论与实践相脱节的现状，与高中英语教师一起磨课，发挥学术支撑的作用。比如，可尝试建立由大学英语专家、英语教研员、高中英语教师组成的英语学习共同体。这种模式能够为高中英语教师提供有效的专业引领，增强他们的课程意识，不失为一种积极有益的探索与尝试。

4. 进一步推进评价机制改革

教育考试部门应该探索多元化的高中英语评价体系。英语教育既是一种语言教育，涉及语言知识、语言技能和学习策略，具有工具性的一面，也是一种文科教育，涉及情感态度和文化意识，具有人文性的一面；前一种可以进行量化评价，后一种只能采用质性评价。教育部将探索英语不再在统一高考时举行，实行社会化一年多考的改革，由学生自主选择考试时间和次数，这打破了一考定终身的局面，树立了多元的质性评价依据，做好了英语评价改革的顶层设计，将有助于高中英语教师课程意识的生成。

5. 进一步搞好课程行政保障

教育行政部门应为高中英语新课程实验提供政策支持、专业支持和财力支持，要在督促学校依法实施新课程和提供课程资源与条件保障方面发挥主导作用，承担主要责任（高洪德，2012）。各级教育行政部门都应当充分认识课程改革对于促进基础教育发展的重要意义，把课程改革作为基础教育改革与发展的核心内容之一。

第三节　关于高中英语阅读教学观念和教学手段现状的调查报告

一、问题的提出

“高中英语批判性阅读教学研究”是由重庆市合川中学申请、经重庆市教育科学研究院立项并批准的重庆市“十二五”规划课题（批号：2015-JC-106）。为了了解高中英语阅读教学的现状、存在的问题，探索新课程理念下英语阅读教学的基本原则、基本途径，探求新课程理念下的英语阅读教法，构建高中英语批判性阅读教学模式，笔者对重庆市某重点高中的英语教师进行了问卷调查。

二、调查方法

问卷共设计单项选择46题，均为客观题。问题涉及四个方面，即教师基本情况、对新课标和教学理论的了解情况、教师阅读教学理念和阅读教学现状。本次调查发出问卷43份，收回40份，收回率93%，有效份数37份，有效率86%。

三、调查结果及简要分析

（一）教师基本情况

所调查的中学是重庆市首批省级重点中学之一，全校教师375人，高中英语教师43人，占11.5%。

表8.4　教师基本情况

年龄（比例）	21~30岁（40.5%）	31~40岁（24.3%）	41~50岁（35.1%）	51~60岁（0）
教龄（比例）	3年以下（8.1%）	3~6年（37.8%）	7~12年（18.9%）	13年以上（35.1%）
学历（比例）	教育硕士（8.1%）	文学硕士（8.1%）	本科（83.8%）	专科（0）
学历获得途径（比例）	全日制（40.5%）	在职进修（13.5%）	函授或自考（27.0%）	离职进修（18.9%）
出国经历（比例）	一年以上（0）	半年（0）	三个月（8.1%）	没有（91.9%）
自己学好英语的方式（比例）	语法和词汇+阅读（62.2%）	语法和词汇+听说（29.7%）	语法和词汇+写（5.4%）	语法和词汇+翻译（2.7%）
父辈或成长过程中有影响的人对英语的掌握情况（比例）	精通（13.5%）	一般（10.8%）	学习过（10.8%）	不懂（64.9%）

续表

教学经历(比例)	初中、高中、大学(兼)(24.3%)	初中、高中(37.8%)	高中(37.8%)	其他(0)
对英语教育的热爱程度(比例)	非常热爱(32.4%)	比较热爱(27.0%)	工作需要(40.5%)	不喜欢(0)
教学效果(比例)	很满意(35.1%)	一般(48.6%)	不太满意(16.2%)	没有感觉(0)

表 8.4 显示,该校教师比较年轻化,全都是在 50 岁以下。其中青年教师很多,30 岁以下的教师占40.5%,教龄在 3 年以上的占91.9%,教龄在 6 年以上的占 54.0%。

该校教师的学历都是大学英语本科以上,英语教育硕士和英语文学硕士各三人,硕士学位占 16.2%。40.5%的教师是通过全日制大学学习获得的最后学历,40.5%的教师是通过在职进修、函授或自考等方式获得的最后学历,18.9%的教师是通过离职进修的方式获得的最后学历。通过“语法和词汇+阅读”的方式学好英语的教师占62. 2%,通过“语法和词汇+听说”方式学好英语的教师占 29.7%。从父辈或其他教师们成长过程中有影响的人掌握英语的情况来看,不懂英语的占 64.9%,精通英语的只有 13.5%。

热爱英语教学的教师占 59.4%,40.5%的教师谈不上热爱,只是工作需要。35.1%的教师对自己的教学效果很满意,16.2%的教师对自己的工作不太满意,需要改进。

（二）对新课标和教学理论的了解情况

表 8.5　对新课标和教学理论的了解情况

对新课标的了解程度（比例）	有深入了解（5.4%）	学习过，有些了解（64.9%）	听说过，但没有专门学习（29.7%）	一点也不了解（0）
对新课程改革的看法（比例）	很有必要（43.2%）	上面怎么说，我就怎么做（43.2%）	没有必要（5.4%）	没有什么看法（8.1%）
对英语阅读理论的了解程度（比例）	了解（18.9%）	不十分了解（62.2%）	很少接触（8.1%）	对理论不感兴趣（10.8%）
作为英语教师了解英语阅读理论（比例）	很有必要（59.5%）	没有必要（29.7%）	不知道（10.8%）	—
对批判性阅读的了解程度（比例）	有深入了解（0）	学习过，有所了解（5.4%）	听说过，但没有专门学习（10.8%）	一点也不了解（83.8%）
所理解的批判性阅读（比例）	不清楚（59.5%）	批评作者的有些观点（29.7%）	否定作者的某些观点（10.8%）	怀疑作者的某些观点（0）

表 8.5 显示，被调查的教师对新课标的了解程度不够，只有 5.4%的教师对新课标有深入了解，64.9%的教师有一些了解，但不深入，29.7%的教师只是听说过，但没有专门学习。43.2%的教师认为新课程改革很有必要，43.2%的教师被动接受，不反对，上面怎么要求他们就怎么做。了解阅读理论的教师只占 18.9%，多数教师不十分了解，有 10.8%的教师对理论不感兴趣。但还是有 59.5%的教师认为很有必要了解英语阅读理论，这说明大多数教师有了解阅读理论的欲望。对批判性阅读有所了解的教师只占 5.4%，听说过但没专门学习的教

师占10.8%。但40%左右的教师所理解的批判性阅读都是对批判性阅读的误解或片面理解。

（三）教师阅读教学的理念

表8.6 教师阅读教学的理念

英语阅读的目的(比例)	扩大词汇量(27.0%)	理解内容，获取信息(62.2%)	大声朗读，练习发音(5.4%)	其他(5.4%)
鼓励学生进行课外阅读的频率(比例)	经常(75.7%)	有时(18.9%)	很少(2.7%)	从不(2.7%)
给学生补充课外阅读材料的频率(比例)	经常(45.9%)	有时(35.1%)	很少(16.2%)	从不(2.7%)
补充的课外阅读材料类型(比例)	与课文内容相关的(56.8%)	学生感兴趣的(8.1%)	对学习其他学科有帮助的(8.1%)	不同题材、扩大学生知识面的(27.0%)
对英语学习影响最大的因素(比例)	兴趣、动机(73.0%)	个人智力(8.1%)	学习环境(13.5%)	学习方法(5.4%)

表8.6显示，62.2%的教师认为英语阅读的目的是理解内容、获取信息，27.0%的教师认为是扩大词汇量。75.7%的教师经常鼓励学生进行课外阅读。45.9%的教师经常给学生补充课外阅读材料。56.8%的教师补充的阅读材料与课文内容相关，27.0%的教师给予学生不同的题材以扩大知识面。73.0%的教师认为对英语学习影响最大的因素是兴趣与动机，认为学习环境和学习方法影响最大的不到20%。

（四）教师阅读教学的现状

表 8.7 教师阅读教学的现状

学生在阅读方面存在的最大问题(比例)	词汇量太小(73.0%)	缺乏大量的阅读练习(10.8%)	缺乏阅读技巧(13.5%)	不清楚(2.7%)
英语阅读教学应该侧重的方面(比例)	语法(2.7%)	词汇(37.8%)	内容理解(43.2%)	阅读技巧(16.2%)
最能提高学生阅读水平的因素(比例)	词汇量(43.2%)	阅读技巧(5.4%)	阅读练习(21.6%)	阅读解题技巧(29.7%)
是否讲授阅读技巧(比例)	经常(37.8%)	有时(54.1%)	很少(8.1%)	从不(0)
如何处理阅读中的文化背景知识(比例)	细讲(0)	简单讲解(86.5%)	不讲解(10.8%)	不清楚(2.7%)
阅读教学中如何处理语法知识(比例)	细讲+练习(35.1%)	简单讲解+少量练习(37.8%)	简单讲解、不练习(27.0%)	不讲解、不练习(0)
阅读课教学方式(比例)	教师讲、学生听(27.0%)	分组阅读讨论(21.6%)	语法、分析练习(29.7%)	其他(21.6%)
阅读教学中处理生词的方式(比例)	先教生词(43.2%)	在阅读过程中理解(35.1%)	根据上下文猜测(21.6%)	其他(0)
阅读教学中的主要活动(比例)	语言点的讲解(29.7%)	课文内容的讲解(40.5%)	与课文相关的活动(21.6%)	其他活动(8.1%)

续表

是否赞成分组阅读(比例)	非常赞成(2.7%)	赞成(54.1%)	不赞成(18.9%)	无所谓(24.3%)
是否测试过学生的阅读速度(比例)	是(51.4%)	否(48.6%)	—	—
学生是否有不良的阅读习惯(比例)	有(81.1%)	没有(18.9%)	—	—
进行阅读教学时使用最多的教学设备(比例)	录音机(21.6%)	多媒体(24.3%)	教学挂图(8.1%)	没有用设备(45.9%)
是否引导学生对文章进行预习(比例)	经常(24.3%)	有时(59.5%)	很少(8.1%)	从不(8.1%)
是否引导学生从文章的标题来猜想或预测文章大意(比例)	经常(2.7%)	有时(2.7%)	很少(73.0%)	从不(21.6%)
是否引导学生先大致浏览文章,了解其大意(比例)	经常(45.9%)	有时(35.1%)	很少(16.2%)	从不(2.7%)

续表

是否引导学生做标记或注释来帮助自己理解文章或表达自己的看法（比例）	经常（51.4%）	有时（8.1%）	很少（8.1%）	从不（32.4%）
是否引导学生质疑作者的观点（比例）	经常（5.4%）	有时（8.1%）	很少（13.5%）	从不（73.0%）
是否引导学生从不同角度判断某一观点的合理性（比例）	经常（2.7%）	有时（2.7%）	很少（21.6%）	从不（73.0%）
是否引导学生运用已经掌握的背景知识来帮助自己理解文章（比例）	经常（2.7%）	有时（16.2%）	很少（37.8%）	从不（43.2%）
是否引导学生一边阅读一边勾画重要信息或以笔记方式记下重要信息（比例）	经常（51.4%）	有时（32.4%）	很少（8.1%）	从不（8.1%）
是否引导学生自己提出问题并通过反复阅读解决问题（比例）	经常（2.7%）	有时（21.6%）	很少（2.7%）	从不（73.0%）

续表

是否引导学生尝试总结文章每段的段落大意以及文章的中心思想(比例)	经常(45.9%)	有时(35.1%)	很少(16.2%)	从不(2.7%)
是否引导学生注意作者的措辞在语气、态度方面的隐含意义(如讽刺、幽默等)(比例)	经常(8.1%)	有时(32.4%)	很少(51.4%)	从不(8.1%)
是否引导学生根据文中线索推测某句或某段的含义(比例)	经常(5.4%)	有时(8.1%)	很少(13.5%)	从不(73.0%)
是否引导学生怀疑信息的可信度(比例)	经常(5.4%)	有时(27.0%)	很少(5.4%)	从不(62.2%)
是否引导学生去分析文章的组织结构(比例)	经常(21.6%)	有时(43.2%)	很少(32.4%)	从不(2.7%)

续表

是否引导学生将读到的内容与自己的亲身经历相联系来协助分析文中的观点(比例)	经常(2.7%)	有时(24.3%)	很少(27.0%)	从不(45.9%)
是否引导学生寻求答案的依据(比例)	经常(43.2%)	有时(18.9%)	很少(24.3%)	从不(13.5%)
是否引导学生归纳文章的主旨大意或以阅读报告的方式记录自己所读文章的内容或感想(比例)	经常(21.6%)	有时(29.7%)	很少(32.4%)	从不(16.2%)
使用教学材料的主要来源(比例)	课本(43.2%)	报纸杂志/网络(8.1%)	习题(45.9%)	其他(2.7%)

表8.7显示,在被调查的教师中,多数教师(73.0%)认为学生在阅读方面存在的最大问题是词汇量太小。43.2%的教师认为词汇量最能提高学生的阅读水平,29.7%的教师认为阅读解题技巧最能提高阅读水平,21.6%的教师认为阅读练习能提高阅读水平。

阅读教学目的方面,教师的意见不太统一,43.2%的教师认为英语阅读教学应该侧重于内容理解,37.8%的教师认为应该侧重于词汇教学,16.2%的教师认为应该侧重于阅读技巧的教学。

阅读教学内容方面,多数教师讲授了阅读技巧,37.8%的教师经常讲授阅读技巧,54.1%的教师有时讲授阅读技巧。在处理阅读中的文化背景知识的方式方面，86.5%的教师都是采取简单讲解，不讲解的只有10.8%。阅读教学中处理语法知识的方式方面，35.1%的教师详细讲解并做适当练习，37.8%的教师简单讲解并做少量练习，27.0%的教师简单讲解、不做练习。

阅读教学方式方面，27.0%的教师是师讲生听，21.6%的教师采取分组阅读讨论的方式，29.7%的教师采取语法和分析练习的方式，21.6%的教师采取其他方式。从这个数据可得知，教师上阅读课的方式是多种多样的。在处理生词的方式方面，43.2%的教师是先教生词，35.1%的教师让学生在阅读的过程中进行理解，21.6%的教师采取让学生根据上下文进行猜测的方式。教学活动方面，40.5%的教师采取课文内容的讲解，21.6%的教师采取与课文相关的活动，29.7%的教师讲课文的语言点。在是否赞成分组阅读的问题上，56.8%的教师赞成或非常赞成，18.9%的教师不赞成。进行阅读教学的设备方面，45.9%的教师没有使用任何设备，24.3%的教师使用了多媒体，21.6%的教师使用了录音机，8.1%的教师使用了教学挂图。教师在阅读教学中，经常引导学生从文章的标题来猜想或预测文章大意、引导学生从不同角度判断某一观点的合理性、引导学生运用已经掌握的背景知识来帮助自己理解文章、引导学生自己提出问题并通过反复阅读解决问题、引导学生注意作者的措辞在语气、态度方面的隐含意义（如讽刺、幽默等）、引导学生怀疑信息的可信度、引导学生将读到的内容与自己的亲身经历相联系来协助分析文中的观点等占比极低，这说明教师在阅读教学中几乎没有进行批判性阅读教学。

四、讨论与分析

从本次调查的结果看，英语阅读课程的开发与改革是我国高中英语教学改革中一个亟待加强的薄弱环节。由于升学考试的压力，许多高中英语教师偏重于传授英语基本知识，而学习先进的教学理论、更新教育理念、尝试教学改革、改进教学方法的积极性有待提高。新课标已颁布了一段时间，宣传力度也很大，但被调查的教师对新课标的了解程度还不够。本次调查反映不少教师还处于现代理念与传统观念的更替中。

第四节　农村高中英语教师语法和翻译的问题及其归因与建议

2019 年 10 月，笔者有幸参与某出版社的审稿活动。稿件撰写者为西部省份农村高中英语教师。这些教师大多为学校的教研组长、备课组长或市级、区级骨干教师，属于当地英语教师中的佼佼者。但是，笔者在审稿中发现，这么优秀的教师在英语语法和英汉翻译方面存在不容忽视的问题。今撰此文，呼吁重视农村高中英语教师语法分析能力与翻译能力的提升。

一、长难句分析及翻译的概念

稿件有一部分为长难句分析与翻译。英语长难句分析是英语语法知识的一部分。《2017 年版课标》指出，"英语语法知识包括词法知识和句法知识：词法关注词的形态变化，如名词的数、格，动词的时、态（体）等；句法关注句子结构，如句子成分、语序、种类等"（教育部，2018）。"句子是一个语言单位，它由词按照语法规律构成，表示一个完整、独立的思想。"（张道真，2002）长难句分析，是指对结构复杂而词数较多的句子，分析其句子成分、语序、种类等，以达到理解句子意义的目的。

长难句分析是翻译的基础，只有分析透彻、准确，才能翻译得准确。翻译是指在准确通顺的基础上，把一种语言信息转变成另一种语言信息的行为。长难句分析和翻译"在理解外语读物和翻译外语材料方面，能给学生以判断正误的工具，从而产生积极效果"（张正东，1999），是国内外高中英语教学中教师乐于使用的教学方法。

二、问题举例

该稿的长难句分析和翻译出现了杜撰语法术语、词语用法模糊、语法项目用法不清、译文语句不通等问题。现仅以下面这句话的语法分析和英译汉时出现的问题为例，进行讨论。

It could take many years before new technologies such as artificial intelligence becomes fully embedded in the economy to the extent that they boost productivity and wages once more.

稿件中对这句话的分析和翻译有以下问题：

（一）杜撰语法术语

在分析这句话时，该稿说这里的“It”为“非指代性代词”。“非指代性代词”这一术语纯属杜撰。

张道真编著的《实用英语语法》中，将代词分为9类：“人称代词、物主代词、自身代词、相互代词、指示代词、疑问代词、关系代词、连接代词、不定代词”（张道真，2002），不见有“指代性代词”“非指代性代词”之说。张道真先生在论及人称代词时，有这么一句话：“在使用人称代词时，有下面几点值得注意”，其中提到上文中“It”的这种用法。从这里我们可以看出，先生把“It”归为“人称代词”类。章振邦（1983）编著的《新编英语语法教程》中也没有“指代性代词”“非指代性代词”的说法。

因此，该稿将这里的“It”称为“非指代性代词”属于杜撰语法术语。

（二）“It”用法模糊

该稿解释“It”的用法时称，“It 为非指代性代词指代时间”。这句话本身就有逻辑错误。既然是“非指代性”，怎么还能“指代”时间呢？

如果我们忽略“非指代性”四个字，将这句话理解为“It 为代词指代时间”，也不符合逻辑，因为“It could take many years”不能理解为“时间可能需要很多年时间”。

笔者认为，这里的“It”为人称代词，“做各种动词形式上的或无意义的主词，模糊地指一般情形，或指上下文可以了解的事物”（Hornby et al.，1987）。而该稿撰写者对“It”的这一用法不熟悉，胡乱编造术语，胡乱分析。

虽然“It”的用法复杂，但它属于非常基础的语法项目，是中学阶段绕不过去的语法项目。

（三）不熟悉“to the extent that”

“extent”是《普通高中课程标准（2017 年版）》列出的 3 000 个单词之一。但该稿撰写者不熟悉这一单词的用法，将这里的“that”引导的从句分析为“定语从句，先行词是 extent”。这肯定是不对的，因为从句“they boost productivity and wages once more”既不缺少主语，也不缺少宾语。一般来说，定语从句中的“that”在从句中作主语或宾语等成分时，从句中要缺少主语或宾语等成分。其实，我们可以将“to the extent that（到……的程度）”（李朋义，2004），看成一个“介词+名词+that”构成的连词，引导结果状语从句。“介词+名词+that”看成一个连词的情况很多，比如“on condition that, in order that, for fear that”等。“to the extent that”相当于“so... that”。本句可以转化为：“It could take many years before new technologies such as artificial intelligence becomes <u>so</u> fully embedded in the economy <u>that</u> they boost productivity and wages once more.”

如果实在要分析这里的“that”引导什么从句，那也应该是同位语从句，而不是定语从句。同位语从句与定语从句，这是要求高中生必须弄明白的两个基本概念。

（四）翻译水平差

该稿撰写者第一稿译文为：“在新的科学技术比如人工智能完全嵌入经济，涉及它能够再一次加速生产力的发展和提高工资的范围可能还会花很多年时间。”

该稿撰写者将“embed”译成“嵌入”是硬译。“技术嵌入经济”，这种表达法不符合汉语的表达习惯。将“to the extent that”译成“涉及……的范围”是误译。汉语的语序不通，读者读后不知所云。

第二稿译文：“人工智能等新技术可能需要多年时间才能完全融入经济，从而再次提高生产率和工资。”

第二稿译文仍然语句不通，因为汉语的“从而”表示“上文是原因、方法等，下文是结果、目的等”（中国社会科学院语言研究所，1978）。因为“人工智能等新技术可能需要多年时间才能完全融入经济”不是“再次提高生产率和工资”的原因，所以第二稿译文也不通顺。

“new technologies such as artificial intelligence becomes so fully embedded in the economy”是“they boost productivity and wages once more”的原因。所以，这句话我们可以这样翻译：“把人工智能这样的新技术充分应用于经济领域，使其达到再次增产增资的程度，可能还需要多年的时间。”

从上面的分析可以看出，稿件撰写者在“语法、词汇、翻译”这三个方面都有问题。这种现象在这次审稿中不是个案。这说明西部农村高中英语教师在专业知识和专业技能方面存在的问题是普遍性问题，这应该引起我们高度重视。

三、问题的归因

导致这些问题的原因有两个方面：一是外部原因，二是内部原因。

（一）外部原因

1. 语法被“淡化”

这些撰稿者学习英语的时候，我国英语教学正好处于一个“语法被淡化”的时期。语法基础薄弱对于撰稿无疑有很大的影响。“1993年后的教学大纲及配套教材相对于1993年以前的大纲和教材，变动较大，存在着本质上的差异。1993年以前沿用的是结构型教学大纲，1993年以后的教学大纲则偏重功能型教学大纲”（庄艳玲 等，2003）。结构型教学大纲理念下的教材是以语法结构体系编写，教学方法以翻译法为主。功能型教学大纲理念下的教材则是以功能意念体系编写，教学方法以交际法为主。考试题型也发生巨大变化，纯粹的语法题由多到少，由少变无。

2. 翻译被弱化

翻译在高中阶段是不作要求的技能。高中阶段一直以来只要求

“听、说、读、写”，《2017 年版课标》增加了“看”，也没有“译”。所以，翻译一直是高中阶段的空白。大学阶段也只在大三、大四的第 6—8 学期开设笔译课程（高等学校外语专业指导委员会英语组，2000）。大四最后阶段，大学生忙于实习，忙于找工作，很难保证全身心投入到课程学习中去，翻译技能怎么能达到理想的效果呢？

3. 工作的学校条件落后

很多教师在偏远的农村学校任教。林安洪（2019）认为，“由于农村学校条件相对较差、教师培训机制不健全等原因，不少英语教师很少参加相关的专业知识培训”。农村地处偏远，学校办学简陋，条件非常艰苦，西部地区的农村学校更是如此。这些学校能保证学生的“学”就很不错了，很难再为教师的“学”提供条件，更谈不上有健全的机制。

4. 学校、家庭担子过重

参加这次撰稿的农村高中英语教师大多为“80 后”。他们在学校是教学骨干，大多数教师除了承担常规的教学工作外，还承担班主任工作，有的甚至还肩负行政工作，工作担子很重。同时，在家里他们正处于“上有老，下有小”的特殊阶段，有的还在带“二孩”，家务繁重，真是没有时间自己提高专业知识和专业能力。

5. “重教法，轻知识”之风过浓

从学校到各级教育主管部门，从教研组到教研培训单位以及各种教学期刊，这一教育圈子都是以“在岗教师具备胜任教学的学科专业知识”的假设为前提的。因此，他们都不再强调学科专业知识，而强调教学观念、教学方法的更新与提高。有的教学杂志的风格也在发生变化，由原来的既有教学经验、教改经验、教学参考、学生训练、教师学科知识提升等多样化内容转变为只重教学研究、教法研究、试题解题技巧等较为单一的内容，悄悄地把教师专业知识提升方面的栏目给摒弃了。这无疑减少了教师提升学科专业知识的机会，同时也让教师“轻知识”了。

（二）内部原因

1. 自身的错误观点

有教师认为，自己是大学本科生，在大学学习了四年，教中学够用了。其实，这是错误的观点。古人云，学海无涯。作为教师，我们要教一辈子，学一辈子。我们不能认为自己在大学本科四年学得够多了，够用了。北外刘润清教授在谈英语学习经验时说，“尽管我们当时的学制是五年，毕业时也觉得自己学了不少英文，但一开始教书却发现，大学期间只是打了个基础”（刘润清，2019）。

2. 缺乏严谨的态度

做任何事情都需要严谨的态度，教书育人、著书立说更是如此。对于拿不准、吃不透的东西，我们必须通过查阅权威辞书来将它拿准、吃透，不能信口开河、敷衍了事。上文提到的问题，不仅反映出撰稿者的知识水平问题，也反映了撰稿者的态度问题。

四、解决问题的建议

（一）针对外因的建议

1. 关于淡化语法的问题

其实这是对教学大纲和课程标准的错误理解。1993 年后的教学大纲以及现在的课程标准，从来没有明确表示要“淡化语法”，只是强调教授语法的方式的改变。比如，2003 年版课程标准指出，“高中阶段的语法教学，应从语言运用的角度出发，把语言的形式、意义和用法有机地结合起来。要引导学生在语境中了解和掌握语法的表意功能”（教育部，2003）。《2017 年版课标》指出，“本课程标准所倡导的英语语法教学观，是以语言运用为导向的‘形式—意义—使用’三维动态语法观。在语言运用中，语音、词汇、语法、语篇和语用知识总是交织在一起，成为语篇意义建构的最重要基础”（教育部，2018）。从这些字里行间我们要读出这样的信息，新课标其实不是“淡化”，而是“优化”语法教学，比 1993 年提倡的语法教学观更科学，要求更高。而且，《2017 年版课标》已经看到人们“淡化”语法的错误倾向，在语法知识教学提示栏目里还特别提到“增强英语语法意识”和“最重要基础”。因此,我们作为一线教师,要认真研读课程标准,理解课程标准的真谛,在教学中落实课程标准的理念,这样才能不误学生、不误自己。

2. 关于弱化翻译的问题

英语教学法经历了两次较大的变迁。“80 年代,受国际影响,由传统翻译教学法转向交际教学法。近年来,由于学生英语水平参差不齐,交际教学法收效甚微,有回归翻译教学法的趋势。”(章国军,2009)“英语翻译能力的培养是高中英语教学中十分重要的部分,也是培养学生英语基础知识的关键。”(颜雪红,2013)教学方法应该是百花齐放才对,不能因为提倡一种教学法,就否定另一种教学法。针对不同的教学内容,应该用不同的教学方法。对于长难句,教师采取翻译法来处理是值得肯定的。如果高中阶段不进行翻译训练,学生在大学入学的时候怎么能达到《高等学校英语专业教学大纲》要求的“能将内容不超过高三课文难度的短语和句子译成汉语,要求理解正确、语言通顺”(高等学校外语专业指导委员会英语组,2000)呢?

(二)针对内因的建议

大家都知道,内因是变化的根据,外因是变化的条件。因此,笔者这里更多地针对“内因”提出建议。

1. 端正态度是根本

我们都知道,态度决定高度。因此,我们首先应端正态度。只有意识到自己的不足,我们才会千方百计改变自己的不足,从而克服种种外部困难。什么学校条件简陋、什么工作担子重、什么家务繁重、什么没有合适的培训项目等,这些都不是成为更优秀的自己的绊脚石。

2. 向书本学习

在备课时,教师应该通过大量查阅参考书来将自己似是而非的东西弄明白。比如,要深入钻研单词的词义和用法,不能一知半解。这是备课的过程,更是学习的过程。只要长期坚持,在英语学科专业知识方面一定会有较大提升。查阅参考书，一定要查阅权威参考书。如果是词汇方面的问题，建议查阅英美人编著的词典；语法方面就查夸克（Quirk）等人编的"A Comprehensive Grammar of the English Language"，或者至少是国内权威语法学家编著的语法参考书。

同时，将原来在大学学习的课本再拿来读读。我们会发现，原来在大学时学的很多东西要么是忘记了，要么原本就没有弄明白。读的目的也不一样，原来是为了考试，现在是为了解决问题，现在再读会更加深刻，收获会更大。这也是提高学科专业知识的很好的途径。

3. 向同行学习

古人说，三人行必有我师。在一个备课组、教研组，每个人都各有所长。我们要取人之长，补己之短。同一个办公室的同事之间，随时都可以进行交流，有不明白的地方一定要多问。这样点滴积累，定会有进步。

4. 利用网络学习

现在已经是21世纪了，即使我们地处偏远的农村，基本的网络还是有的。我们至少每个人有一部手机，可以利用手机建立微信学习群、QQ学习群，在群里向群友学习。同时，我们也可以利用学习软件、学习网站等，跨越时空，实现终身学习，解决平常遇到的各种问题。

5. 翻译课本，加强翻译练习

能翻译高中课本是大学英语专业入学时的要求。其实很多刚入学的大学生难以达到这一要求。那么，作为英语教师，我们要尽力自己翻译课文内容，然后再对照教学参考书的译文进行修改。三年后，翻译能力会大大提升。

6. 积极参加培训

我们要积极参加校本培训、"省培""国培"等各种培训。在这些培训中，我们不但可以结识新的良师益友，还能解决我们在教学中的各种问题。这是提升自己专业水平的很好机会。

古人说，"是故学然后知不足，教然后知困。知不足，然后能自反也;知困,然后能自强也。故曰教学相长也”。只要我们自身知不足,就会想尽办法弥补自己的不足,去创造条件改变当前的不足。我们既然选择了教育这个职业,学习注定是一辈子的事情了。我们不能急功近利,轻视学问,而要端正态度,转变观念,从自身找问题,这样语法分析能力和翻译能力较差的现状一定会有所改善。

参考文献

ANDERSON A & LYNCH T, 1988. Listening[M]. Oxford: Oxford University Press.

BLOCK E, 1992. See How They Read: Comprehension Monitoring of L1 and L2 Readers[J]. TESOL Quarterly,(26): 319-343.

CARREL P L, 1998. Interactive Approaches to Second Language Reading[C]. Cambridge: Cambridge University Press.

CARROLL B, 1980. Testing Communicative Performance Pergamon Institute of English[M]. London: Pergamon Press.

COLLINS H, 2020. Collins English Dictionary[EB/OL]. (2020-07-31)[2020-08-08]. http://www.collinsdictionary.com.

CRAWLEY J, MOUNTAIN L, 1995. Strategies for Guiding Content Reading[M]. Boston, MA: Allyn & Bacon.

ELLIS R, 2003. Task-based Language Learning and Teaching[M]. Oxford: Oxford University Press.

GOODMAN K S, 1970. Reading: Psycholinguistic Universals in the Reading Process[J]. Journal of Typographic Research, (4): 103-110.

HARMER J, 1991. The Practice of English Language Teaching[M]. London: Longman Publishing House.

HARRIS Z S, 1952. Discourse Analysis[J]. Language, 28(1):1-30.

HOEY M P, 1983. On the Surface of Discourse[M]. London: George

Allen & Unwin.

HORNBY A S, 2009. Oxford Advanced Learner's English-Chinese Dictionary[Z]. Oxford: Oxford University Press.

HORNBY A S, 1989. Oxford Advanced Learner's English Dictionary (Fourth Edition)[M].Oxford: Oxford University Press.

JOHNSON D D, PITTELMAN S D, HEIMLICH J E, 1986. Semantic Mapping[J]. The Reading Teacher, (39): 778-783.

JORDAN M, 1984. Rhetoric of Everyday English Texts[M]. London: George Allen & Unwin.

LABOV W, 1972. Language in the Inner City[M]. Pennsylvania: University of Pennsylvania Press.

PIROZZI R, 2003. Critical Reading, Critical Thinking[M]. New York: Longman.

PRABHU N S, 1982. The Communicational Project, South India[M]. Madras: The British Council.

PRABHU N S, 1987. Second Language Pedagogy[M]. Oxford: Oxford University Press.

WINTER E O, 1977. A Clause-relational Approach to English Texts: A Study of Some Predictive Lexical Items in Written Discourse[J]. Instructional Science, (1): 92-93.

包天仁, 2004. 素质教育理念下的英语测试新视角[M]. 长春:吉林教育出版社.

保罗, 埃尔德, 2013.批判性思维工具[M].侯玉波,姜佟琳,等译.北京: 机械工业出版社.

北师大外语系课题组,1999.全国第二届中学英语优质课竞赛课堂教学观摩分析报告(上)[J].中学外语教学, (8): 4-8.

陈奇敏,阮全友,2005.在高级英语教学中如何引导学生进行语篇分析[J].唐山师范学院学报,(4):87-89.

陈书元,易荣楣,2012.句际关系分析在高中英语阅读教学中的运用

[J].中小学外语教学(中学),(7):25-30.
陈新忠, 2018. 高中英语教学中语篇的主题与主题意义[J].英语学习,(11):8-10.
陈扬,夏慧言,2016. 国内外话语标记语研究现状及趋势[J].安徽理工大学学报(社会科学版), (2):63-66.
程晓堂,2005. 基于语篇的语言教学途径[J]. 国外外语教学,(1):8-16.
重庆市普通高中新课程实验领导小组办公室,2012.重庆市普通高中新课程英语学科教学指导意见和模块学习要求(试行)[M].重庆:重庆出版社.
戴庆宁,吕晔,2004. CBI 教学理念及其教学模式[J].国外外语教学,(4): 16-20.
丹尼尔·戈尔曼,1997.情感智商[M].耿文秀,查波, 译.上海:上海科学技术出版社.
董亚平,2004.高中英语阅读教学的现状分析与教学启示[J].中小学外语教学(中学), (7): 23-24.
法乔恩,2013. 批判性思维: 思考让你永远年轻[M].李亦敏,译.北京:中国人民大学出版社.
高等学校外语专业指导委员会英语组,2000. 高等学校英语专业英语教学大纲[M].北京:外语教学与研究出版社.
高洪德,2012.高中英语新课程:还需向前走——山东省高中英语新课程实施情况分析与思考[J].中小学外语教学,(1):1-4.
高淑贤,2000.要培养学生 EQ 必先提高教师情商[J].教育导刊,(7):22-24.
葛炳芳, 2012. 高中英语阅读教学改进策略的思考[J].课程·教材·教法,(2):94-98.
龚亚夫,罗少茜,2006. 任务型语言教学[M].北京:人民教育出版社.
辜向东,王秋艳,2008.高考英语全国卷与各省市自主命题卷阅读理解试题内容效度分析[J]. 考试研究,(3):102-114.

谷陟云,2009. 罗杰斯的人本主义教育观及其启示[J].现代教育科学(普教研究),(5):76-78.

郭宝仙,章兼中,2017.英语学科中思维能力的培养[J].课程·教材·教法,(2):80-86.

郭华, 2019. 深度学习与课堂教学改进[J]. 基础教育课程,(3):10-15.

郭继民,2019. 培养学生创新能力应提升思维品质[N].中国教育报,2019-5-27(6).

郭砚冰,2016. 成长风向标:厦门市中学英语教师专业标准及解读[M].厦门:鹭江出版社.

国红延,王蔷,2013.高中英语教师对新课程教科书的认识与使用研究[J].课程·教材·教法,33(8):59-65.

海云明, 1997.情感智商[M].北京:中国城市出版社.

何书利,2018.基于问题设计的审辩式思维能力培养:以中学英语阅读教学问题设计为例[J].英语学习(教师版),(9):5-7.

胡壮麟,1994. 语篇的衔接与连贯[M].上海:上海外语教育出版社.

黄国文,1988. 语篇分析概要[M]. 长沙:湖南教育出版社.

《基础教育课程》编辑部,2018.在核心素养视域下绘制英语课程改革新蓝图:访普通高中英语课程标准修订组负责人梅德明[J].基础教育课程,(1):32-35.

江巧妹,2016.思维导图在初中英语阅读教学中的应用探析[J].英语教师,(17):138-141.

蒋芸,2015.思维导图在初中英语教学中的应用[J].英语教师,(4):28-31.

教育部,2000. 全日制普通高中英语教学大纲(试验修订版)[S].北京:人民教育出版社.

教育部,2000. 九年义务教育普通初级中学英语教学大纲(试用修订版)[M].北京:人民教育出版社.

教育部,2003. 普通高中英语课程标准(实验)[S].北京:人民教育出版社.
教育部,2018. 普通高中英语课程标准(2017 年版)[S].北京:人民教育出版社.
教育部,2019. 2019 年普通高等学校招生全国统一考试大纲的说明[S].北京:人民教育出版社.
靳玉乐,2006. 对话教学[M].成都: 四川教育出版社.
荆洪光,2009.用布鲁姆教育目标分类理论分析我国高中英语教材中的思维训练设计[J].科技信息,(10):476-479.
勒咏梅,2016. 论新课改下高中英语教师的专业素养[J].读与写: 教育教学刊,(6):190.
雷新勇,2006. 大规模教育考试:命题与评价[M].上海:华东师范大学出版社.
李安全,2008. 文本细读与经典阐释[J]. 名作欣赏,(7):4-11.
李得武,2011. 语义结构图策略在阅读教学中的运用[J]. 中小学外语教学(中学篇),(4):7-11.
李冬梅,2002. 近十年来国内英语听力理解研究述评[J]. 外语界,(2): 30-34.
李朋义,2004. 朗文当代高级英语辞典 英英·英汉双解[Z].北京:外语教学与研究出版社.
梁歆,黄显华,2010.学校改进:理论和实证研究[M].上海:华东师范大学出版社.
林安洪,2019. 基于行为系统模型的农村中学英语教师专业发展策略研究[J]. 盐城工学院学报(社会科学版),32(2):114-118.
林立,2012.新版课程标准解析与教学指导[M].北京:北京师范大学出版社.
林文韵,2010.中文为第三语言的实验教学[DB/OL].(2010-06-23)[2010-08-08]. http://www.docin.com/p-13276417.html.
刘辰诞,1999. 教学篇章语言学[M]. 上海:上海外语教育出版社.
刘道义,2007. 普通高中课程标准实验教科书·英语 10 选修[M].北京:人民教育出版社.

刘润清,2019. “30 后”北外教授刘润清:漫长的英语学习之路[EB/OL]. (2019-09-28)[2020-08-08]. https://www.sohu.com/a/344079736_99927592.

陆国强,1999. 现代英语词汇学(新版)[M].上海:上海外语教育出版社.

吕良环,2010.指导学生对英语词汇学习形成合理的认识[J]. 中小学英语教学与研究,(8):7-10,30.

缪素琴, 2005.论话语标记语 WHY[D].上海: 上海师范大学.

潘海燕, 2003.英语阅读策略与阅读理解相关研究[J].中小学英语教学与研究,(11):7-9.

裴丽霞, 2012.全局—局部阅读策略知识与英语阅读理解的相关研究[J].长春理工大学学报(社会科学版),(1):177-178.

人民教育出版社,2007. 普通高中课程标准实验教科书英语必修 1 教师教学用书[M]. 北京: 人民教育出版社.

束定芳,庄智象, 1996.现代外语教学:理论、实践与方法[M].上海:上海外语教育出版社.

陶行知,1919. 什么是新教育? 新教育究竟新在何处? ——自新,常新,全新[EB/OL]. (2020-02-08)[2020-08-09]. http://www.360doc.com/content/20/0208/23/64474786_890605327.shtml,

唐斌,2007.话语标记语“其实”及其英译的语用功能探析[J].外语与外语教学,(3):16-18.

唐光洁,2009.在英语阅读课堂开展批判性阅读训练[J].西南大学学报(社会科学版),(2):181-183.

田平,2006. 模块性、经典计算和意向实在论:论福多思维非模块性论题的一个本体论后果[J].自然辩证法研究,(7):14-17.

童云飞,刘桂林,2010. 论教师专业情意的发展水平[J].临沧师范高等专科学校学报,(4): 88-91.

汪金宝,2012. 从衔接手段层面浅析语篇分析在英语阅读理解中所起的作用[J]. 太原城市职业技术学院学报,(7):175-176.

王立非,祝卫华,2005.中国学生英语口语中话语标记语的使用研究[J].外语研究,(5):40-44,48.

王敏, 2009. 语篇分析与中学英语教学:基于高考新题型阅读表达题的思考[J].教学与管理,(9):81-82.

王文斌,杨鲁新,徐浩,2017. 2016 中国基础教育外语教育年度报告[M]. 北京:外语教学与研究出版社.

徐浩,史新蕾,2018.谈修订版课标中核心素养的落地实施专访国家教材委员会专家委员文秋芳老师[J].英语学习(教师版),(1):5-7.

吴茜,2019.这里有一份内容型教学法权威应用指南,请查收[EB/OL]. (2019-7-27)[2020-7-28].https://www.i21st.cn/article/tesol/25303_1.html

吴香阁,2012. 对 CBI 教学新的解读[J]. 新西部: 下旬 · 理论,(7):178,180.

吴昭和,2017.聚焦思维品质的高中英语阅读 LIC 教学模式探究[J].中小学外语教学(中学),(12):36-40.

辛涛,姜宇,2015.以社会主义核心价值观为中心构建我国学生核心素养体系[J].人民教育,(7):26-30.

徐玲,2015. 试论初中语文阅读教学整体阅读策略[J].文教资料,(4):175-177.

徐玉茹,2015.论评判性阅读中思维训练的有效性:以三节同课异构课的教学设计为例[J].中小学外语教学(中学),(12):7-13.

颜雪红,2013. 高中英语教学中学生翻译能力的培养探索[J]. 学苑教育,(5):94.

杨永红,1998.文章结构“线索”三题[J]. 中山大学学报论丛,(1):128-132.

姚喜明,潘攀,2004.英语阅读理论研究的发展[J].外语教学,(1):72-75.

易荣楣,陈书元,2017. 利用英语阅读文本,培养中学生批判性思维能力[J].中小学英语教学与研究,(2):46-51.

易荣楣,陈书元,2019.基于学生提问的中学英语深度阅读教学实践[J].中小学英语教学与研究,(9):39-43.

易荣楣,胡本正,陈书元, 2018. 中学英语阅读教学中学生思维品质的培养[J]. 基础教育外语教学研究,(5):17-22.

易中天,2006. 破门而入(易中天讲美学)[M]. 上海:复旦大学出版社.

英国培生教育出版有限公司,2004. 朗文当代高级英语辞典[M]. 北京:外语教学与研究出版社.

贠霖,2011. 话语标记语 so 的语用功能分析[J].吕梁学院学报,01(3):36-37,65.

章国军,2009.传统的理性回归:翻译教学法与大学英语教学[J]. 外语学刊,(3):113-116.

章振邦,1983. 新编英语语法教程[M].上海:上海外语教育出版社.

张道真,2002. 实用英语语法[M].北京:外语教学与研究出版社.

张俊宏,2003. 多功能现代汉语辞海[M].沈阳:吉林大学出版社.

张丽薇, 2019. 核心素养导向下的高中英语课堂语言运用环境的创建策略[J].中学生英语,(24): 134.

张影,2009.新课改背景下中小学教师课程意识现状调查与对策分析[D].重庆:西南大学.

张正东,1999. 外语教育学[M].北京:科学出版社.

赵强,2010.认知语用意图的多维度呈现与解释[J].临沂师范学院学报,32(5):121-124,83.

郑培亮,杨毅,斯日古楞,2005.大学生主体教育的实践与思考[J].内蒙古农业大学学报(社会科学版),(4):169-171.

中国社会科学院语言研究所,1978. 现代汉语词典[Z].北京:商务印书馆.

庄艳玲,魏岗,2003."淡化"还是"优化":英语语法教学改革刍议[J].

中小学外语教学,(7):16-20.
庄志琳,2018.语篇的人际功能与英语读后续写的意义建构[J].中小学英语教学与研究,(2):33-41.